국민을 이기는
정치는　없다

진성 민주당원이 쓴 진상 쓴소리

" 국민을 이기는 정치는 없다 "

임병식 지음

VIVA체

비판과 지지의 경계선에서

    문재인 정부가 출범한 지 17개월 째 되던 2018년 10월 '민주당 20년 집권의 전제조건'이란 제목으로 칼럼을 썼다. 당시 이해찬 더불어민주당 대표는 20년 집권을 공언하던 터였다. 칼럼은 당장 4년 뒤라도 재집권하려면 더 겸손하고 더 경청하고, 야당을 국정 파트너로 포용하라는 내용이었다. 내 딴에는 비판적 지지를 담아 썼지만, 주변 민주당 인사들은 불편해했다. 필자를 아끼는 분들도 불이익을 받지 않을까 불안한 시선으로 바라봤다. 칼럼 일부를 인용한다.

    기원전 221년 중국 최초 통일 왕조가 들어섰다. 우리가 익히 알고 있는 진秦이다. 진은 오늘날 국제사회에서 통용되는 '차이나China'의 어원이 된 강력한 제국이다. 진시황은 550년 동안 지속된 춘추전국 시대의 혼란을 종식시켰다. 그러나 진은 허망하게도 14년 만에 망했다. 건달 출신 유방劉邦이 그 자리를 대신해 두 번째 통일 왕조 한나라를 세웠다. 한나라는 400여 년을 지속했다. 진나라 14년과 한나라 400년, 차이는 어디에 있을까? 사마천은 《사기》에서 서둘러 공을 세우고 성급하게 결과를 보려 한 점을 주된 원인으로 지목했다. 과욕, 즉 속도 조절에 실패했다는 것이다. 또, 경직된 언로言路를 언급했다.

진나라 정책은 혁신적이었다. 도량형 통일, 봉건제 폐지, 군현제 시행은 새로운 변화를 추구한 정책이었다. 무게와 길이, 넓이, 깊이를 재는 단위를 통일하고 권력을 중앙으로 집중한 군현제는 강력한 통치 수단이었다. 그러나 지나친 성과주의와 불통不通 때문에 단명했다는 게 사마천의 통찰이다. 언로를 봉쇄한 분서갱유焚書坑儒는 최악이었다. 사마천은 "위아래 언로가 막히면 나라를 망친다(옹폐지雍蔽之 국상야國傷也)"고 했다. 옹雍은 물 흐름을 막는 것, 폐蔽는 차단이다. 진나라는 최초 통일 왕조라는 자신감에 도취한 나머지 반대 목소리를 배척했다. 진나라의 속도 조절 실패와 경직된 언로는 문재인 정부에도 시사점이 크다.

문재인 정부 역시 단기에 성과를 내겠다는 조바심과 지나친 자기확신 때문에 민심과 멀어졌다는 비판을 돌아봐야 한다. 선한 의지가 반드시 선한 결과를 낳지 않는다. 문재인 정부는 현장 목소리를 폭넓게 청취할 필요가 있다. 나만 옳다는 독선에 취한 나머지 유연함을 잃어버려서는 안 된다. 그러다간 선한 의지마저 퇴색된다. 최저임금 인상, 주 52시간 노동, 탈원전은 누구나 공감하는 정책이다. 하지만 조바심은 사회적 약자끼리 갈등을 부추기는 결과로 이어졌다. 편협한 인사 실패가 거듭되면서 국민 기대도 멀어졌다.

영화 〈웰컴투 동막골〉에서 인민군 장교가 촌장에게 묻는다. 촌락을 어떻게 잘 다스리는가. 촌장은 "잘 먹여야지"라는 한마디로 정리한다.

먹고사는 문제가 이념을 떠난 정치의 본질임을 간파한 말이다. 국민의 삶을 개선하지 못하는 정권은 무능하다. 모든 정책은 경제문제로 귀결되고, 정권의 성패를 좌우한다. 경제문제는 인간으로서 누려야 할 최소한의 존엄을 지키는 대사大事이다. '민주당 20년 집권' 플랜은 유연함과 유능함에서 시작된다. 한데 그렇지 못하니 안타깝다. 사마천은 "가장 못난 정치는 부를 놓고 백성과 다투는 것"이라고 했다. 국민은 문제가 있다고 아우성인데 아무 일도 아니라고 하는 모양새다. 국정 운영 방향을 놓고 국민들과 다투고 있는 건 아닌지 물어야 한다.

칼럼을 쓴 뒤로 꼬박 3년여가 흘렀다. 이전보다 나아졌다고 자신할 수 있을지 의문이다. 코로나19라는 외부 요인이 작용한 결과이기는 하지만 자영업자와 소상공인은 벼랑 끝으로 내몰렸다. 또 부동산은 벼락같이 뛰었다. 문재인 정부 출범 초기에 비해 서울 지역 집값은 세 배 이상 올랐다. 부동산 폭등은 지방으로까지 확산됐다. 또, 충분한 여론 수렴 없이 강행한 임대차 3법으로 전세시장은 교란됐다. 물량은 급감했고 보증금은 급등했다. 외교 또한 곳곳에서 파열음을 내고 있다. 전통적 동맹 관계에 있는 미국과는 소원해졌고, 6·25전쟁 당시 김일성과 함께 남침한 중국에는 눈치 보기로 일관하며, 일본과는 정권 내내 불화하고 있는 게 현실이다.

가장 큰 문제는 인사 실패다. 야당 반대를 무릅쓰고 임명한 장관급 인사만 30명을 넘어섰다. 노무현·이명박·박근혜 정권을 합한 것보다 많다. 여당은 야당에게 문제를 돌리지만, 상식을 벗어난 졸속 인사가 반복됐음을 부인하기 어렵다. 환경부 블랙리스트는 출발점이다. 청와대와 김은경 환경부 장관은 전 정부 인사들을 솎아냈다. 문제가 되자 당시 청와대 김의겸 대변인은 "블랙리스트가 아니라 화이트리스트다. 문재인 정부에는 사찰 DNA가 없다"고 강변했다. 사법부는 김은경에 대해 징역 2년 실형을 선고했다. 청와대 참모 또한 불구속기소돼 재판 중이다. 내가 하는 일은 항상 정의롭다는 오만함이 빚은 인사 참사는 이후로도 반복됐다.

무엇보다 조국 전 법무부장관 임용은 커다란 패착이었다. 당시 조국 임용에 반대하는 부정적 여론은 비등했으나 듣지 않았다. 이 때문에 조국을 반대하는 측과 지지층은 광화문과 서초동으로 나뉘어 1년 가까이 갈등했다. 후유증은 지금까지 계속되고 있다. 나아가 조국 사태는 진보 진영에 우호적인 인사들까지 비판 대열에 서게 하는 결정적 원인을 제공했다. 유인태, 장기표, 최장집, 한완상, 강준만, 김누리, 최진석, 홍세화, 김경률, 권경애, 진중권, 서민까지 진보 진영 지식인들은 쓴소리를 던졌지만 돌아온 건 배신자 프레임이었다.

조국의 아내 정경심은 4년 실형을 받았다. 조국을 지지하는 이들은 "먼지떨이 수사, 그렇게 털어서 문제 되지 않을 사람이 있느냐. 그깟 표창장 위조한 게 그렇게 큰 죄냐"며 인정하지 않는다. 또 "자녀 스펙 품앗이는 오래된 관행"이라며 두둔한다. 그들 말처럼 조국이 서울대 교수 또는 민정수석에만 머물렀다면 문제될 게 없었다. 문제는 조국이 국무위원이 되려 하면서 시작됐다. 국민들은 조국에게 장관직에 부합하는 공정과 도덕적 잣대를 요구했다. 정경심은 입시 비리 관련

7건 모두 유죄판결을 받았다. 검찰은 "100퍼센트 증거에 기초한 기소였기에 법원도 모두 유죄로 인정했다. 통상 피의자들은 범죄 사실을 과장하지만 정경심 사건은 100퍼센트 위조 아니면 변조다. 그런데도 그게 무슨 큰 죄냐고 두둔한다면 국민 정서와 동떨어진다"고 했다.

이 책의 목적은 지난 시간을 돌아봄으로써 경계하고 디딤돌로 삼자는 의도를 담고 있다. 비판과 지지의 경계선에서 쓴 글이다. 우리 삶을 결정하는 정치가 생산적이려면 어떠해야 하는지, 우리가 소속된 공동체를 건강하게 유지하려면 어떻게 해야 할지를 고민하는 책이다. 사마천은 진나라가 단명한 원인으로 언로가 막힌 '옹폐지 국상야'를 꼽았다. 내부 비판이 실종되면 진보든 보수든 무너진다. 비판은 주체적인 사고에서 나오고, 건강한 공동체 역시 주체적인 사고와 생산적인 비판에서 시작된다.

한나 아렌트는 "무지는 용서할 수 있어도 무사유는 용서할 수 없다"고 했다. 그는 나치의 유대인 학살을 통해 무사유가 범죄임을 확인했다. 우리 사회가 언제부터 무비판적인 진영 대결에 가담하며 갈등과 분열을 자초했는지 돌아봐야 한다. 우리가 진영 싸움에 골몰하는 동안 갈등과 증오의 정치는 일상화됐다. 20대 대선 결과가 어떤 식으로 마무리되든 진정 공동체를 사랑한다면 주체적으로 사유해야 한다. 그럴 때 정치에도 생산적인 긴장감이 돈다.

차례

| 7부 |

우리는 지금 어디에
서 있는가

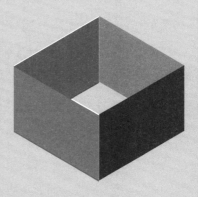

　수년 전 신년 기행으로 대구 팔공산 갓바위를 찾아 다음과 같이 기도를 하였다.

　"올바른 정치가 이루어지는 나라를 만들어 주소서." 물론 그런 정치가 이루어질 리 만무하다. 하지만 그렇게 기도한 건 정치야말로 인간에게 꽃 중의 꽃, 예술 중의 예술, 철학 중의 철학이기 때문이고, 바른 정치가 이루어지면 세상 모든 사람들이 덕을 보기 때문이다. 인류 역사가 시작되면서부터 비롯된 정치로 인해 어느 때 한 번이라도 모든 구성원들이 행복했던 적이 있었던가?

　"권력은 씨앗과 같아서 나눌 수가 없다"는 말이 있다. 또 명나라 때 사람 작림 노인은 "같은 부류끼리는 한패가 되고, 다른 부류는 쳐내는 것이 인지상정이네"라고 했다. 어디 그뿐인가. 광해군 때 허균은 "나하고 생각이 같으면 군자고, 다르면 소인이다." 430여 년 전 허균의 말이 조금도 변하지 않고 지금까지 패거리 정치로 이어지고 있다. 그 원인이 〈국민을 이기는 정치는 없다〉 서문에 들어 있다.

　"우리 사회가 언제부터 무비판적인 진영 대결에 가담하여 갈등과 분열을 자초했는지 돌아봐야 한다. 우리가 진영에 골몰하는 동안 갈등과 증오의 정치는 일상화됐다."

정치, 간단하다. 인간의 행복을 추구하는 기술이 정치다. 누구나 아는 정치의 의미를 잘 알면서도 실천하지 못하고 있다. 문화, 경제, 그리고 모든 것이 일류인데, 정치만 삼류라는 소리를 듣고 있다.

조선시대 천재 시인 김시습은 정치의 폐단을 다음과 같이 진단했다. "태평한 세상의 정치는 간소하면서도 무게가 있고, 어지러운 세상의 정치는 번거로우면서도 가볍다."

작은 것은 작고, 큰 것은 크다. 옳은 것은 옳고 그른 건 그르다. 그러한 사실을 너무 늦기 전에 알아야 한다. 그런 의미에서 정의와 불의를 정확하게 알려야 할 소명을 지닌 사람들은 언론인을 비롯한 지식인이고 정치가들이다. 그런데 오히려 그들이 개인 이기주의와 집단 이기주의에 빠져 나라 망하는 줄 모르고 있으니, 이를 어쩐다.

"정치는 범죄 집단 중에서 좀 더 저급한 족속들이 즐기는 생계 수단, 또는 사리를 위해 공리를 운영하는 것이다. 또 정치인은 '조직사회가 건물을 세운 토대가 되는 진흙 밭에 사는 뱀장어'라고 정의하고 싶다." 19세기 말 미국 저널리스트 암브로스 비어스가 〈악마의 사전훈〉에 기록한 말이다. 21세기 한국 정치에 여전히 유효하다는 게 얼마나 비극적이며 희극적인가?

역사 속에서 참된 지식인들은 어떤 삶을 살았는가? 기묘사화 당시 조광조 일파에게 죄 주는 교지教旨를 채세영에게 쓰게 하였다. 그는 붓을 쥐고 그들의 뜻을 따르지 않았다. 그리고 중종이 지켜보는 앞에서 다음과 같이 말했다.

"이들의 죄가 뚜렷하지 않으므로 빈말로 교지를 차마 쓸 수 없다."

성운이 붓을 뺏으려 하자 채세영은 손을 부르르 떨며 소리쳤다.

"이것은 역사를 쓰는 붓이다. 아무나 함부로 잡을 수 있는 것이 아니다."

그러나 이성을 잃어버린 임금과 훈구파 앞에선 부질없는 일이었다. 훗날 사람들은 채세영이 길을 가면 "저 사람이 임금 앞에서 붓을 뺏은 사람이다"고 칭송했다. 그는 자신에게 주어진 역할과 도리를 실천하기 위해 목숨을 걸고 항변했다.

이 나라 현실은 어떤가? 작은 이익과 명예, 그리고 권력 앞에서라면 영혼도 팔아버리는 시대가 되었다.

"모래밭에 쎄(혀)를 박고 죽을지언정 그렇게는 안 살겠다." 옛 선비들의 자존심이었다. '흰 것은 희고 검은 것은 검다'고 말해야 할 지식인들이 꿀 먹은 벙어리가 되었다. 몇몇 사람은 정론을 펼치고 있고, 임병식 교수는 그중 한 사람이다. 임병식 교수는 본문에서 메르켈 이야기를 인용했다. 어느 독일 기자가 공식 행사장에서 만난 메르켈 총리에게 물었다. "총리님, 기억하세요? 10년 전에도 같은 옷을 입고 사진을 찍었는데." 그러자 메르켈이 대답했다. "내 책무는 국민을 위해 봉사하는 것이지 모델이 되는 게 아닙니다."

보여 주는 정치가 아닌 진정성을 지닌 지도자가 나타나 새로운 활력을 불어넣는 시대를 살고 싶은 건 바랄 수 없는 꿈일까?

문화사학자 · 신택리지 저자 · 문화재청 문화재위원

신정일

1부

최악의 협상이
최선의 전쟁보다 낫다

무히카에게 배우는 관용과 통합

새해 첫날, 〈12년의 밤〉이라는 놀랍고도 감동적인 영화를 봤다. 군부독재에 항거한 양심수를 그린 실화 스토리다. 주인공은 호세 무히카Jose Mujica 전 우루과이 대통령(2010~2015)이다. 그는 반정부 단체 '투파 마로스Tupa Maros' 단원이었다. 무히카는 1973년 체포돼 군부독재가 막을 내린 1985년까지 12년간 옥살이를 했다. "여기 들어오는 자, 모든 희망을 버려라." 감옥에 들어선 무히카와 동료들이 대면한 문구였다. 그 경고대로 무히카와 동료들은 12년 동안 가족, 사회와 격리된 채 끔찍한 세월을 보냈다.

독방에서 보낸 4,500여 일을 일반인은 상상하기조차 쉽지 않다. 그럼에도 그들은 처절한 시간을 견디고 끝내 살아남았다. 정치적 메시지를 담은 영화임에도 공감대역은 넓다. 우리 현대사도 불과 얼마 전까지 비슷한 시간을 관통해 왔기 때문이다. 진짜 감동은 영화 밖에 있다. 정치인으로서 대통령 무히카가 보여 준 행보는 경이롭다. 그는 증오를 내려놓고 관용과 통합으로 일관했다. 무히카는 복권 이후 하원·상원의원과 장관을 거쳐 2010년 3월 대통령에 취임했다. 그는 재임 당시 '세계에서 가장 가난한 대통령'으로 불렸다. 그의 삶은 겸손하고 소탈하며 검소했다.

무히카가 대통령 취임 당시 신고한 재산은 1987년산 폭스바겐 '비틀'이 전부였다. 대통령 관저는 노숙자 쉼터로 내주었다. 그리고 대통령 관저에서 20킬로미터 떨어진 허름한 농장으로 거처를 옮겼다. 상수도조차 공급되지 않는 곳이었다. 매일 아침 대통령 관저까지 낡은 '비틀'을 직접 운전해 출퇴근했다. 경호원은 달랑 두 명이었다. 그는 하루 일과가 끝나면 농장으로 돌아와 화초를 가꾸고 밭을 일궜다. 영상으로 접한 무히카는 허름한 작업복 차림에 영락없는 이웃집 아저씨다. 노무현 전 대통령을 떠올리게 했다. 여야 유력 대선 후보 이재명과 윤석열에게 무히카와 같은 관대함과 소탈함을 기대한다면 욕심일까.

무히카는 재임 기간 내내 대통령 월급 가운데 90퍼센트를 빈민 주택기금으로 기부했다. "사람들은 나를 가난한 대통령이라고 부르지만, 나는 가난한 대통령이 아니다. 부자들이야말로 가난한 사람들이다. 왜냐하면 그들의 욕심은 끝이 없기 때문이다." 그는 오히려 나머지 시간은 자신을 위해 쓸 수 있기에 자신은 부자라고 강조했다. 보여 주는 삶이 아닌 실천하는 삶이었다. 온갖 편법과 탐욕이 판치는 한국 정치에 무히카는 좋은 거울이다. 그는 우리 사회 지도층이 보여 준 민낯과 대조되는 삶을 살았다.

무히카는 2015년 3월 퇴임할 때까지 줄곧 따뜻하며 진솔한 행보를 견지했다. 우루과이 국민들은 오랜 수감 생활을 한 그가 대통령에 취임하면 정치보복과 이념 편향적인 정책을 펼칠 것을 우려했다. 그러나 무히카는 이념과 증오를 내려놓았다. 대신 실용적인 정책으로 경제를 부양하고, 사회적 약자를 보듬는 포용정책을 균형 있게 추진했다. 이념에 매몰된 채 증오와 보복정치를 반복하는 우리에게 무히카는 정치란 무엇인가를 생각하게 한다. 정쟁으로 날을 새고, 특권과 반칙을 일삼는 우리에게 무히카는 잘 닦인 거울이다. 우리도 이런 정치 지도자를 갖고 싶다는 게 솔직한 심정이다.

무히카 대통령 재임 동안 우루과이는 연평균 5.5퍼센트대 높은 경제성장을 이뤘다. 1인당 국민소득은 1만 8,100달러로 남미 최고 수준이었다. 부정부패 지수도 낮았다. 2012년 국가 투명성 지수에서 세계 20위를 기록했다. 그해 한국은 45위였다. 무히카는 2013년, 2014년 연거푸 노벨평화상 후보에도 올랐다. '세계 최고의 대통령'에 이어, 타임지 선정 '2014 가장 영향력 있는 100인'에도 이름을 올렸다. 퇴임 당시 지지율은 무려 65퍼센트였다. 연임도 가능했지만 그는 모든 걸 내려놓고 농장으로 돌아갔다. 정치인 한 명의 일화로 치부하기엔 우리 정치가 배울 점이 너무 많다.

우루과이 인구는 350만 명에 불과하다. 훌륭한 정치 지도자 한 명은 땅덩어리와 경제력, 국방력을 뛰어넘는다. 무히카는 "우리가 틀렸다, 우리가 잘못했다고 말하고 방향을 바꾸는 것을 두려워해서는 안 된다"고 했다. 언제든 잘못된 정책을 수정하고 경청해야 한다는 뜻이다. 또 이런 말도 남겼다. "대통령과 국민 사이에는 거리가 없어야 한다. 대통령을 지나치게 받드는 풍조를 없애야 한다." 권위주의 성벽에 갇힌 채 국민과 소통에 어려움을 겪는 우리에겐 얼음물과 같다. 의전과 특권에 찌든 한국 정치를 생각하면 우루과이 국민들이 부럽다.

무엇보다 무히카는 대화와 협치, 공정한 기회를 강조했다. 그는 "최악의 협상이 최선의 전쟁보다 낫다"며 대화와 타협을 중요시했다. 타협을 굴복으로, 다수결을 정의로 착각하는 한국 정치가 새겨들어야 한다. 또 그는 "가난한 사람에게 필요한 건 동정이 아니라 공정한 기회"라고 했다. 우리 사회는 조국 사태에서 촉발된 갈등으로 진영 대결이 심화됐다. 특권과 반칙이 일상화된 기울어진 운동장에 대한 분노는 광범위하다. 공정한 기회는 최대 화두다. 이 문제를 해소하지 않는 한 한국 사회는 한 걸음도 나가기 어렵다.

많은 이들은 무히카 대통령이 보여 주는 온화한 표정에 놀란다. 독방에서 12년을 보낸 얼굴이라고는 믿기지 않는다. 그런 표정을 얻으려면 어떤 삶을 살아야 할까. 평생을 낮은 자세로 국민을 섬겼던 무히카가 보여 준 따뜻한 리더십에는 증오의 정치를 끝내는 지혜가 담겨 있다. 20대 대선이 얼마 남지 않았다. 민주당 이재명과 국민의힘 윤석열 후보에게 호세 무히카의 삶을 권한다. 책과 영화로 무히카를 만나 정치란 어떠해야 하는지 고민하길 바란다.

국민에게 존경받는
행복한 대통령

지금은 현직에서 물러났지만, 재임 당시 앙겔라 메르켈 총리는 주목받는 정치인이었다. 그가 SNS에서 화제가 된 적이 있다. 동네 슈퍼마켓에서 카트를 끌고 장을 보는 소탈한 사진이 올라왔다. 수행원 없이 혼자 쇼핑하는 메르켈을 누군가 촬영해 페북에 올렸다. 여느 시민과 다를 바 없는 소탈한 모습에 많은 이들이 '좋아요'를 누르며 공감했다. 마르켈이 보여 준 소박한 행보는 새삼스러운 일이 아니었다. 그는 16년 동안 독일 총리로 재임하면서 국가에서 어떤 지원도 받지 않았다. 가스, 수도, 전기, 전화 요금을 모두 자비로 부담했다. 또 전속 요리사를 거부한 채 직접 조리했다. EU에서 가장 잘나가는 부자나라 독일을 이끄는 총리가 보인 이런 행보에 많은 이들은 환호했다.

독일 경제는 메르켈 집권 당시 호황을 누렸다. 독일은 EU에서 맏형 노릇을 하며 유럽 경제를 쥐락펴락했다. 연간 수출액만 1,550억 달러에 달했다. 메르켈은 2005년 이후 16년 동안(4선) 독일을 이끈 최장수 총리로 기록됐다. 그는 독일은 물론이고 세계에서 가장 존경받는 중요한 정치인 중 한 명이었다. 그럼에도 소탈한 행보는 신선한 감동을 선사했다. 메르켈은 같은 옷을 여러 번 입는 것으로도 유명하다. 주변 시선을 개의치 않는 실용적인 옷차림은 언론에도 수차례 회자됐다.

이런 메르켈을 독일 국민들은 '무티mutti(엄마)'로 부르며 존경했다. 독일 국민들이 보내는 최고의 찬사였다. 우리 정치인들과 비교하지 않을 수 없다. 검은색 세단에, 검은색 정장은 한국 정치인들이 국회에 출근하는 드레스 코드다. 옷차림만 그런 게 아니다. 실생활에서도 하나같이 권위적이다. 이들에게 유럽에서는 국회의원들이 자전거로 출퇴근한다고 말해 봐야 부질없는 일이다.

얼마 전 2030 초선의원 두 명과 같이 식사할 기회가 있었다. 둘 다 중형 승용차와 카니발 승합차를 타고 왔다. 지역구 일정을 소화하려면 불가피하다고 했다. 지역 행사를 쫓아다녀야 하는 우리 정치 현실을 감안하면 이해가 됐다. 하지만 이렇게 시작한 의정 활동에서 무엇을 배울 수 있을지 의문이었다. 이제 갓 사회생활을 시작한 20대 후반, 30대 초반 청년들이 권위적인 문화부터 배운다면 어떤 눈높이를 갖게 될까. 아마 서민이 처한 현실을 헤아리기보다 기득권층에 부합하는 정치를 할 수밖에 없을 것이다.

한국 정치인들의 권위적인 태도는 '갑질'에서도 확인된다. 21대 첫 국정감사 역시 욕설과 고성으로 도배됐다. 국회사무처 공무원과 보좌진을 대상으로 갑질을 일삼는 구태도 반복됐다. 의정 활동을 지원하는 국회사무처 공무원마저 하급자로 여기고, 보좌진을 '파리 목숨' 취급했다. 언론보도에 따르면, 21대 국회에서 보좌진이 한 명이라도 나간 의원실은 130곳에 달했다. 무소속 양정숙, 더불어민주당 신현영 의원실은 각각 6명, 5명이 그만뒀다. 짧은 기간에 절반 이상 그만둔 데에는 여러 가지 사연이 있겠지만 열악한 고용 환경이 한몫했을 것은 분명하다.

보좌진을 자신의 의정 활동을 돕는 동료라고 생각했다면 있을 수 없는 일이다. 독일 교수들은 학생들에게 자신을 소개할 때 "여러분과 함께 연구하는 연구자"라며 서로를 존중한다고 한다. 이런 탈권위주의가 우리 국회에는 아직 도착하지 않았다.

우루과이 호세 무히카 대통령은 재임 당시 노타이에 낡은 통바지, 싸구려 운동화를 신고 다녔다. 무히카는 퇴임 후에도 평범한 농부로 지내고 있다. 이런 대통령을 존경하고 사랑하지 않을 이유가 없다. 우루과이 국민들은 무히카를 "페페pépé(할아버지)"라고 부르며 자랑스러워한다. 그는 국민들 가슴에 행복한 대통령으로 남아 있다.

권위주의에 찌들고, 정권이 바뀔 때마다 보복을 되풀이하는 한국 정치에 메르켈과 무히카는 좋은 본보기다. 무히카는 "수십 년간 내 정원에는 증오를 심지 않았다. 증오는 어리석은 짓"이라는 말을 남겼다. 증오와 보복이 끊이지 않는 한국 정치가 되새겨야 할 대목이다. 대통령을 '무티(엄마)'와 '페페(할아버지)'라고 부르는 독일과 우루과이 국민들이 부러운 이유다.

탈권위주의, 소탈한 행보, 관용은 우리가 정치가 지향해야 할 궁극적인 지향점이다. 어느 독일 기자가 공식 행사장에서 만난 메르켈 총

국민에게 존경받는 행복한 대통령

리에게 이렇게 물었다. "총리님, 기억하세요? 10년 전에도 같은 옷을 입고 사진을 찍었는데." 그러자 메르켈이 대답했다. "내 책무는 국민을 위해 봉사하는 것이지 모델이 되는 게 아닙니다."

국가의 품격, 정치의 품격

　미국 레이건 대통령 탄생 100주년을 현지에서 지켜볼 기회가 있었다. 레이건이 태어난 지 100년 되는 그해(2011), 미국 전역은 추모와 찬양 열기에 휩싸였다. 워싱턴 정가도 여야를 불문하고 상원의원들이 레이건을 기리는 연설을 이어 갔다. 고향인 일리노이 탐피코에도 추모 발길이 줄을 이었다. 이방인 눈에는 다소 과하다고 느껴질 만큼 요란스러웠다. 하지만 진심으로 전직 대통령 레이건을 아끼고 추억하는 모습에서 부러움과 감동이 교차했다. 정치 성향은 달라도 함께 추모하는 그들을 보면서 우리 정치를 떠올렸다.

　그해 슈퍼볼은 알링턴 카우보이스 스타디움에서 열렸다. 미식축구는 미국인이 가장 즐기는 스포츠이자 전 국민이 관심을 갖는 대규모 이벤트다. NFC 우승팀과 AFC 우승팀이 맞붙는 슈퍼볼은 단연 최고다. 미국에서만 1억 1천만 명 이상이 TV 중계를 시청할 정도다. 이날

27　　　　　　　　　　　　　　　국가의 품격, 정치의 품격

은 경기 시작에 앞서 관중석에 설치된 대형 전광판에 레이건을 추모하는 영상이 올라왔다. 경기장을 찾은 관람객이든 가정에서 TV를 시청하는 시민이든 누구나 추모 영상을 볼 수밖에 없었다. 그들은 정파를 떠나 공화당 출신 전직 대통령 레이건을 한마음으로 추모했다. 한국에서라면 상상하기 쉽지 않은 광경이었다. 잠실구장에 박정희 대통령이나 노무현 대통령을 추모하는 영상이 올라왔다고 생각하면 쉽게 이해할 수 있다. 아마 진보와 보수로 갈려 찬반 논쟁은 격렬했을 것이다. 언론도 가세해 갈등을 부채질했을 게 분명하다. 왜 우리는 이럴 수 없는지 안타까웠던 기억이 지금도 생생하다.

3년 전, 2018년 12월 타계한 조지 부시 대통령 추모식을 보면서 다시 레이건 추모를 떠올렸다. 공화당 출신 부시는 1992년 대선에서 민주당 클린턴 후보에게 패했다. 대선 기간 중 그들은 서로를 격하게 비난하며 맞붙었다. 반전은 선거 뒤에 찾아왔다. 언론은 부시 대통령이 클린턴에게 남긴 편지를 소개했다. 부시가 쓴 편지에서 특히 눈길을 끄는 대목이 있었다. "이 편지를 읽을 때쯤이면 당신은 '우리의 대통령'이 되어 있을 겁니다. 이제 당신의 성공은 우리 모두의 성공입니다. 당신을 열렬히 응원하겠습니다."

부시는 클린턴과 정적政敵임에도 진심으로 축하하고 성공을 기원했다. 편지에는 미국이란 나라를 건설하는 데 정파도 이념도 초월하자는 의지가 담겼다. 국가의 품격은 이렇게 완성된다. 부시와 앙숙이던 밥 돌 전 상원의원이 보여 준 품격은 어떤가. 95세인 밥 돌 상원의원은 부시의 운구를 향해 거수경례로 예의를 표함으로써 동료 정치인의 마지막 길을 배웅했다. 생전에도 밥 돌은 부시가 재선에서 낙선하자 만찬에 초대해 위로했다. 비록 대선 후보 경선에서 격돌했지만 서로를 존중했다. 승자독식 문화가 팽배한 우리에겐 생경한 장면들이다. 미국이 왜 세계 제1 강대국 지위를 유지하는지 보여 주는 단면들이다. 정파를 떠나 전직 대통령을 추모하고, 동료 정치인에게 예의를 갖추는 문화가 부러울 따름이다.

우리 역대 대통령들의 퇴임 후를 돌아보면 실감 나게 다가온다. 전직 대통령은 누구 할 것 없이 불운했다. 이국 땅에서 망명자로 떠돌다 생을 마감하거나 부하가 쏜 총에 비명횡사했다. 또 감옥에 수감되거나 스스로 목숨을 끊는 일까지 불행한 역사를 반복하고 있다. 이승만(1~3대)은 4·19 의거로 쫓겨난 뒤 미국 하와이로 건너가 생을 마감했다. 윤보선(4대)은 5·16 군사쿠데타 세력에 의해 중도 하차했다. 군사쿠데타로 집권한 박정희(5~9대)는 동지였던 부하에게 목숨을 잃었다. 최규하(10대)는 허수아비 신세를 면치 못하다 신군부에게 8개월 만에 쫓겨났다. 전두환(11·12대), 노태우(13대)는 나란히 12·12 군사쿠데타와 광주학살 책임을 지고 옥살이를 했다. 김영삼(14대), 김대중(15대)은 자식과 측근 비리 때문에 재임 중 아들들이 구속 수감됐다. 결정판은 스스로 목숨을 끊은 노무현(16대)이다. 그의 죽음은 국민들 가슴에 지울 수 없는 상처를 남겼다. 이명박(17대), 박근혜(18대)도 개인 비리와 권력 농단으로 수감돼 죗값을 치르고 있다.

70년이란 짧은 근대사치곤 참담하다. 오죽하면 전직 대통령이 바위에서 몸을 던졌을까 싶을 정도로 한국 정치에서 관용은 찾아보기 어렵다. 우리 정치는 언제부턴가 상대가 죽어야만 끝나는 증오를 되풀이하고 있다. 만신창이가 된 전직 대통령은 우리 정치 수준을 반영한다. 세계 교역규모 10위, 1인당 국민소득 3만 달러 대한민국의 민낯이다. 정당은 권력 창출을 목표로 모인 정치 결사체다. 정책과 권력을 놓고 치열하게 맞서는 건 당연하다. 하지만 포용과 관용 없이 싸움에만 몰두한다면 동물의 왕국과 다르지 않다. 상대를 인정하는 성숙한 정치는 도달하기 어려운 것일까.

문재인 대통령은 취임사에서 "국민 모두의 대통령이 되겠다. 지지하지 않았던 국민 한 분 한 분도 저의 국민이라 여기고 섬기겠다"고 했다. 지난 4년여를 돌이켜 볼 때 취임사가 제대로 구현됐는지 돌아볼 일이다. 적폐청산과 검찰개혁을 앞세워 상대를 적대시하면서 관용과 포용을 잃어버렸다는 비판을 아프게 새겨야 한다. 이제 우리도 정파를 떠나 기억하고, 자랑하고 싶은 대통령을 가질 때가 됐다. 때로는 영웅 만들기에 익숙한 미국처럼 인위적으로라도 그런 문화를 만들 필요가 있다. 끝 모를 저주는 국민을 불행하게 하기 때문이다.

조지아주 애틀랜타에는 카터 대통령 기념관이 있다. 카터는 재임시에는 실패한 대통령이라고 비난받았다. 그러나 퇴임 후 사랑과 존경을 한 몸에 받고 있다. 그는 분쟁 지역을 찾아다니며 협상을 중재하고 평화를 전하는 전직 대통령상을 보여 줬다. 헬멧을 쓴 채 망치질을 하며 땀 흘리는 전직 대통령은 충분히 감동적이다. 국민들이 사랑하는 대통령은 어쩌면 재임보다 퇴임 후에 있지 않을까 싶다. 노무현의 평범한 소망은 좌절됐다. 문재인 대통령은 고향으로 돌아가 평범한 시민이 되어 이웃과 정을 나누겠다는 뜻을 비쳤다. 그 소망은 실현되어야 한다. 분열과 갈등을 끝내는 정치는 그럴 때 시작된다. 우리도 그런 대통령을 보고 싶다.

당 태종의 세 번째 '거울'

새해 아침은 항상 은근한 설렘과 날선 긴장으로 시작됐다. 2019년 은 문재인 정부 출범 3년 차였다. 5년 임기 가운데 임기 중반을 돌아 서는 반환점이기에 지난 시간을 돌아보고 새로운 출발을 준비하는 중 요한 시점이었다. 느슨한 거문고 줄을 다시 고쳐 매야 한다는 경구를 되새기에 적합했다. 언론은 냉정하게 복기하고 새로운 동력을 만들기 위해 일신할 것을 주문했다. 경청과 과감한 인사가 핵심이었다. 경청 은 민심을 살피는 겸손함이며, 진영을 벗어난 인사 쇄신은 민심을 얻 는 지름길이다. 성공한 대통령, 성공한 정부는 익숙함과 관성에서 벗 어날 때 가능하다.

중국 역사상 가장 융성했던 왕조는 당唐이다. 이세민이 치세했던 당 시를 역사가들은 '성당盛唐시대'로 부른다. 당나라는 국제사회를 향해 문을 활짝 열어젖혔고, 덕분에 수도 장안에는 페르시아를 비롯한 이

민족들로 넘쳐났다. 태종 이세민李世民과 신하 위징魏徵은 개방을 토대로 '정관의치貞觀之治'를 열었다. 위징은 태종 곁에서 지겹도록 쓴소리를 해댔다. 때론 목숨을 걸었다. 태종이 즉위한 정관 6년 때 일이다. 태종은 "옛날 제왕 가운데 흥한 이도 있고 망한 이도 있다. 어떤 차이냐?"며 위징에게 의견을 구했다.

위징은 "망한 군주는 평안한 시기에 그 위험을 잊고 혼란을 생각하지 않았다"면서 백성을 두려워하는 마음으로 생각하고 행동하라고 조언했다. 잘나갈 때 위기를 생각하라는 뜻인데, 태종은 이를 받아들여 국정을 운영하는 지침으로 삼았다. 위징이 죽자, 태종은 "내게 거울 세 개가 있었다. 하나는 의관을 정제하는 거울이고, 또 하나는 역사를 살피는 거울이며, 마지막 거울은 위징이다. 이 가운데 하나가 깨졌다"며 통곡했다. 훌륭한 제왕은 좋은 신하를 알아본다. 당제국은 쓴소리를 잘 듣는 열린 군주와 바른말을 아끼지 않는 신하에 의해 완성됐다.

조선 세종도 경청 능력이 뛰어났다. 그는 재임 기간 중 무려 1,898차례에 걸쳐 신하들과 경연을 열었다. 경연을 통해 국정 운영 방향을 끊임없이 묻고 소통했다. 나아가 반대 의견은 물론이고 자신에 대한 비난조차 기꺼이 받아들였다. 한번은 과거 시험에서 자신을 비판한 인물이 높은 점수로 합격했다. 당사자는 하위지河緯地였고, 시험 책임자는 영의정 황희黃喜였다. 신하들로부터 둘 다 처벌하라는 상소가 빗발쳤다. 세종은 "내가 죄를 주려 해도 그대들이 보호해야 마땅하거늘 처벌하라니 통탄할 일"이라며 격노했다. 세종은 왕을 비판했다는 이유로 불합격 처리하라는 주문을 뿌리쳤다. 훗날 하위지는 단종

복위를 주도함으로써 선왕에 대한 의리를 지켰다. 그렇게 세종 시대는 조선 500년 역사에서 꽃을 피웠다.

　문재인 대통령은 좋은 품성에다 경청 능력 또한 뛰어나다. 하지만 집권 기간을 돌아보면 선택적 경청에 불과했다는 비판에서 자유롭지 않다. 어느 정권이든 초기에는 주변 사람을 등용한다. 이 과정에서 진영에 포획될 우려가 높은데, 이는 실상을 파악하는 데 걸림돌로 작용한다. 청와대 주변에서 "물 들어올 때 노 저으라"는 말이 나와서는 안 된다. 집권 3년 차는 일하는 사람을 쓸 때였다. 전문적인 식견을 갖추고 바른말을 하는 인재를 등용하는 게 마땅하다. 그러려면 과감한 발상 전환이 필요했는데 많은 아쉬움을 남겼다. 임기 5개월여를 남겨 둔 최근에도 무리한 인사가 도마에 올랐다. 금융 관련 경력이 전무한 청와대 선임 행정관을 한국성장금융투자운용 본부장으로 내정했다. 금융 전문가들은 "최소한 관련 경력이라도 있는 낙하산을 내려보내야지 이렇게 무리한 인사는 납득하기 어렵다"며 강하게 반발했다. 결국 자진 사퇴 형식으로 일단락됐지만 임기 말 인사 전횡을 보여 준 단면이다.

　위징과 황희는 인사와 관련하여 엄정하게 처신함으로써 오늘날까지 좋은 본을 남겼다. 공교롭게도 위징은 당 태종에게, 황희는 세종에게 정적이었다. 위징과 황희는 당 태종과 세종 즉위 과정에서 반대편에 섰다. 그러나 당 태종은 왕위에 오른 뒤 자신을 죽이려 했던 위징을 중용했다. 세종 또한 자신이 아니라 큰형 양녕대군을 지지했던 황희를 등용해 재상으로 중용했다. 황희는 태종이 후계자를 정하는 과정에서 세종을 반대하고 양녕대군을 지지했다. 그런데도 세종은 자신을 반대했던 황희를 재상으로 기용했다. 당 태종과 세종이 보여 준 포용력과 관용은 이들로부터 헌신을 이끌어 냈다.

링컨 또한 통합과 화해에 바탕한 리더십을 보여 줬다. 《권력의 조건》(도리스 컨스 굿윈)의 저자는 링컨의 이러한 면모를 조명했다. 경쟁자도 끌어안은 포용력은 남북전쟁을 승리로 이끌고 건국의 기틀을 다졌다. 링컨은 대통령에 당선되자, 정적인 에드윈 스탠튼을 전쟁장관으로 기용했다. 그는 링컨을 "긴팔원숭이" "촌뜨기"라며 모욕했던 인물이다. 그러나 링컨은 개의치 않고 스탠튼을 기용해 중책을 맡겼다. 스탠튼은 남북전쟁에서 승리함으로써 그 믿음에 보답했다.

20대 대통령은 누가 당선되든 관용에 바탕한 인사를 실현해야 한다. 내 편이라는 이유로 덮어놓고 기용하는 편협함에서 벗어나 상대편도 끌어안아야 한다. 지금처럼 선거 캠프나 진영을 중심으로 나눠 주는 인사를 반복한다면 공감을 얻기 어렵다. 인사는 새로운 동력을 확보하는 중요한 수단이다. 주변에서만 사람을 찾는 관성적인 인사는 국정 운용에 걸림돌이다. 코드 인사는 실패로 가는 지름길이다. 아무런 감동도 없을뿐더러 국정 동력을 확보하기 어렵다. 적대 관계에 있는 인물까지는 아니더라도 전문성과 소신을 갖춘 인물을 발탁해야 한다. 대통령에게 다른 의견을 말할 수 있는 폭넓은 시야를 갖춘 유연한 인물이 첫째다.

당 태종과 조선 세종은 관행을 뛰어넘어 널리 인재를 구했다. 군주 앞일지라도 거침없이 조언하는 이들을 중용했다. 내 편 네 편을 가르지 않았다. 두 사람은 과감한 인재 등용과 쓴소리를 마다하지 않는 열린 사고, 통합의 리더십으로 찬란한 문화와 부강한 나라를 일궜다. 성공한 정부, 성공한 대통령은 그런 바탕 위에서 가능하다. 진영 밖에서 적임자를 찾는 과감한 발상을 기대한다. 언제까지 선거 뒤치다꺼리 인사를 반복할 것인가. 부채 의식을 떨치고, 논공행상을 멈출 때 민심은 바람막이가 되고 기꺼이 고통을 감내한다.

경청은 중요한 덕목이다. 자영업자, 소상공인, 중소기업, 대기업, 그리고 야당과 보수 언론을 막론하고 들어야 한다. 조선왕조실록에는 1760년 청계천 준설을 앞두고 영조가 다양한 계층과 소통했다는 기록이 있다. 영조는 관료는 물론이고 재야 선비, 일반 백성까지 두루 만나 의견을 구했고, 참여를 이끌어 냈다. 그 결과, 청계천 준설 공사는 57일이란 짧은 기간에 마무리됐다. 폭넓은 여론 수렴은 짧은 공사 기간에 21만 5천여 명을 동원하는 원동력이 됐다. 경청은 상대를 포용하고 경계심을 허무는 무기다. 400년 전 허균은 "천하에 오직 두려워할 것은 백성뿐"이라고 했다.

누가 진심으로
국민을 사랑하는가

　인쇄매체가 시들하다지만 출간은 시대 흐름을 확인하는 지표다. 코로나19 때문인지 요즘은 국내 여행 서적과 자기계발 서적이 많다. 정치인 책도 부쩍 늘었다. 지난해 4·7 재보궐선거를 즈음해 갈렸던 서울시장 후보들이 쓴 책은 자취를 감췄다. 이제는 그 자리를 여야 대권 주자들이 차지하고 있다. 정치인들이 쓴 책에는 공통점이 있다. 누구도 선뜻 집지 않는다. 빤한 이야기일 것이라는 선입견 때문이다.

　여당에서는 경선 초기 이재명을 비롯해 이낙연, 정세균, 추미애, 이광재가 쓴 책이 눈에 띄었다. 이제는 이재명 관련 책으로 정리됐다. 야당 후보로는 뒤늦게 정치 참여를 선언한 윤석열 국민의힘 대선 후보를 비롯해 국민의당 안철수, 정의당 심상정, 그리고 새물결 김동연 씨 책이 눈길을 끈다. 이런 추세라면 나이 제한 때문에 출마 자격은 없지만 언젠가 이준석 대표 책도 나올 판이다. 대선 후보들이 직접 책을 썼는지 대필했는지는 알 길이 없다. 다만, 이 책들은 감동과 울림은커 녕 구성과 내용도 크게 다르지 않다는 공통점이 있다. 그나마 중도 사 퇴한 정세균《수상록》정도가 눈길을 끌었다.

아무리 시대가 변해도 정치인의 핵심 덕목은 '애민愛民'이다. 고전古典 은 세월이 흘러도 고전인 것과 같은 이치다. 한 나라를 경영하겠다고 나선 대통령 후보라면 애민은 더 말할 나위가 없다. 애민은 보편적 포 용을 요구한다. 진보와 보수, 서초동과 광화문을 가르는 애민은 없다. 편을 갈라 내 편만 편애할 생각이라면 절대 정치해서는 안 된다. 출마 를 꿈꾸는 이들이라면 출사표를 던지기 전에 자신에게 공동체를 우선 하는 애민정신이 있는지 스스로 물어야 한다.

조선 500년 역사에서 가장 뛰어난 통치자로 알려진 세종의 제일 덕 목도 애민이었다. 세종이 애민을 기초로 한글을 만들었음은 널리 알 려진 사실이다. "우리말이 중국과 달라 서로 통하지 않으니 이 때문에 말하지 못하는 백성을 위해 스물여덟 자를 만든다." 세종은 글을 몰라 실생활에서 어려움을 겪는 백성을 위해 글을 만들었다. 또, 사회적 약 자를 돌보는 데도 신분을 따지지 않았다. 집권 8년 차, 모든 여자 노비 에게 100일 출산휴가를 명했다. 이후 여자 노비는 130일, 남편 노비 는 30일로 출산휴가를 확대 시행했다. 지금 근로기준법(임산부 90일, 배 우자 10일)보다 진보적이다.

조세제도를 정비할 때도 백성에게 물었다. 5개월 동안 진행된 여론 조사는 당시 인구 4분의 1에 해당하는 17만 2,806명을 대상으로 했 다. 찬성 여론은 높았지만 시행을 유예한 채 반대한 백성들을 주목했다. 그들이 반대한 이유를 헤아려 17년 만인 1444년에야 새 제도를 선포했다. 신하들과 2천 회에 달하는 경연을 가진 것도 백성들의 속사정에 귀 기울이기 위함이었다. 폭넓은 경청과 소통, 사회적 약자에 대한 관용은 모두 애민에서 시작됐다. 해리슨 전 주한 미국 대사는 세종을 "르네상스 인물"이라며 격찬한 바 있다.

대동법에 일생을 바친 영의정 김육도 가혹한 조세제도로 피폐해진 백성을 살피는 데 모든 걸 걸었다. 대동법은 조선 역사 500년을 통틀어 가장 개혁적인 세제였다. 땅 가진 만큼 세금을 내도록 한 정책으로, 지금 생각하면 부자 증세였다. 당연히 사대부와 기득권층은 거세게 반대했다. 대동법이 전국적으로 확대되기까지 꼬박 100년이나 걸린 건 이 때문이다. 김육은 자신을 발탁한 효종을 이렇게 압박하며 배수진을 쳤다. "나를 쓰려거든 대동법을 시행하고, 그렇지 않다면 노망난 재상으로 여기라." 오직 백성을 사랑하는 마음, 애민이었다.

2022년 3월 9일 대선까지 꼬박 2개월여 남았다. 민주당 이재명과 국민의힘 윤석열 후보가 접전을 벌이고 있다. 박근혜 대통령 탄핵 이후 괴멸 직전까지 갔던 보수 야당은 4·7 재보궐선거를 기점으로 회복했다. 여론조사에서는 정권교체 응답이 줄곧 과반에 달한다. 민주당은 재보궐선거에서 싸늘한 민심을 확인했고, 국민의힘은 윤석열 후보를 중심으로 반전을 도모하고 있다. 여기에 30대 이준석 당대표는 보수 야당의 약점을 절묘하게 보완하고 있다. 그렇지만 국민들은 정권교체와 유지 사이에서 아직 어느 누구에게도 확실한 마을을 주지 않고 있다.

이런 불확실성 속에서 한 가지 확실한 판단 기준은, 누가 진심으로 국민을 사랑하는가이다. 애민이 판단 척도이다. 화려한 언변도, 정치 이력도, 인기도 선택 기준은 아니다. 설령 목소리는 크지 않고, 정치 이력은 화려하지 않더라도 누가 국민을 위해 헌신할 자세가 되어 있는지 살펴보아야 한다. 겉으로 드러난 화려함이 아닌 이면에 답이 있다. 할 수만 있다면 모든 후보를 대상으로 누가 애민정신에 충실한지 따져야 한다. 대선은 인기투표가 아니다.

시민과 공동체를 사랑하지 않는 정치인이 쏟아 내는 말은 공허하다. 그런 정치인에게 나라를 맡기는 건 파국을 예약하는 것과 다르지 않다. 지난 4년 동안 우리 사회는 진보와 보수라는 두 진영으로 갈려 갈등과 증오를 쌓아 왔다. 20대 대선이 중요한 이유가 여기에 있다. 국민을 통합해 품격 있는 나라로 올라서느냐 후퇴하느냐 갈림길에 서 있다. 자기 진영만 편애하는 정치인은 애민을 입에 올릴 자격이 없다.

"오늘날 선비들은 말로만 경학을 한다고 한다. 그대들은 매일 경학을 한다고 하는데, 도대체 왜 진짜 선비가 없는 것이냐?" 세종은 기득권과 관성에 찌든 관료 사회를 이렇게 질책했다. 600년이 흐른 지금 한국 정치에도 세종의 경고는 여전히 유효하다. "오늘날 정치인들은 말로만 국민을 위한다고 한다. 너희들은 국민을 위한다고 하는데, 도대체 왜 국민을 위하는 정치인은 없는 것이냐?"

20대 청년들과 대화는 항상 기발하고 신선하다. 청년세대는 전혀 다른 관점에서 세상을 바라보고 해석한다. 최근 강의에서도 비슷한 경험을 했다. 강의에 앞서 한국형 탐사보도의 전형을 다루기 위해 영화 〈1987〉을 놓고 이야기를 나누었다. 영화 한 편을 놓고도 이렇게 다양한 해석이 가능하구나 생각할 만큼 제각각이었다. 그 가운데 "오늘을 사는 우리들은 그 시대 국민들에게 부끄러워하고 배워야 한다"는 말에서 순간 멈칫했다. 엄혹했던 시절에도 수많은 이들이 자기 자리에서 제 역할을 했는데, 오늘날 물리적 억압이 사라진 상황에서도 오로지 이익을 좇아 맹목적 편들기에 연연하고 있다는 비판이었다.

어느덧 무뎌진 우리 세대에게 던지는 날카로운 힐난이었다. 곰곰이 생각하니 과장되거나 틀리지 않았다. 청년들 눈에 우리는 어느덧 치열함을 상실한 기득권 세력으로 전락했다. 군사정권 아래서 당시 국민들은 말할 수 있는 자유를 억압당했다. 1980년대 민주화운동은 비판할 수 있는 권리를 향한 치열한 여정이었다. 그 와중에 서울대학생 박종철 군이 숨지는 사건이 터졌다.

영화 〈1987〉은 박종철 고문치사 사건을 다룬 실화다. 서울 남영동 대공분실에 불법 감금된 박종철은 물고문 도중 숨졌다. 1987년 1월 14일이었다. 사건 초기 경찰은 "탁 치니 억 하고 숨졌다"며 단순 쇼크사로 사건을 은폐하기에 급급했다. 그러나 국가권력에 의한 타살이었다. 경찰은 음습한 고문실에서 스물두 살 청년을 죽음에 이르게 했다. 세상과 단절된 은밀한 곳에서 진행된 고문치사 사건이 세상에 알려지기까지는 수많은 이들의 용기가 있었다.

물고문 정황을 처음 언론에 흘린 의사 오연상, 증거를 없애기 위해 사체 화장을 종용하는 경찰에 맞서 부검을 관철시킨 검사 최환, 고문 경찰관이 더 있다는 사실을 알린 재야 정치인 이부영과 김정남, 이를 교도소 밖으로 전한 교도관 안유와 한병용, 고문 가담자를 5명이라고 폭로한 천주교 신부 김승훈, 최초 보도한 중앙일보 기자 신성호, 1년 넘게 보도를 이어 간 동아일보 기자 윤상삼과 황호택, 황열헌이 그들이다.

그리고 무엇보다 야만적인 군사정권에 맞서 항거한 이름 없는 시민들이 있었다. 박종철 군 죽음으로 촉발된 1987년 6·10 민주항쟁은 군사정권을 끝장낸 분수령이었다. 4·19 이후 불의한 권력에 맞선 최대 민중항쟁으로 기록되었다. 당시 대학생은 물론이고 넥타이 부대로 알려진 직장인과 이름 모를 시민들이 가세했다. 거대한 분노는 전국을 뒤덮었고, 결국 군사정권은 6 · 29 선언을 발표하며 항복했다. 대통령 직선제는 가장 큰 성과물이다. 내가 강의하는 '미디어와 정치사회' 수강생 대부분은 2000년대 이후 출생했다. 나와는 40년 가까운 세월의 강을 마주하고 있다. 그들에겐 태어나기 전에 일어난 박종철 고문치사 사건은 과거 역사일 뿐이다.

경험하지 않았으니 공감 영역 또한 좁을 수밖에 없다. 그런데도 학생들은 〈1987〉을 통해 1980년대 국민과 오늘날 국민을 비교하며 핵심 메시지를 건져 올렸다. "지금 국민들은 1980년대 국민들에게 부끄러워해야 한다"는 말이 내내 머리를 맴돌았다. 20대 대선을 앞두고 민주당과 국민의힘이 벌이는 저급한 대립과 맹목적인 지지를 보노라면 더욱 그렇다.

지금 민주당은 1980년 민주당에서 멀어졌다. 한때 민주당을 지지했던 많은 이들은 지금 민주당은 우리가 알고 있는 민주당이 아니라며 비판적이다. 불의한 국가권력에 맞섰던 민주당이 아니라 기득권에 눈감고 타협하면서 정체성을 잃었다는 여론이 비등하다.

전북대학교 명예교수 강준만은 '밥그릇 공동체'로 규정하고 비판했다. 이익을 나누는 이익공동체라는 뜻이다. 많은 비판적 지식인들은 민주당이 특정한 가치를 지향하는 정치집단이라기보다 기득권을 유지하고 확대하는 부족공동체로 전락했다고 한다.

이재명 후보가 민주당 정체성을 대변한다고 여기는 이들은 이런 범주에 속한다. 그러면서 이재명 후보가 선명해서가 아니라 정권 유지를 위해 불가피하다며 자괴감 섞인 항변을 내놓는다. 그들이 내세우

그런다고 세상이 바뀌나요

는 정권 유지는 곧 기득권 연장을 의미한다. 자신들 또한 이익공동체의 일원임을 자인한 것과 다르지 않다. 지난 4년 반 동안 민주당이 보인 행태도 연장선상에 있다.

〈1987〉에 이런 대사가 나온다. "그런다고 세상이 바뀌나요. 가족들 생각하세요." 그들의 치열한 선택이 역사를 바꾸었다. 모두가 망설일 때 누군가는 앞장서서 길을 열어 왔다. 그들 덕분에 역사는 조금씩 진전해 왔고, 오늘 우리는 그 결과물을 향유하고 있다. 역사에 빚지지 않은 이는 없다.

박종철 고문치사 사건에서 보듯 고비고비마다 목숨을 건 선택이 쌓이고 쌓여 오늘을 만들었다. 40여 년 세월의 강을 건너 지금 우리는 제대로 판단하고 선택하고 있는지 돌아볼 일이다. 민주당은 집권 초기 "야당복 있다"며 오만했다. 민주당 입장에서 지리멸렬한 야당은 다행이었는지 몰라도, 국민들 입장에서 야당복은커녕 여당복마저 없는 현실은 우울하다.

80년대 세대는 모든 것을 억압당한 상황에서도 바른 선택을 했다. 그런데 지금 우리는 허락된 모든 자유를 누리면서도 편을 갈라 맹목적으로 싸우고 있다. 최선이 아닌 차선, 최악이 아닌 차악을 선택해야 하는 20대 대선에서 선택지는 제한적이다. "그런다고 세상이 바뀌냐"는 항변에도 묵묵히 앞서 갔던 이들을 떠올리는 이유다.

우리 기사를 훔쳐 가라

　　토마스 맥카시 감독의 영화 〈스포트라이트Spotlight〉(2015)에 이런 대사가 나온다. 미 보스턴 지역 가톨릭 사제들의 성추행 재판 기록을 요구하는 기자에게, 판사는 "이런 걸 보도하는 게 언론이냐"며 힐난한다. 판사는 가톨릭교회와 사제들의 권위를 실추시키는 취재가 못마땅했다. 이에 《보스턴 글로브》 기자는 "이런 걸 보도하지 않는다면 언론이냐"고 응수한다. 꽤나 상징적인 대사라서 강렬한 기억으로 남아 있다. 나도 취재 현장에서 수없이 들었던 반문 중 하나다. 자신이 기득권에 속한다고 생각하는 이들일수록 "꼭 보도해야 하느냐. 어떤 의도냐"며 적의를 드러내거나 회피하곤 했다. 그런 생생한 언어를 영화에서 접하곤 '미국이라고 다를 게 없구나'라는 묘한 안도감이 들었다.

　　〈스포트라이트〉는 《보스턴 글로브》 기자들의 활약을 다룬 실화다. 《보스턴 글로브》는 가톨릭 사제들에 의한 아동 성추행이 광범위하고 은밀하게 지속돼 왔음을 밝혀낸다. 취재 결과 전체 사제 1,500명 가운데 무려 90여 명(6퍼센트)이 아동 성추행에 연루되어 있었다. 가톨릭교회는 수십 년 동안 이를 조직적으로 은폐했다. 탐사보도팀은 외압과 설득, 회유를 이겨 내고 뿌리 깊은 치부를 드러냈다.《보스턴 글로브》선임 기자가 성급한 보도를 욕심내는 후배 기자에게 하는 조언은 인상 깊다. "가해자 몇몇을 심판대에 올려 봤자 태풍이 지나가면 잊는다. 근본을 찾아야 한다. 은폐를 지시한 윗선을 찾으라." 결국 사제 249명이 아동 성추행 혐의로 심판대에 올랐다.

20대 대선이 역대 최고 비호감 대선이 될 것이라는 비관론이 우세하다. 여야 불문하고 후보를 둘러싼 의혹과 가족 리스크가 더해지면서 실망감이 커진 탓이다. 민주당 이재명 후보는 대장동 특혜, 국민의힘 윤석열 후보는 고발 사주 의혹에 직면해 있다. 여기에 이재명은 아들 리스크, 윤석열은 부인 리스크가 불거졌다. 최근 여론조사에서 두 사람의 비호감도는 60퍼센트대를 오르내렸다. 주목할 점은 20대 청년층이다. 20대의 비호감도는 이재명, 윤석열 모두 70퍼센트에 달할 정도로 청년세대가 느끼는 실망감은 훨씬 크다.

거친 언행과 잇단 의혹 등 후보 본인에게서 비롯된 요인 외에 다른 요인도 상당하다. 극단화된 진영 대결이 첫째다. 지지층 결집을 노린 후보들의 거친 언행은 비호감 이미지를 견인했고, 지지층은 상대 후보를 악마화함으로써 부정적인 이미지를 부풀렸다. 그러나 후보 문제와 함께 거론되는 언론의 '가벼움'은 다른 모든 것을 압도한다. 언론은 진영 갈등을 부추기고, 정치를 희화화하는 데 앞장섰다는 비판에서 자유롭지 못하다. 그러면서도 후보들이 정책선거를 게을리한다고 비판하는 심각한 모순에 빠졌다.

"부산은 재미없다"를 지역주의와 연결시킨 놀라운 상상력이 단적인 사례다. 이재명은 간담회에서 지방 소멸을 우려하며 발언했는데 언론은 전혀 다르게 해석했다. 일부이기는 하지만 지역주의에 편승해 "부산 지역 비하 발언"이라는 오해를 불러일으키는 데 일조했다. 당시 스타트업 대표들은 "지역에 재밌게 즐기고 새로운 기회를 발견할 기반을 만들면 좋겠다"고 했고, 이재명은 맞장구를 친 것에 불과했다. 이재명의 부인 김혜경 씨 낙상 소식에도 추측성 기사를 보태 정치를 막장드라마로 만들었다. 언론이 비호감 선거에 한몫했음을 부인하기 어려운 이유는 이 밖에도 숱하다. 언론이 표피적 재미에만 매달리는 사회는 퇴행적이다.

닉슨 대통령 하야를 이끌어 낸 '워터게이트' 사건은 언론의 역할을 돌아보게 한다. 《뉴욕타임스》는 닉슨이 민주당 선거사무소에 도청 장치를 설치하도록 지시한 것도 문제지만 이를 조직적으로 은폐하고 거짓말을 했다는 사실을 집중 거론했다. 결국 미 국민들은 닉슨의 이중성에 분노했고, 닉슨은 현직 대통령 자리에서 물러났다. 지금 우리 언론에도 본질에 다가서려는 집요함이 필요하다. 대장동 특혜 의혹이됐든, 검찰 고발 사주 의혹이 됐든, 문제가 있다면 본질을 파고들어야한다. 변죽만 울리는 건 무책임하다. '기레기'라는 비판에 당당하려면단발성 보도에서 벗어나 사안을 꿰뚫는 취재에 집중해야 한다.

비영리 탐사 저널리즘을 구현하고 있는 미국의 《프로퍼블리카Propublica》는 좋은 본보기다. 그들은 기존 언론사는 물론이고 지역 언론과도 손잡고 본질에 다가서려는 노력을 게을리하지 않는다. 특종이나 단독보도 유혹에서 벗어나 경쟁 언론사와 협업하여 사회 변화를 이끌고 있다. '단독'에 목매는 우리 언론 현실에 비춰 볼 때 《프로퍼블리카》 보도 방침은 신선하다. 《프로퍼블리카》는 사회에 얼마나 임펙트(영향력)을 주느냐를 판단 기준으로 삼는다. "우리 보도를 통해 세상이 얼마나 바뀌었느냐" "우리 기사를 훔쳐 가라"와 같은 구호는 이 같은 지향점을 담고 있다.

누가 됐든 2022년 3월 9일 대한민국 제20대 대통령이 선출된다. 당선 가능성이 유력한 제1·2당 후보를 누더기로 만들어서 얻을 이득이 무엇일지 진지하게 고민할 필요가 있다. 이제라도 네거티브 선거를 중단하고 정책과 비전으로 경쟁하도록 유도해야 한다. "이런 것도 보도하지 못한다면 언론이냐"고 반문해야 한다.

인류 역사상 가장 넓은 영토를 정복한 제국은 어디일까. 흥미로운 대화 소재 중 하나다. 역사는 13세기 몽골제국을 꼽는다. 당시 고립된 섬이나 다름없던 아시아와 유럽은 칭기즈칸에 의해 하나로 연결됐다. '팍스 몽골리카' 아래서 유라시아는 인종과 문화, 종교가 뒤섞였다. 실 크로드는 몽골제국이 남긴 여러 유산 중 하나다.

몽골 초원에서 시작한 몽골 기병은 극동 한반도부터 서유럽 헝가리, 오스트리아까지 내달렸다. 로마제국이 400년 동안 경영한 땅보다 넓었다. 유라시아를 정복하는 데 걸린 시간은 25년에 불과했다. 바람과 같은 속도다. 칭기즈칸은 알렉산더, 나폴레옹, 히틀러 셋을 합한 땅보다 넓은 영토를 정복했다.

그래서인지 선거 때마다 정치권에 칭기즈칸과 몽골 기병이 회자된다. 몽골제국처럼 정치 영토를 확장하고 싶은 욕망 때문이다. 몽골 기병이 선거판에서 처음 언급된 건 2004년 17대 총선 때이다. 당시 정동영 열린우리당 의장은 "몽골 기병이 되어 질풍노도와 같이 누비면서 선거혁명을 이루겠다"고 했다.

이에 맞선 추미애 새천년민주당 선거대책위원장은 "우리는 또박또박 전진하는 로마 보병이 되겠다"고 응수했다. 결과는 몽골 기병 압승, 로마 보병 참패였다. 열린우리당은 152석 원내 1당으로 진입한 반면, 새천년민주당은 9석 소수 정당으로 쪼그라들었다. 이후로도 정동영은 몽골 기병을 언급하며 자신의 브랜드로 만들었다.

20대 대선에서 '몽골 기병'이 다시 등장했다. 이재명 더불어민주당 후보는 2021년 11월 20일 충남 논산에서 "몽골 군인 10만 명이 유럽과 아시아를 휩쓴 힘은 빠른 속도, 단결된 힘이었다. 빠르게 행동하는 소수가 전체를 석권한다. 민주당의 이재명이 아니라 이재명의 민주당으로 만들겠다"고 했다.

이후 민주당은 선대위를 슬림화하고 사무총장 김영진, 전략위원장 강훈식을 임명했다. 두 사람은 이재명 측근이자 재선 의원이다. 친정 체제 구축에 속도를 내면서 초선과 재선 중심으로 기동성을 높이려는 의도로 읽혔다. 우원식 공동선대위원장과 조정식 상임총괄선거대책본부장, 박홍근 비서실장은 이 같은 의중에 힘을 보태며 물러났다.

국민의힘 측에서도 몽골 기병을 거론했다. 윤석열 캠프에 합류한 김한길 새시대준비위원장은 "국민의힘도 이제는 중원을 향해 두려움 없이 몽골 기병처럼 진격하겠다"고 했다. 새시대준비위원회는 중도층을 타깃으로 한 외연 확장에서 교두보 역할을 맡고 있다. 민주당에 부정적인 중원(중도층)을 휘젓겠다는 심산이다.

'몽골 기병'을 언급한 이재명과 김한길은 한때 정동영과 한솥밥을 먹었다. 이재명은 2007년 열린우리당 후신이자 더불어민주당 전신인 대통합민주신당 대선 후보 경선에서 '정동영과 통하는 사람들(정통들)' 공동대표를 맡았다. 김한길은 2007년 정동영과 함께 열린우리당을 해체하고 대통합민주신당 창당 과정을 주도했다. 그러나 2022년 대선을 앞두고 이재명과 김한길은 각기 다른 진영에서 서로에게 창을 겨누는 처지가 됐다.

이재명과 김한길이 몽골 기병을 소환한 의도는 기동력을 바탕으로 대선에서 승리하겠다는 뜻이다. 선대위 구성만 놓고 보면 일단 민주당이 몽골 기병론에 근접해 있다. 민주당은 선대위 조직을 슬림화했고, 핵심 인물들도 젊어졌다. 후보와 선대위 간 의사결정 단계를 간소화함으로써 기동력을 확보했다.

반면 국민의힘은 몽골 기병과는 거리가 멀어 보인다. 국민의힘은 선대위 구성 과정에서 심각한 내홍을 겪다 선대위를 전면 해체하기에 이르렀다. 또 김종인 총괄 상임선대위원장 합류를 놓고 20일 넘게 갈등을 빚다 결국 결별했다. 본부장급 가운데 이준석을 제외한 주호영, 원희룡, 김성태, 권영세, 권성동은 참신성과 거리가 있다. 직능본부장에 내정된 김성태는 물러났지만 국민의힘의 둔감한 인식 수준을 드러냈다.

몽골 기병은 원정에 적합한 말과 경무장, 간단한 보급을 바탕으로 기동력을 최대화했다. 몽골 말은 사료를 먹는 유럽 말과 달리 풀밭만 있으면 됐다. 게다가 몽골 기병은 철갑 차림 유럽 기사들과 달리 가죽 갑옷을 입었기에 민첩했다. 식량도 육포와 말 젖으로 해결했다. 몽골 기병이 하루에 80~100킬로미터를 달릴 수 있었던 건 이 때문이다. 별도 보급부대가 없는 데다 가벼운 갑옷, 지구력이 뛰어난 몽골 말은 속도전에서 압도적이었다. 몽골 기병은 서너 마리 말을 번갈아 타면서 빠른 속도로 진격했다. 그러나 칭기즈칸이 역사상 가장 넓은 땅을 가장 짧은 기간에 정복할 수 있었던 저력 가운데 기동력은 일부다.

더 큰 힘은 콘텐츠에서 나왔다. 실용을 중시하는 개방성과 유연함, 상대를 포용하는 관용, 끊임없는 혁신, 능력 중심 인재 발탁, 공정한 전리품 분배 방식 등이다. 칭기즈칸은 피정복지 기술자를 우대하고 앞선 기술은 기꺼이 수용했다. 송나라에서 공성攻城 기술을 받아들여 유럽 도시를 공략했다. 또 관용적인 정책을 취했다. 당시 유럽인들이 이교도를 불에 태울 때 칭기즈칸은 종교의 자유를 허용했다. 인재를 발탁하는 과정에서는 출신보다 능력을 우선했다. 부족 간 장벽을 허물고, 피정복민일지라도 유능한 인물을 등용했다. 전리품 또한 전사자 가족까지 배분함으로써 사기를 극대화시켰다.

기술 혁신도 탁월했다. 몽골은 유라시아 전역에 1,500여 개에 달하는 역참을 설치, 교통과 통신망을 촘촘하게 구축했다. 역참은 극동에서 서유럽까지 열흘이면 소식을 전하는, 오늘날 LTE 광역 통신망을 방불케 했다. 여기에 말 타는 데 편리한 바지와 화살 명중률을 높인 등자, 원거리 전쟁을 가능케 한 육포, 공포를 극대화한 활과 반월형 칼은 혁신적이었다. 그 덕에 당시 인구 150~200만 명에 불과했던 13세기 몽골은 160년 동안 2억 명에 달하는 유라시아를 통치했다. 실용을 바탕에 둔 관용과 개방, 유연함, 그리고 연고를 배제한 인재 등용과 공정한 분배가 이를 가능케 했다.

정치권은 몽골 기병 외양보다 콘텐츠를 읽어야 한다. 실용적인 선대위 구성, 능력 중심의 참신한 인재 영입, 나아가 대선 이후 상대 진영을 포용하는 관용과 정책적 유연함까지 고민해야 한다. 몽골제국은 기동력뿐만 아니라 관용과 유연함에서 비롯됐음을 기억할 필요가 있다.

'몽골 기병'의 진짜 힘

2021년 지구촌에 〈오징어 게임〉 열풍이 불었다. 넷플릭스가 제작한 한국 오리지널 드라마 〈오징어 게임〉은 상영 두 달 만에 세계인을 사로잡았다. 대박을 친 드라마답게 영화 〈기생충〉과 〈미나리〉, 그리고 BTS와 함께 한국을 세계에 알린 K-콘텐츠 반열에 올라섰다. 오일남 역을 맡은 오영수는 한국 배우 최초로 미국 골든글로브 남우조연상을 수상했다. 말랑말랑한 제목과 달리 〈오징어 게임〉은 유년 시절의 놀이를 소재로 한 잔혹한 생존게임이다. 감독은 삶의 밑바닥에 떨어진 이들이 더는 갈데 없는 막장에서 살아남고자 몸부림치는 과정을 섬뜩하게 풀어냈다.

〈오징어 게임〉을 본 사람들은 저마다 관점에서 생존게임을 해석한다. 대부분은 살아남기 위해 물불 가리지 않고 다른 사람을 제거하는 살벌한 '각자도생'을 주목한다. 반면 어떤 이들은 기댈 곳 없는 막다른 상황에서도 자신보다 못한 약자에게 손을 내미는 연대를 확인한다.

나는 후자에 주목했다. 가장 기억에 남는 장면과 대사 역시 연대와 관련됐다. 드라마 속에서 주최 측은 구슬 게임에 앞서 두 명씩 짝을 지으라고 지시한다. 참가자들은 앞선 게임을 통해 강자와 짝을 짓는 게 유리하다는 걸 안다. 당연히 노인과 여성은 외면 받았고, 참가자 중 가장 나이가 많은 오일남은 외톨이로 남는다. 이때 기훈은 구석에 있는 일남에게 다가가 "영감님, 저와 함께 하시죠"라며 손을 내민다.

고려장을 연상케 하는 상황에서 감동적인 장면이다. 한데 반전이 뒤따른다. 두 사람이 편이 되어 다른 팀을 이기는 게 아니라 자기 짝을 이겨야 하는 게임이었다. 우리는 살면서 이런 아이러니한 상황에 종종 직면한다. 가깝다고 믿었던 이들로부터 배신과 상처를 입는 게 현실이고 인생이다. "가까운 사람끼리는 네 것 내 것 없이 같은 편을 먹는다"는 '깐부'라는 말이 이때 나온다. 일남은 기훈에게 "우리는 깐부"라며 동질감을 확인시킨다. 마지막 구슬을 기훈에게 주면서도 '깐부'를 입에 올린다. 게임 규칙에 따르면 구슬을 모두 잃은 일남은 죽게 된다. 거짓으로 구슬을 딴 탓에 양심의 가책을 느끼며 울먹이는 기훈에게, 일남은 "우리는 깐부잖아. 깐부끼리는 니 꺼 내 꺼가 없는 거야. 그동안 고마웠네. 다 괜찮을 거야" 하며 어깨를 다독인다.

자기희생을 바탕으로 한 연대는 숭고하다. 불리한 줄 알면서도 외톨이가 된 일남에게 다가가 손을 내민 기훈이나, 속은 줄 알면서도 마지막 구슬을 건네는 일남이나 모두 자기희생을 바탕으로 상대를 껴안았다.

드라마 속에는 또 다른 연대와 희생도 나온다. 탈북자 출신 새벽과 아버지를 살해해 교도소에 있다 나온 지영이다. 지영은 누구도 믿지 않고 마음을 주지 않는다. 〈오징어 게임〉 속에서 지영은 철저히 혼자다. 세상으로부터 버림받은 받은 지영에게 처음 손을 내민 사람은 새벽이다. 새벽 또한 자본주의 남한 사회에 적응하지 못한 채 극단적인 상황에 처해 있다 이곳까지 내몰렸다. 이들은 서로 처지를 이야기하는 과정에서 연민을 느낀다.

마지막 순간, 지영은 게임에서 일부러 져 준다. 화를 내는 새벽에게 지영은 담담하게 말한다. "넌 여기에서 나갈 이유가 있지만 나는 없어. 이유가 있는 사람이 나가는 게 맞잖아. 넌 꼭 살아서 나가. 그래서 엄마도 만나고, 동생도 찾고, 제주도도 가고. 강새벽! 고마워. 나랑 같이 해 줘서." 자기 욕심만 챙기는 각자도생 사회에서 지영의 희생은 쉽지 않은 결정이다. 지영의 슬픈 눈빛이 오래 잊히지 않는 건 이 때문이다. 현실에서 일남과 지영이 보여 준 희생은 흔하지 않기에 값지다.

치열한 더불어민주당 대선 경선을 거쳐 이재명 경기지사가 후보로 선출됐지만, 대장동 택지개발 특혜 의혹에 발목이 잡혀 불안감을 떨치지 못하고 있다. 집권 여당 후보로서 프리미엄은커녕 계속되는 악재 때문에 골머리를 앓고 있다. 벌써 두 사람이 숨졌다. 이재명 후보 최측근으로 알려진 유동규 전 경기관광공사 사장이 배임과 뇌물죄로 구속된 데 이어, 유한기 전 성남도시개발공사 본부장과 김문기 사업처장이 극단적 선택을 했다.

이재명 후보는 대장동 택지개발사업을 단군 이래 최대 치적이라고 자랑했다. 하지만 국민들은 사회적 통념을 넘어선 과도한 이익에 분노했다. 초과 이익을 예상하면서도 이익을 몰아 준 정황이 곳곳에서 포착되고 수상한 자금 흐름까지 겹쳐 의혹은 증폭되었다. 여기에 법조 고위 직들이 대거 연루된 현실은 씁쓸하다. 이들을 연결하는 '천화동인天火同人'이란 법인은 '뜻을 같이하는 사람들끼리 일을 도모한다'는 뜻을 갖고 있다. 함께한다는 점에서 '깐부'와 '천화동인'은 비슷하다. 하지만 〈오징어 게임〉의 '깐부' 정신과 대장동 택지개발 의혹에서 드러난 '천화동인' 담합 비리는 판이하게 다르다. '깐부'는 숭고한 자기희생인 반면, '천화동인'은 끼리끼리 나눠 먹는 추악한 이익집단에 지나지 않는다.

수사를 통해 밝혀지겠지만 '화천대유'와 '천화동인'이 가담한 대장동 택지개발 의혹은 우리 사회를 마비시키는 악취임은 분명해 보인다. 20대 대통령 선거가 좋은 지도자를 선출하는 게 아닌 덜 나쁜 사람을 뽑는 선거로 전락한 현실에서 국민들은 참담하다. 사정 기관의 수사 의지를 촉구할 수밖에 없다. 대장동 택지개발 의혹에서 비롯된 무력감을 해소하는 방법은 철저한 수사뿐이다. 국민들은 여당이 됐든 야당이 됐든 관련된 인사들에 대한 철저한 수사를 요구하고 있다. 그것만이 무너진 공정과 신뢰를 회복하는 길이다. 검찰과 경찰, 공수처, 감사원은 모든 의혹을 낱낱이 밝혀야 할 의무가 있다.

국민들은 "화천대유는 누구 겁니까"라고 묻고 있다. 과거 "BBK는 누구 겁니까"를 깔아뭉갠 결과 정의는 실종됐고, 국민들은 뒤늦게 전직 대통령 구속이라는 부끄러움을 경험한 바 있다. 이번에도 어물쩍 넘긴다면 사정 기관 또한 '천화동인'과 밥그릇 공동체임을 인정하는 것이다. 일남이 건넨 "다 괜찮을 거야"라는 말 또한 정의가 바로 선 뒤에야 유효하다.

'깐부'인가, '동인'인가

1990년 독일 통일 당시 동서독 지식인들 상당수는 통일을 반대했다. 이유는 이렇다. 비스마르크 이후 통일국가로서 독일은 74년간 존속했다. 그런데 짧은 기간 동안 독일은 제1, 2차 세계대전을 비롯해 홀로코스트까지 씻을 수 없는 죄를 지었다. 그래서 지식인들은 "독일이 통일되면 인류와 유럽에 또 재앙"을 가져올 것이라며 통일에 부정적이었다. 민족국가를 복원하는 형태의 통일은 독일에도, 유럽에도 불행하다는 논리였다. 이런 인식에 기초해 독일 철학자 위르겐 하버마스는 "이제 우리가 애국할 대상은 국가나 민족이 아닌 민주적 헌법"이라는 명언을 남겼다.

국가주의와 민족주의를 넘어 헌법적 가치를 우선해야 한다는 통렬한 경고였다. 이러한 헌법적 기반 위에서 통일 독일은 세계에서 가장 모범적인 국가로 거듭났다. 분단국가 한국은 어떠한가. 오히려 전체주의로 후퇴했다는 우려가 깊다. 2020년 국회에서 통과된 '5·18왜곡처벌법'과 '대북 전단 살포금지법', 그리고 2021년 '언론중재법'이 그 예이다. 국가가 추구하는 목적을 위해 개인의 자유를 유예할 수 있다는 국가주의 색채가 짙은, 헌법적 가치를 위배하는 법안들이라는 비판이 비등했다. 이 법안들은 5·18을 욕보이고, 뿌리 깊은 이념 대결을 부추기며, 언론의 비판 기능을 위축시킬 우려를 안고 있다. 우리 헌법은 말할 수 있는 자유, 즉 표현의 자유를 보장하고 있다. 지난 민주주의 역사는 '말할 수 있는 자유'를 획득하기 위한 지난한 과정이라고 해도 과언 아니다.

그런데 수많은 이들이 피 흘려 쟁취한 민주주의 가치가 송두리째 부정당했다는 지적이 적지 않다. '5·18왜곡처벌법'에 따라 앞으로 5·18과 관련 다른 목소리를 내는 이들은 형사처벌을 피할 수 없게 됐다. 부인, 비방, 왜곡, 날조, 허위 사실을 유포하면 5년 이하 징역 또는 5천만 원 이하 벌금에 처해진다. 다른 의견을 말할 수 없다는 사실은 또 다른 억압으로 다가온다. 또, 군사분계선 일대에서 북한을 향해 확성기 방송이나 전단을 살포해서도 안 된다. 어길 경우 3년 이하 징역 또는 3천만 원 이하 벌금에 처한다. 과장하자면 "나는 공산당이 싫어요"라고 했다는 이승복도 더 이상 볼 수 없다. 언론 또한 허위조작 보도로 인한 배상 처벌을 피하려면 자기검열을 할 수밖에 없게 됐다. 민주당이 주도한 입법의 선의와 필요성을 모르는 바 아니다. 하지만 특정한 목적을 위해 표현의 자유를 지나치게 억압했다는 비난은 피하기 어렵다.

애국할 대상은 오직 민주헌법뿐

1980년 5·18 이후 이후 40년이 흘렀다. 아직도 극우 인사들은 5·18을 왜곡하고 선동하고 있다. 2019년 당시 자유한국당 김진태, 이종명, 최순례 의원은 극단적인 5·18 망언으로 국민적 분노를 촉발했다. 또 지만원은 끝없이 북한군 개입설을 유포하며 지금도 태극기 부대를 선동하고 있다. 대북 전단 살포와 비방 방송에 따른 부작용이 없는 건 아니다. 남북 화해 무드에 찬물을 끼얹었고, 접경 지역 주민들은 불안을 호소하고 있다.

하지만 아무리 그렇더라도 헌법적 가치를 뛰어넘을 수는 없다. 나아가 국가가 역사 해석을 독점하겠다는 발상은 위험하다. 이 때문에 민주주의 위기가 시작됐다는 비판도 제기됐다. 최진석 서강대학교 명예교수는 '5·18왜곡처벌법'에 반대 의견을 피력했다가 민주당 강성 지지층으로부터 곤욕을 치렀다. 최 교수는 "언제부터인가 5·18이 민주당 전유물이 됐다. 법으로 지키려 하지 않는 것이 차라리 5·18을 살리는 길"이라며, 5·18왜곡처벌법을 표현의 자유를 침해한 법으로 규정했다.

전남대학교 최협 교수도 "현행 법으로도 얼마든지 허위 사실 유포나 명예훼손을 처벌할 수 있다. 그런데 무엇이 그렇게 자신이 없어 또 법을 만들려 하는지 궁금하다"고 반대했다. 그러면서 "국가가 역사적 사실을 정의하고 규정하고, 이를 부정하면 형사처벌하는 나라가 21세기에 있을 수 있다는 현실에 경악한다"고 꼬집었다. 얼마 전 전두환은 현행 법 테두리 안에서 5·18 관련 사자 명예훼손 혐의로 실형을 받았다. 굳이 5·18왜곡처벌법이 아니더라도 처벌할 수 있는데 또 다른 법을 제정함으로써 과잉입법 논란을 초래했다.

　5 · 18왜곡처벌법을 대표 발의한 민주당 양향자 의원은 "역사 왜곡은 아이들 역사관 형성에 악영향을 미치고 나라 정체성을 흔드는 정신적 내란죄"라고 주장했다. 지나친 억측이자 과민한 역사 인식이다. 역사 지평은 진상규명이나 활발한 토론으로 넓혀야 할 문제다. 법으로 모든 것을 재단하겠다는 발상은 전체주의에 지나지 않는다. 국가보안법 '찬양고무죄'와 비교하면 쉽게 이해할 수 있다. 법은 '자유민주적 질서를 위태롭게 하고 사회질서 혼란을 조성할 허위 사실을 날조하거나 유포한 자를 처벌한다'고 규정하고 있다. 어디까지가 찬양 · 고무이며, 누가 찬양 · 고무를 해석할 수 있을까. 국가권력이 마냥 선하지 않다는 것을 대다수 국민은 안다.

　찬양고무 기준을 누가 정하는지는 분명하다. 국가권력이 해석하고 판단한다. 이 때문에 지난 역사에서 수많은 양심수들이 양산됐다. 이런 논리라면 제주 4 · 3, 6 · 25전쟁, 4 · 19의거, 천안함 폭침, 세월호까지 법으로 재단해야 한다는 논리로 확장된다. 역사학자 E. H. 카는 "역사는 현재와 과거의 대화"라고 했다. 이 말은 역사는 확고한 진리가 아니라 시대정신에 따라 끊임없이 해석과 평가를 달리하는 사실이라는 뜻이다.

　시대 변화에 따라, 관점에 따라 역사 해석은 달라질 수 있다. 물론 사회적으로 굳어진 통념이나 사실까지 부정하는 자유를 말함은 아니다. 때로는 학계에서 정립된 학설조차 부인당하는 경우도 적지 않다. 그렇다고 해서 법으로 처벌하겠다는 건 위험하며 전체주의적 발상이다. 조지 오웰이 《1984》에서 우려한 빅브라더의 출현을 21세기 대한민국에서 목도하는 현실은 불편하다. 역사 해석에 따른 책임은 전적으로 양심의 자유에 속한다.

표현의 자유를 침해하기는 '대북전단살포금지법'과 '언론중재법'도 연장선상에 있다. 미국 의회 내 초당적 국제인권기구인 '톰 랜토스 인권위원회'는 대북전단살포금지법을 "명백한 한국 헌법 위반이자 근본적인 시민적·정치적 권리에 관한 국제규약 준수를 저버린 어리석은 입법"으로 규정했다. 언론중재법에 대해서도 외신기자클럽, 관훈클럽, 국제언론인협회, 세계신문협회가 나서 비판 기능 위축에 따른 부작용과 한국 민주주의 후퇴를 우려했다. 불쾌하지만 틀린 주장이 아니라는 점에서 씁쓸하다. "우리가 애국할 대상은 국가나 민족이 아닌 민주적 헌법이다." 선의로 법을 만든다고 떠드는 자들이 새겨들을 경구다.

가덕도 앞바다에 선
이순신과 문재인

이순신 장군이 전쟁 중 기록한 《난중일기亂中日記》를 다시 펼쳤다. 이순신 장군은 임진년(1592) 1월부터 전쟁이 끝날 때까지 7년여 동안 일기를 썼다. 전쟁 중 그에게는 일기 쓰기, 활쏘기, 어머니 문안이 전부였다. "공무를 마친 뒤 활을 쏘았다."《난중일기》에서 가장 많이 나오는 문구다. 이순신은 홀로 있을 때는 물론이고 부하들과 어울려서도 자주 활을 쐈다. 그에게 활쏘기는 단순한 유희가 아니었다. 그는 활시위를 당기는 행위를 통해 정신을 가다듬고, 전쟁에 집중할 수 있었다. 전쟁은 임진년 4월 14일 부산포에서 시작됐다. 출전에 앞서 이순신은 부하 장수들과 결의를 다졌다. "모두 격분하여 목숨을 바치기로 했으니 실로 의사들이라 할 만하다."

문재인 대통령도 2021년 2월 25일 부산 가덕도를 방문한 자리에서 신공항 추진을 독려했다. 논란이 가시지 않던 가덕도특별법이 국회를 통과하기 전날이었다. 정부 핵심 인사들도 대거 함께했다. 경제부총리, 국토부 · 행안부 장관, 국가균형발전위원장 등 20여 명과 함께하며 부산시장 재보궐선거 분위기를 띄웠다. 가덕도 해상을 둘러보는 어업지도선 갑판 위에서 문 대통령은 "국토부가 책임 있는 자세를 가져 달라"고 주문했다. "가덕도는 적지가 아니다"는 국토부 보고서를 염두에 둔 발언이었다. 당시 변창흠 장관은 "송구하다. 최선을 다하겠다"며 강행 의지를 다졌다. 다음 날 가덕도신공항특별법은 국회를 통과했다.

부산 가덕도 앞바다는 임진왜란 당시 치열한 전쟁터였다. 430년이란 시차를 두고 이순신 장군과 문재인 대통령은 가덕도 앞바다에서 서로 다른 결의를 다졌다. 이순신은 왜군을 향해, 문재인은 부산 시민을 겨냥해 의지를 밝혔다. 이순신은 왜군에 맞서 목숨을 걸자고 독려했고, 문재인은 가덕도 신공항을 건설하자고 강조했다. 결의라는 형식은 같았지만 내용은 판이하게 달랐다. 이순신의 독려는 명분이 있었지만, 문재인의 주문은 정치적 목적이 다분했다. 《난중일기》를 읽다 가덕도를 찾은 문재인 대통령과 이순신 장군을 떠올린 이유다.

많은 전문가들은 가덕도 신공항에 우려를 나타냈다. 핵심 부처인 국토부는 안정성 · 시공성 · 경제성 등 7가지 항목에서 문제점을 지적했다. 사실상 반대였다. 사업비 또한 28조 6천억 원에 달한다고 추산했다. 부산시가 주장하는 7조 5천억 원에 비해 무려 네 배가량 많다. 구속 수감되기 전 김경수 경남지사는 "언론이 터무니없이 부풀렸다"고 문제를 제기했지만 자기주장에 지나지 않았다. 국토부 공무원과 정치인 중 누가 더 전문적이며 객관적일지는 불문가지다. 그런데도 예비타당성 조사를 면제하는 특별법을 처리했으니 후유증을 걱정하지 않을 수 없다.

가덕도신공항특별법은 특혜법이나 다름없다. 통상적이라면 여러 후보지를 놓고 객관적 검증을 거쳐 최적지를 고른다. 그런데 가덕도는 먼저 사업지로 찍어 놓고 입법으로 뒷받침했으니 앞뒤가 바뀌었다. 사사건건 으르렁대던 더불어민주당과 국민의힘도 가덕도신공항특별법 처리에는 한목소리를 냈다. 서로 정치적 도움이 된다는 판단에서다. 국민들은 이 같은 행태를 부산시장 보궐선거를 의식한 정치적 담합으로 이해했다. 정치가 정책을 압도한 사례다. 국책사업 추진 과정에서 필수 요건인 예비타당성 조사라는 마지막 둑마저 무너졌다. 그렇지 않아도 선심성 사업이 넘쳐나는 현실을 감안하면 무리했다는 게 중론이다.

예비타당성조사는 타당성을 따져 불필요한 예산 낭비를 막는 제도다. 1999년 김대중 정부 때 처음 도입됐다. 총사업비 500억 원 이상, 국비 300억 원 이상 투입되는 대형 사업에 적용해 왔다. '예타'는 필수 절차였다. 국회의원과 지자체장들이 예타에서 좋은 결과를 끌어내기 위해 사활을 건 이유도 이 때문이다. 국책사업 반영, 대선 공약 끼워넣기, 사전타당성 조사를 마쳐도 최종 관문인 예타를 통과하지 못하면 사업을 추진할 수 없다. 예비타당성조사는 부실한 엉터리 사업을 걸러 내는 마지막 장치였지만, 가덕도 신공항에서 무력화됐다.

이명박 정부에서 4대강 사업도 예타 면제를 두고 뜨거웠다. 당시 야당이었던 민주당은 이를 집중 비난했다. 이명박 정부는 아랑곳하지 않고 강행했다. 그런데 입장이 바뀌어 이제는 민주당이 가덕도특별법에

가덕도 앞바다에 선 이순신과 문재인

예타 면제를 담았다. 그때는 면제가 틀렸고 지금은 맞다는 논리인데 일관성을 상실했다. 표만 된다면 절차를 무시하고, 국민 세금이 어떻게 쓰이든 상관하지 않겠다는 것인가. 정치적 목적을 위해서라면 여야 할 것 없이 고무줄 잣대를 들이댄 결과 세금 낭비를 피하기 어렵게 됐다.

국토부는 합리적이고 객관적 자료를 토대로 조목조목 반대했다. 그들은 "문제를 인지한 상황에서 특별법에 반대하지 않으면 직무유기에 해당하고, 성실의무 위반 우려도 있다"는 견해도 덧붙였다. 민주당 조응천 의원조차 "동네 하천 정비할 때도 이렇게 안 한다"며 자괴감을 토로했다. 여당도, 야당도, 관련 부처 공무원도 문제를 인식하고 있다는 뜻이다. 당시 더불어민주당 이낙연 대표는 "국회가 법을 정하면 정부는 따르는 게 당연하다"고 압박했다. 권위주의 시절에나 들어 봤음 직한 말이다. 그러면 정부는 허수아비에 불과한 것인가. 아무리 선거가 중요해도 그렇게 해서는 안 됐다.

《난중일기》를 보면 이순신은 따뜻한 면모를 지녔지만 일은 엄격했다. 그는 무기를 제대로 정비하지 않거나, 정해진 기한 내 수색을 마치지 못하면 질책하고 곤장을 쳤다. 심지어 도망간 병졸의 목을 베어 진영에 내걸고 경계했다. 가덕도 앞바다에서 문재인 대통령이 할 일은 특별법을 고집하는 정치인과 관료들을 질책하고 곤장을 치는 것이었다. 그런데 거꾸로 동남권 신공항을 가덕도로 뒤집는 데 동조했고 압박했다. 이순신 장군은 활을 쏘며 스스로를 가다듬었다. 문재인 대통령도 그런 시간을 가졌으면 어땠을까. "홀로 객창 아래 앉았으니 온갖 생각이 들었다"는 대목을 읽으며 부질없는 상상을 해 본다.

반향실 효과와
확증편향

국회의장실에서 일할 때 태극기 부대를 자주 접했다. 여의도 국회로 향하는 출퇴근 지하철과 국회 정문 앞에서 숱하게 마주쳤다. 군복을 입고 검은색 선글라스와 태극기를 손에 든 그들을 대하면서 많은 생각을 했다. 집에서 손주 돌볼 나이에 뭐하는 건가 싶어 마뜩치 않았다. 볼썽사나운 옷차림은 물론이고 일반 정서와 동떨어진 주장을 하는 그들은 딴 나라 사람으로 여겨졌다. 진보 진영에서는 태극기 부대를 정상적인 사고 체계가 작동하지 않는 수구꼴통으로 규정했다. 그런데 심리학적으로 보면, 그들은 나름 확신에 차서 자기 신념(?)을 실행하는 이들이다. 심리학자들은 태극기 부대가 태극기 부대일 수밖에 없는 이유를 이렇게 설명한다.

데이비드 마이어스David Miers와 도로시 비숍Dorothy V. M. Bishop은 확증편향으로 설명했다. 다른 말로는 '반향실 효과echo chamber effect'다. 듣고 싶은 것만 듣고 믿고 싶은 것만 믿으면서 확증을 키워 가는 심리 상태를 뜻한다. 밀폐된 방 안에서 소리를 지르면 자신에게 돌아오기 마련이다. 끼리끼리 모여 같은 정보를 주고받다 보면 특정한 정보에 갇히고 편견을 더 키우게 된다. 마이어스와 비숍은 인종차별을 주제로 실험했다. 인종차별 편견이 높은 집단과 낮은 집단으로 나눠 토론을 시킨 뒤 어떻게 달라졌는지를 측정했다. 결과는 편견이 강한 집단은 편견이 한층 심화됐고, 편견이 낮은 집단은 더 낮아졌다. 서로 다른 편향된 정보를 주고받은 결과였다. 태극기 부대가 보이는 퇴행적 행태도 같은 이유다. 자신들끼리 편향된 정보를 반복해 주고받으면서 확증편향을 키웠다. 지금도 거리에서 21대 총선은 부정선거라고 외치는 이들이 그렇다.

권위적인 조직일수록 확증편향에 쉽게 노출된다고 한다. 권위에 눌려 다른 목소리를 내는 게 어렵기 때문이다. 그 대신에 믿고 싶고 보고 싶은 것에만 의지해 가속페달을 밟는다. 더불어민주당과 강성 친문 지지층에서 보이는 극단적인 행태 또한 반향실 효과에 기인한다. 그들은 조국 사태로 우리 사회가 한바탕 홍역을 치렀음에도 아직도 조국을 엄호하고 있다. 문재인 정부 초기 청와대 경호처 직원 음주폭행과 의전비서관 음주운전 때도 마찬가지 행태를 보였다. 국민들 눈에 반부패관실 행태는 어처구니없었다. 그들은 수사 중인 사건에 개입하거나 셀프 승진 시도, 업무 중 골프 라운딩까지 좌충우돌했다. 반향실 안에서 도덕 감수성은 무디어졌다. 대통령은 청렴한 공직사회를 주문했지만 공허한 메아리가 됐다.

그런데도 청와대와 민주당 대응은 미지근했다. 언론보도에 대해 마지못해 찔끔찔끔 해명을 내놓으며 소극적으로 대처했다. 왜 이런 일들이 꼬리를 물까? 청와대에 권력이 집중돼 있고, 끼리끼리 문화가 영향을 미쳤을 것이라고 짐작해 본다. 문재인 정부는 전임 대통령 탄핵과 촛불시위를 토대로 출범했다. 이 때문에 촛불 지지와 열망을 조속히 실현하려는 욕구는 강할 수밖에 없다. 국정 운영이 청와대 비서실 중심으로 돌아간 이유도 여기에 있다. 이는 '청와대 정부'라는 달갑지 않은 부작용을 낳는 배경으로 작용했다. 청와대로 권력이 집중되고 반향실 효과가 더해지면서 기강 해이로 이어졌음을 짐작할 수 있다. 끼리끼리 문화와 동조 현상은 도덕 불감증으로 이어진다.

민정수석 재임 당시 조국 책임론을 둘러싼 옹호도 별반 다르지 않았다. 더불어민주당 조응천 의원이 민정수석으로서 부적절한 처신을 비판하며 사퇴를 거론하자, 다른 민주당 의원들이 벌떼처럼 일어나 조국을 옹호했다. 그들은 조국 호위 무사를 자처하며 낯 뜨거운 헌사도 마다하지 않았다. "조국은 촛불정권의 상징" "끝까지 노무현 대통령 곁을 지켰던 문재인 비서실장처럼 조국 수석도 끝까지 대통령 곁을 지켜야 한다"며 두둔했다. 공직은 책임을 무겁게 여기는 자리다. 당시 청와대는 특별감찰반 한 사람 책임을 물어 전원을 소속 청으로 돌려보냈다. 그런데 조국에게는 느슨한 잣대를 댔으니 불행의 씨앗은 그때부터 잉태됐다.

해외 순방 도중 뉴질랜드로 향하는 전용기 안에서 대통령이 한 기자회견도 국민들 눈에는 마뜩치 않았다. 국민들은 외교 치적 못지않게 국내 문제에 대한 대통령 견해도 듣고 싶었다. 그러나 문재인 대통령은 경제와 국내 문제 질문은 받지 않았다. 아마 청와대 비서진들이 조언했을 게 분명하다. 어느 나라 대통령이 국내 문제와 관련된 기자 회견을 기피했는지 아연할 따름이었다. 김정은 답방 가능성이란 이슈가 묻힐 수 있다고 판단했겠지만, 반부패비서관실 비위 사건은 국정 운영에 악영향을 미치는 중대한 사안이었다. 민정비서관을 지냈던 조응천 의원이 조국 민정수석 사퇴를 거론한 건 심각성을 인지했기 때문이다. 그런데 더불어민주당은 야당의 정치 공세로 일축하고 궤변을 늘어놓는 오만함을 보였다.

20대 대선이 코앞으로 다가왔다. 더불어민주당 지지율이 하락한 원인 가운데 하나는 끼리끼리 문화에 대한 반감 때문이다. 이제라도 반향실 밖으로 나와 국민들이 어떻게 생각하는지 냉정하게 헤아려야 한다. 반향실 시각도 아니고, 야당 정치 공세도 아닌 국민들 눈으로 봐야 한다. 느슨한 거문고 줄을 고쳐 매는 '해현경장解弦更張'이 어느 때보다 절실하다. 조국을 놓고 벌였던 소모적 논쟁이 지지율 하락을 추동한 원인이었음을 늦게라도 인식해야 한다.

법학자 캐스 선스타인Cass R. Sunstein은《왜 사회에는 이견이 필요한가》에서 "영향력 있는 행위자들이 일치된 목소리로 확신에 차 있는 건 매우 위험하다"고 경고했다. 돌이켜 생각하면 문재인 정부에 필요한 건 동조와 침묵, 지나친 확신이 아니라 조화와 균형 잡힌 판단을 하도록 쓴소리를 아끼지 않는 '악마의 대변자'였다. 그러나 반향실 안에서 다른 목소리를 내는 사람은 배척한 채 끼리끼리 환호하며 정상적인 국정 운영을 방해했다. 국민 지지는 끊임없는 자기검증과 긴장감 위에서 형성된다.

"부족주의는 '내로남불'을 밥 먹듯이 저지르는 정치적 이념이다. 이들에게 중요한 건 정치적 부족이나 패거리 이익이다." 부동산 투기 의혹으로 사퇴한 김기표 청와대 반부패비서관을 보면서 떠오른 글귀다. 강준만 전북대학교 명예교수는 《부족국가 대한민국》에서 현 정권을 연고주의를 뛰어넘은 부족주의 공동체로 규정했다. 청와대와 민주당은 반박하고 싶겠지만, 반복되는 도덕성 시비를 감안하면 크게 틀리지 않다는 데 동의할 수밖에 없다.

김기표가 소유한 부동산은 91억 2천만 원대로 파악됐다. 2021년 3월 새로 임용되거나 승진 퇴직한 고위 공무원 73명 가운데 최고였다. 투기 의혹 못지않은 건 56억 원에 달하는 대출, '빚투'였다. 그런데도 임용됐으니 여당에서조차 거듭되는 인사 참사를 납득하기 어렵다는 목소리가 비등했다. 인사 추천과 검증 시스템이 제대로 작동하지 않고 있다는 자성과 비판이 일었다. 연이은 고위 공직자 부동산 비위로 위기를 겪고도 여전히 부동산 문제에 무감각하다는 비난이 집중됐다.

사태 초기 청와대는 "변호사 시절 투자용으로 구입했기에 문제될 게 없다"며 구차한 논리로 두둔했다. 안일한 대응은 현 정부에서 계속되는 인사 참사와 깊이 맞물려 있다. '내로남불' 수준 눈높이에서 같은 문제가 반복됐다. 문재인 정부에서 야당을 패싱한 장관만 32명이다. 노무현 3명, 이명박 17명, 박근혜 10명 등 3개 정부를 뛰어넘었다. 문 대통령은 취임 4주년 기자회견에서 "야당이 반대한다고 해서 검증 실패라고 생각하지 않는다"고 애써 합리화했다.

두말할 것 없이 청와대 인사 검증은 부실했다. 청와대는 LH 사태가 터진 직후 비서관급 이상을 대상으로 부동산 투기를 전수조사했다. 그리고 "의심 거래는 없다"고 했다. 그런데 얼마 지나지 않아 김기표를 임명했으니 어처구니없는 일이었다. 투기 의혹을 제대로 거르지 못한 것이다. LH 사태라는 소나기만 피하려 했지 제대로 된 인사 검증을 소홀히 했거나 의도적으로 눈감았다고밖에 해석되지 않는다. 공교롭게도 인사 검증을 담당한 김진국 민정수석과 김기표는 고향이 같다.

김기표가 보유한 부동산 내역은 조금만 들여다봐도 검증을 통과하기 어려웠다. 송영길 민주당 대표는 "왜 이런 사실이 검증되지 않은 채 임명되었는지 인사 시스템을 돌아봐야 한다"고 비판했다. 의혹이 불거지자, 청와대는 56억 원 '빚투'를 '투자'로 해석하는 아량까지 베풀었다. 문제가 터질 때마다 반복되는 '내로남불'이다. 김상조 논란이 가시지 않은 상태에서 반복되는 구설은 유독 부동산에 관대한 현 정부 인식을 보여 줬다.

더불어민주당은 2020년 7월 '임대차 3법'을 강행 처리했다. 서민들을 보호하기 위해서라고 했지만 정작 서민들을 못살게 하는 문제 많은 법이다. 부작용은 지금도 계속되고 있다. 김상조는 '임대차 3법' 시행 이틀 전에 전세 보증금을 1억 2천만 원(14퍼센트) 올려 받아 사달이 났다. 새로운 '임대차 3법'은 5퍼센트까지만 올릴 수 있도록 제한했다. 그런데 정책을 만든 당사자는 법 시행 직전에 3배가량 올려 받았다. 공직자로서 기본적인 도덕성마저 결여된 행동이었다.

부동산과 관련해 민주당 정부는 할 말이 없다. 2020년 12월 경실련 발표는 부동산정책 실패를 적나라하게 확인시켰다. 청와대 1급 이상 전직과 현직 참모 65명이 소유한 집값은 정부 출범 이후 크게 뛴 것으로 나타났다. 출범 직전 8억 2천만 원에서 11억 4천만 원으로 평균 3억 2천만 원 올랐다. 야당은 "소득 주도 성장이 아닌 불로소득 주도 성장"이라며 조롱했다.

경실련은 2021년 6월 23일에도 "문재인 대통령 재임 기간에 서울 아파트 값이 2배 가까이 올랐다"고 발표했다. 4년 만에 평당 평균 2,061만 원에서 3,971만 원으로, 30평형 아파트로 계산하면 6억 2천만 원에서 11억 9천만 원으로 뛰었다. 경실련은 "17퍼센트 올랐다는 정부 발표는 거짓 통계"라고 반박했다. 고위 인사들의 잦은 구설은 이런 안일함에서 나온 게 아닌가 싶다. 비판에 둔감한 나머지 잣대가 느슨해졌고, 패거리 이익을 위해서라면 눈감는 값싼 의리가 판을 쳤다.

고위 공직자 비위는 돈과 권력을 모두 갖겠다는 탐욕에서 나온다.

내로남불과 밥그릇 공동체

여기에 우리 편은 괜찮다는 '내로남불'이 문제를 키웠다. 강준만 교수는 "열성 지지자들의 강철 같은 신념과 행동이 부족주의라는 집단정서를 뒷받침한다"면서 "그것은 진보가 아닌 '밥그릇 공동체'에 가까운 '가짜 진보'"라고 규정했다. 괴물과 싸우면서 괴물을 닮는다는 말이 있다. 국민의힘을 비난하며 정권을 잡은 민주당이 어느새 '사이비 진보'로 전락한 건 아닌지 심히 우려된다.

"아니오"를 외칠 관료

미국 연방총무청(GSA)은 2020년 11월 23일, 조 바이든의 대선 승리를 공식 인정했다. 에밀리 머피 GSA청장은 이날 곧바로 대통령직 인수인계에 필요한 업무를 지원하겠다고 밝혔다. 이에 따라 조 바이든 인수위원회는 630만 달러(70억 원) 예산을 사용할 수 있게 됐다. 또, 바이든은 당선인 자격으로 국가안보 및 외교 관련 정보를 공식 브리핑 받았다. 진통 끝에 자연스러운 정권 이양이 시작된 것이다.

GSA 결정이 갖는 함의는 간단치 않다. 현직 트럼프 대통령이 눈에 불을 켜고 있는 상황에서 나온 결정이기 때문이다. 트럼프가 대선 결과에 불복하며 자신에게 반기를 든 관료들을 줄줄이 해고하던 때였다. 험악한 분위기 속에서 머피 청장은 자리 대신 진실과 민주주의를 선택했다. 트럼프 눈치를 보지 않고 그는 사실에 충실했다. 트럼프 재임 당시 미국 민주주의는 한때 흔들리는 것처럼 보였지만 이처럼 소신 있는 관료와 언론, 국민에 의해 지탱되고 있다.

미국 국민은 트럼프 재임 기간 동안 비정상적인 행태에 지쳤다. 반이민, 반세계화, 반워싱턴 정치에 신물 났다. 그래서 경제적 성과에도 불구하고 트럼프를 버렸다. 무엇보다 소신 있는 관료들은 위기 때마다 브레이크를 걸며 민주주의를 지켰다. 대선 결과 발표 직전에 해임된 에스퍼 국방장관도 그중 하나다. 그는 2020년 6월 인종차별에 항의하는 시위대에 군을 투입하라는 트럼프 명령을 거부했다. 에스퍼는 '아니오'를 외치며 트럼프에 맞섰다. 덕분에 참사를 막을 수 있었다. 만약 그가 '예스맨'을 자처하고 군을 투입했다면 대량 유혈 사태로 번질 수 있었다. 에스퍼는 또 남부연합 깃발을 군부대에 사용하는 문제를 놓고도 트럼프와 충돌했다. 에스퍼는 남부연합은 남북전쟁 당시 노예제도를 지지했기에 남부연합기를 군부대에 사용하는 건 적절치 않다고 반대했다.

트럼프가 해임한 관료 중엔 크리스토퍼 크렙스란 인물도 있다. 그는 국토안보부 산하 사이버·인프라보안국(CISA) 국장을 지냈다. 트럼프는 대선 직후 "자고 일어나니 표를 도둑맞았다"며 해킹을 통한 부정선거 의혹을 제기했다. 하지만 사이버 업무를 책임진 크렙스는 "이번 대선은 미국 역사상 가장 안전했다. 한 표도 틀린 게 없다"며 트럼프 주장을 정면 반박했다. 다음 날 트럼프는 그를 잘랐지만, 미국 민주주의는 훼손되지 않았다.

에밀리 머피 GSA 청장, 크리스토퍼 크렙스 CISA 국장, 에퍼스 국방장관. 이들은 하나같이 공개적으로 트럼프 대통령을 비판하고 소신을 밝혔다. 뒤에 숨어 비판하는 뒷담화가 아니라 자리를 걸고 분명하게 소신을 밝혔다. 미국 민주주의가 부러운 이유는 이런 소신 있는 관료들 때문이다. 미국 민주주의를 지탱하는 다른 한편에는 살아 있는 언론이 있다.《뉴욕타임스》를 비롯한 미국 주류 언론은 권력과 타협하지 않는다. 정권과 야합하지 않고 오로지 진실로 승부한다.

미국 언론은 지지 정당을 공개적으로 밝힌다. 대신 사실 보도를 충실히 수행한다. 칼럼과 논평을 통해 자신들이 지지하는 후보와 지지하는 이유를 밝힌다. 하지만 현장 취재기자는 객관적인 사실 보도를 통해 균형을 유지한다. 겉으로는 불편부당을 앞세우면서도 뒤로는 온갖 추태와 기교를 부리는 한국 언론과 비교되는 지점이다. 지난 대선 기간 중에도 미국 방송들은 사실이 아니라고 판단되면 가차 없이 인터뷰를 중단했다. 심지어 트럼프 방송을 자처한 폭스 뉴스조차 트럼프가 엉뚱한 궤변을 늘어놓자 인터뷰를 끊었다.

미국이라고 갈등이 없는 건 아니다. 대선 과정에서 미국 국민은 트럼프와 바이든으로 갈려 극단적인 갈등을 빚었다. 언론 또한 CNN과 폭스 뉴스로 나뉘어 서로 가짜뉴스라고 치고받았다. 그래도 상식 있는 국민들은 균형 잡힌 시각에서 뉴스를 소비하고 판단했다. 영혼 있는 관료, 살아 있는 언론은 나라가 흔들릴 때마다 미국이란 항모를 바로 잡아 줄 지표다. 우리는 어떠한가. 정부 정책이 부산 가덕도 신공항으로 급선회하고, 경제성을 무시한 채 월성 원전을 중단해도 '아니오'라고 외치는 관료를 찾아보기 어렵다. 오히려 장관은 청와대 편에서 탈원전 추진을 압박하고, 일부 관료는 휴일 사무실에 나와 감사 자료

"아니오"를 외칠 관료

를 불법 폐기했다.

동남권 신공항은 6년 전 김해공항 확장으로 결론 난 사안이다. 이전 정부에서 프랑스 공항 전문 업체에 타당성을 검토한 결과, 가덕도는 후보지에서 최하위를 기록했다. 그런데도 문재인 정부는 권력이 교체됐다는 이유로 예비타당성조사 생략에 이어 특별법 제정까지 밀어붙였다. 이 과정에서 해괴한 논리와 신뢰하기 어려운 데이터까지 동원됐다. 재추진이 필요했다면 충분한 설득을 통해 국민들을 이해시켜야 했지만 건너뛰었다. 월성 원전 또한 감사원 감사 결과 수치를 조작해 중단한 것으로 드러났다. 그런데도 장관은 자료를 폐기한 공무원을 감싸고, 민주당은 적극적 행정이라며 두둔했다. 영혼 없는 관료를 넘어 부도덕했다.

정부 정책이 정치적 목적에서 180도 바뀌었다면 '아니오'라고 외치는 관료가 한 명쯤은 나와야 한다. 설령 그 판단이 잘못됐을지라도 다양한 목소리가 균형을 이루는 게 민주사회다. 그런데 외면하고 침묵하기 일쑤다. 국민들로부터 권력을 위임받은 정권에게 국민들 세금으로 월급을 받는 공직자들이 머리를 숙일 때 나타나는 결과를 우리는 익히 알고 있다. 나라 살림을 축내고 정책 불신을 초래한다. 4·7 재보궐 당시 이정옥 여가부 장관이 보인 언행은 한심했다. 그는 보궐선거를 성인지性認知 학습 기회라고 옹호했다. 다른 부처도 아니고 여성 인권을 챙겨야 할 여가부 장관이 성추문 때문에 발생한 보궐선거를 성인지 학습 기회라고 두둔했으니, 공직자가 영혼을 잃어버릴 때 어디까지 추락할 수 있는지 보여 준 좋은 예이다.

소신 있는 관료를 찾기도 힘들지만, 소신을 겁박하는 정치는 더 큰 해악이다. 예스맨으로 가득 찬 정부, 건전한 비판을 허용하지 않는 정치, 이익에 급급한 언론은 우리 사회 발전을 저해한다. 깊은 침묵은 공동체를 파멸시키는 공범임을 알아야 한다. 미국 관료들이 보이는 결기까지는 아니더라도 최소한 상식적인 문제 제기라도 있어야 하지 않겠는가.

하늘 끝까지 올라간 용은
후회할 일만 남는다

경찰 강제진압 과정에서 숨진 조지 폴로이드를 추모하는 시위가 한창이던 2020년 6월, 유튜브에 감동적인 동영상이 올라왔다. 미네소타주 방위군 작전차장이 시위대와 나눈 2분짜리 동영상이었다. 샘 앤드류스 중령은 "우리는 여러분이 평화롭게 모여 수정헌법 1조(언론 자유)를 이야기할 자유를 존중한다. (조지 폴로이드를) 기념하고 추모할 수 있도록 물러나겠다"는 말과 함께 방위군을 뒤로 물렸다. 이 영상이 화제가 된 이유는, 당시 트럼프 대통령이 시위 진압에 연방방위군을 투입하겠다고 발표한 직후이기 때문이다. 앤드류스 중령의 행동은 군 최고통수권자인 대통령의 지시를 정면 부정하는 것이었다.

당시 국방장관이던 마크 에스퍼의 강단 있는 발언도 이목을 끌었다. 그는 군을 동원해서라도 시위를 진압하겠다는 트럼프에게 공개적으로 반기를 들었다. 에스퍼는 "군 동원은 마지막 수단이며 지금은 그런 상황이 아니다"며 대통령 지시를 정면 반박했다. 국방장관의 브리핑은 CNN 방송으로 전국에 생중계됐다. 에스퍼는 트럼프 '충성파'로 알려진 인물이다. 언론은 경질 가능성까지 거론했다. 그럼에도 에스퍼는 트럼프 대통령과 다른 목소리를 냈다. 앤드류스 중령과 에스퍼 국방장관 모두 군통수권자인 트럼프에게 대놓고 항명한 셈이지만, 그들에게는 국민과 민주주의가 우선이었다.

이런 행동이 자유로운 미국적 사고 때문에만 가능했을까. 그렇지 않다는 게 결론이다. 그들이라고 명령 체계를 어겼을 때 돌아올 불이익을 모르지 않았을 것이다. 경질, 파면은 물론이고, 심지어 인신 구속까지 각오해야 한다. 그런데도 소신을 지킨 이유는 헌법적 가치를 먼저 생각했기 때문이다. 그들은 군통수권자 명령보다는 법과 소신을 따랐다. 미국의 생생한 민주주의 사례를 보니 획일화된 더불어민주당의 일사분란이 불편하게 다가왔다.

당시 국회는 금태섭 의원에 대한 징계를 놓고 논란이 분분했다. 국회의원이 자신의 신념에 따라 표결했는데, 당론과 다르다는 이유로 징계한다면 이를 어떻게 해석해야 할까. 금태섭 전 의원에 대한 징계는 우리 사회에 이런 질문을 던졌다. 더불어민주당이 반대표를 던졌다는 이유로 의원을 징계한 건 정치권에서조차 이례적으로 여겼다. 금 전 의원은 2019년 12월 고위공직자범죄수사처 설립 법안 표결에서 기권표를 던졌다. 더불어민주당은 강제 당론을 어겼기에 징계는 합당하며, 경고는 가장 낮은 수준이라고 덧붙였다.

무엇보다 표결을 이유로 한 징계는 헌법과 국회법 정신에 맞지 않다. 헌법(46조 2)은 '국회의원은 양심에 따라 직무를 행한다'고 명시하고 있다. 또 국회법(114조 2)은 '의원은 소속 정당의 의사에 기속되지 않고 양심에 따라 투표한다'고 규정돼 있다. 더불어민주당 강성 지지층은 강제 당론은 무조건 따라야 하며, 어긴 것은 해당 행위라고 했지만 동의하기 어려운 이유가 여기에 있다. 그나마 강제 당론이 당위성을 지니려면 치열한 사전 토론이 선행되어야 한다. 한데 당시 반대토론은 차단됐다. 대통령 핵심 공약이라는 이유로 더불어민주당에는 깊은 침묵만 있었다.

반대 목소리가 거세된 집단적 사고는 참사를 촉발한다. 많은 전문가들은 미국 우주왕복선 챌린저호 폭발 사고 원인을 반대 목소리를 외면한 집단 사고에서 찾는다. 하물며 헌법기관인 국회의원의 표결마저 당론 안에 가둔다면 심각한 문제다. 특정 정당에서 벌어진 일이라고 가볍게 넘길 사안이 아니다. 당이 정하면 무조건 따르라는 건 전체주의 사고나 다름없다.

국회 본회의 장에서 법안 표결 결과를 100퍼센트 공개하는 이유가 있다. 책임을 부여하기 위해서다. 헌법기관으로서 소신껏 표결하되 책임도 지라는 뜻이다. 그래서 표결을 마치면 회의장 전광판에 누가 찬성했고 반대했고 기권했는지 공개한다. 국민들은 이를 통해 지역구 국회의원이 어떻게 표를 행사했는지 알 수 있다. 만약 당론과 위배되는 표결을 했다고 하여 정치적 책임을 물어야 한다면 그 권한은 정당이 아닌 유권자, 즉 국민에게 있다. 금 전 의원은 21대 당내 경선에서 탈락했다. 소신을 지킨 대가로 유권자들에게도 정치적 판단을 받았다.

제주도 돌담이 무너지지 않는 이유

그런데 더불어민주당은 중복 징계를 했다. 내부에서조차 '부관참시'라며 이중징계를 불편하게 바라보는 시선이 적지 않았다. 그러나 강성 친문 지지층 입김을 의식하여 징계를 남발했고, 결국 금태섭은 탈당했다. 이 때문에 징계 의도를 의심하는 눈길이 적지 않았다. 괘씸죄가 반영됐다는 것이다. 평소 금태섭은 김해영, 박용진, 조응천 의원과 함께 당내 소신파로 지목됐다. 금태섭은 조국 인사청문회 때도 반대 목소리를 냈다. 당시 친문 지지층은 그를 거칠게 성토했다. 결국 상식 밖 징계는 '민주주의 없는 민주당'이란 비판으로 돌아왔다.

내부 비판을 허용하지 않는 조직은 무너질 수밖에 없다. 더불어민주당은 지난 세월 말할 수 있는 자유, 비판할 수 있는 권리를 위해 싸워 왔다. 그런 더불어민주당이 말할 수 있는 자유를 봉쇄했다는 건 아이러니다. 언제부터인가 더불어민주당은 견제와 비판을 허용하지 않는 수구 보수정당으로 전락했다. 강제 당론과 진영 논리로 포장된 반민주주의 행태만 득세했다. 험난했던 민주주의 여정을 돌아볼 때, 더불어민주당을 지배하는 교조주의는 민주주의를 위협하는 독이다. 2020년 6월에는 민주당에 부정적인 칼럼을 썼다는 이유로 임미리 교수를 고발하기도 했다. 금태섭 징계 또한 비판을 봉쇄하려는 본보기다. 이 같은 비민주적 행태가 자행되는 동안 더불어민주당은 국민과 멀어졌다.

말과 글을 묶는 오만함은 오랜 세월 민주주의를 위해 피 흘려 온 민주당 DNA가 아니다. 더불어민주당은 문재인 정부 출범 이후 '역사왜곡처벌법'을 비롯해 국민의 말과 글을 묶는 오만한 시도를 계속해 왔다. 미국이 강대국인 이유는 국방력과 경제력 때문만은 아니다. 국민 개개인의 소신을 존중하고 비판을 허용하는 사회적 시스템의 힘이 크다. 에스퍼 국방장관, 앤듀류스 중령처럼 대통령 지시일지라도 부당하다면 반대 의견을 제시하는 민주주의 가치를 보장하기 때문이다.

바람이 잦은 제주의 돌담은 태풍에도 무너지지 않는다. 바람을 받아들이는 틈이 있기 때문이다. 꽉 막힌 콘크리트 담장과 달리 제주 돌담은 언제든 강한 바람을 받아들일 여유가 있다. 내부 비판이라는 바람을 허용할 때 더불어민주당도 건강하다.

오만과 편견을 넘어, 여야를 넘어

조 라이트 감독의 영화 〈오만과 편견〉(2005)에 이런 대사가 나온다. "편견은 내가 다른 사람을 사랑하지 못하게 하고, 오만은 다른 사람이 나를 사랑하지 못하게 한다." 몇 번을 곱씹어 봐도 인간 심리를 꿰뚫은 명언이다. 남녀 사이만 그럴까. 우리 정치에도 오만과 편견이 기막히게 들어맞는다. 집권 여당은 턱없이 오만하고, 제1야당은 과도한 편견에 사로잡혀 있다. 한쪽은 깔아뭉개고, 다른 한쪽은 헐뜯는 데 익숙하다. 북한 원전 건설 의혹과 한일 해저터널 건설 논란에서도 어김없는 오만과 편견을 확인할 수 있다.

국민의힘은 북한 원전 건설 의혹을 제기하며, 탈원전 정책과 연결지어 '이적행위'로 규정했다. 국내 원전은 폐기하면서 정작 북한에는 새로운 원전을 지어 주려 했다는 주장이다. 국민감정을 건드리기에 딱 좋은 소재다. 청와대는 선거를 앞둔 '북풍'이라며 발끈했다. 이적행위를 거론한 김종인 국민의힘 비대위원장에게는 "명을 걸라"며 압박했다. 청와대 해명이 아니라도 '이적행위' 주장은 설득력 없는 과민한 대응이었다.

한 꺼풀만 벗겨 보면 이해된다. 북한은 수년째 생필품을 제외한 모든 물자 반입이 중단된 상태다. 국제사회 제재 때문이다. 김정은 위원장이 남북북미 정상회담에 나선 것도 이 같은 사정 때문이다. 김정은은 정상회담에서 줄기차게 제재 완화를 요구했다. 설령 유엔 결의를 무시하고 한국이 원전 건설을 강행한다 해도 미국이 용인할 리 없다. 미국 첩보위성은 24시간 북한 전역을 샅샅이 들여다보고 있다. 이런 감시망을 피해 북한 땅에 원전을 건설한다는 것은 현실적으로 가능하지 않다.

문재인 정부 초기인 2018년은 남북 대화 분위기가 한껏 달아올랐던 시기다. 남북 모두 서로에게 도움이 되는 정책 변화를 기대했다. 북핵을 폐기하는 대신에 원전을 건설해 전력난을 해결해 준다면 유용한 협상 카드가 될 수 있었다. 산업통상자원부 차원에서 원전 건설을 검토하고 준비한 건 당연했다. 이런 사정을 감안하지 않은 채 '이적행위' 운운한 것은 지나친 편견이자 피해의식이다.

거꾸로 더불어민주당은 국민의힘이 제기한 '한일 해저터널 건설'을 집중 성토했다. 일본에만 이익이 되는 친일 이적행위라며 거칠게 몰아붙였다. "우리에게 이익이 5라면 일본은 500이다. 일본에 중국, 러시아, 유럽 등 대륙으로 진출하는 길을 열어 주는 것"이라며 과장된 논리를 늘어놓았다. 그러면서 해저터널 건설을 '친일 DNA'라며 국민을

오만과 편견을 넘어, 여야를 넘어

선동했다. 사업 타당성이나 경제효과를 따져 논쟁할 일을 친일 프레임으로 몰아 감으로써 균형을 상실했다. 집권 여당만 옳다는 오만한 태도가 아닐 수 없다.

한일 해저터널은 문재인 정부 전신인 김대중, 노무현 정부도 경제적 실익을 고려해 검토했던 사안이다. 그런데 섣부른 비난으로 전직 대통령까지 부정하는 모순을 초래하게 됐다. 터널이 개통되면 일본에만 도움이 된다는 주장도 어설프다. 김대중 정부 당시 일본 문화개방을 앞두고도 비슷한 논란이 있었다. 결과는 알다시피 왜색문화가 아니라 한류가 일본을 덮었다. 왜 일본 앞에만 서면 자신감을 잃는지, 터널이 아니라 패배주의가 문제다.

북유럽 강국인 덴마크와 스웨덴도 한때는 한일 못지않은 앙숙이었다. 그러나 2001년 '외레순 대교' 개통 이후 두 나라는 함께 발전하고 있다. 덴마크 코펜하겐과 스웨덴 말뫼를 연결하는 7,845미터 다리가 놓이면서 두 도시는 단일 생활권이 됐다. 스웨덴 노동자들은 덴마크 코펜하겐에서 일자리를 잡았다. 이에 힘입어 덴마크 기업들은 생산성이 높아졌다. 또, 덴마크 시민들은 집값이 싼 스웨덴 말뫼로 이주했다. 이에 힘입어 말뫼 지역 경기는 살아났다. 서로 소통하고 교류함으로써 상생할 수 있음을 보여 준 좋은 사례다.

무엇보다 두 나라, 두 도시의 지식기반산업이 비약적으로 발전했다. 덴마크와 스웨덴은 12개 대학을 묶고 다리 이름을 딴 '외레순 대학'을 설립했다. 또 '외레순 사이언스 리전(OSR)' 클러스터도 조성했다. 연구 인력과 인재들이 몰리면서 두 지역은 북유럽 최대 지식기반

산업단지로 떠올랐다. 다리를 개통한 뒤 20여 년이 흘러 'OSR'은 미국 실리콘밸리를 능가할 정도로 성장했다. 여기에는 의약품, 식품, 정보통신 분야의 2,500여 개 기업이 들어섰다. 영국, 프랑스 역시 유로터널이 뚫리면서 적에서 동반자 관계로 전환된 사례가 있다. 유로터널은 물류비 절감, 관광객 증가 효과를 가져왔다.

한일 해저터널도 이런 관점에서 따져 보면 충분히 검토할 만하다. 경제적 실익과 양국 관계 개선에 도움 되는지를 놓고 판단할 일이다. 친일 논란으로 몰아가는 건 터무니없는 망상이다. 오만과 편견은 서로를 망친다. 오만과 편견으로는 여당과 야당, 한국과 일본 사이에 놓인 벽을 넘을 수 없다. 영화 〈오만과 편견〉에서 주인공 디아시와 엘리자베스는 오만과 편견을 내려놓고 사랑을 확인한다. 우리 정치에도 오만과 편견에서 벗어난 대화와 인정이 필요하다.

 조국 사태 당시 조국 법무부 장관 후보자를 둘러싼 의혹은 흥건했
다. 마치 무너진 둑처럼 손쓰기 어려울 지경이었다. 보수 언론은 물론
이고 진보 성향 언론까지 비판 대열에 가세할 정도였다. 조국 후보는
청문회에서 실체적 진실을 밝히겠다고 했지만 여론을 설득하는데 실
패했다. 구차한 변명에 이은 장관 임명은 무너진 권위를 회복하기 어
려웠다. 그는 취임 이전부터 도덕적 권위는 돌이킬 수 없을 만큼 훼손
됐다. 결국 35일 만에 불명예 퇴진했다. 상처를 입은 건 조국이 아니
라 국민들이었다.

 임명을 전후해 2030세대를 중심으로 민심은 싸늘했다. 믿었던 만
큼 배신감과 실망이 비례했기 때문이다. 정치에서 민심은 마지노선이
다. 민초들은 참을 때까지 참는다. 그러다 인내할 수 없는 지경에 이르
면 비로소 터진다. 그때는 아무리 노력해도 막을 도리가 없다. 조국 사

태는 물(민심)은 배(권력)를 떠우기도 하지만 뒤집기도 한다는 '재주복주載舟覆舟'를 떠올리기에 안성맞춤이었다. 이쯤 해서 조국 불가론을 진지하게 돌아볼 필요가 있다. 함께 망가지느냐, 수습할 기회를 갖느냐 갈림길에 있었던 이슈였기 때문이다.

숱한 비난 가운데 신평 변호사의 글은 단연 돋보였다. 그는 사태를 정확히 꿰뚫어 봤다. 신평은 조국 후보자가 민정수석 재임 시 대법관 후보로 추천했던 인물이다. 그런데도 그는 개인적인 고마움을 떠나 "조국 씨, 이제 내려오세요"라며 냉정하게 조언했다. 신 변호사는 "우리 사회는 보수와 진보로 나누면 잘 보이지 않는다. 그러나 기득권 세력과 그에 포함되지 않는 사람들로 나누면 희한하게 잘 보인다"는 말론 조국 사태를 진단했다. 쉽게 말하자면, 이념보다 욕망으로 구분된다는 뜻이다. 기득권 앞에서는 이념도 한 줌 쓰레기일 뿐이라는 통찰이었다.

그러면서 "당신이 귀한 딸을 위해 기울인 정성이 김성태 의원에 비해 도덕적으로 더 낫다고 생각하느냐"며 성찰을 촉구했다. 손가락질 한 손이 자신을 향하는 것은 아닌지 성찰하라는 뼈아픈 지적이었다. 진보라는 가면을 쓴 채 누릴 것은 다 누려 온 '진보 귀족'에 대한 신랄한 비판이었다. 전한시대 역사가 사마천은 "천금을 가진 부잣집 자식은 저잣거리에서 죽는 법이 없다"고 했다. 조국과 민주당은 여기에서 자유로운지 돌아볼 일이다.

당시 청년세대들이 분노하고 용납하기 어려웠던 건 불공정 때문이었다. 그들이 믿었던 기회는 평등하고 과정은 공정하고 결과는 정의

조국에게 조국祖國을 묻다

로울 것이란 믿음은 무너졌다. 말 따로 행동 따로인 문재인 정부에 분노했다. 부모가 가진 배경(돈과 사회적 지위)을 활용해 딸은 스펙을 쌓고 이를 바탕으로 대학, 의학전문대학원 입시에 성공한 것 아니냐는 의구심을 보냈다.

통상 논문에서 제1저자는 연구에 가장 많이 기여한 사람이 주인공이다. 그런데 2주가량 인턴으로 참여했을 뿐인 조국의 딸은 고교생 신분임에도 주 저자로 올랐다. 그것도 의학 논문이었다. 장학금 혜택도 석연치 않았다. 딸은 6학기 동안 200만 원씩 1,200만 원을 받았다. 성적이 우수해서도 가정 형편이 어려워서도 아니었다. 해당 교수는 학업 격려차 장학금을 줬다고 해명했는데 도무지 공감하기 어려웠다.

비판이 봇물을 이룬 건 당연했다. 의전원 출신 공중보건의는 "대부분 의전원 4년, 인턴 1년을 거치고 레지던트 3~4년차라야 겨우 1저자로 이름을 올릴 수 있다. 의전원이나 의대를 졸업한 사람이라면 이번 사례가 얼마나 터무니없는 일인지 알고 있다"며 당시 분위기를 전했다.

고려대 학생들 커뮤니티인 '고파스' 이용자들 또한 "의전원에 들어가기 위해 매일같이 머리 싸매고 눈물 나게 공부하고 아르바이트까지 뛰었다. 화가 난다"며 분노를 드러냈다. 또 국내 최대 의사 전용 커뮤니티 '메디게이트'에는 "데이터 정리, 엑셀 파일 만들기 등 온갖 잡일을 하며 논문에 참여해도 2저자에 넣어 줄까 말까 한다"면서 "문과 고등학생이 2주 만에 실험에 참여해 제1저자에 올랐다는 소식을 듣고 힘이 빠졌다"고 비판 여론에 동조했다.

입시 학원가에서는 전형적인 스펙 쌓기로 판단했다. 학부모끼리 자녀 스펙 쌓는 것을 도와주는 과정에서 빚어진 결과물이라는 것이다. '현대판 스카이 캐슬' 앞에서 배경 없는 부모들은 참담함을 느껴야 했다.

지배적인 국민 여론에도 불구하고 민주당은 조국 감싸기에 매몰됐다. 건전한 비판과 국민 여론을 외면한 전형적인 진영 논리만 작동했다. 산속에서 길을 잃으면 정상으로 오르는 게 상식이다. 정상에 오르면 보이지 않던 길이 보인다. 조국 문제도 마찬가지 관점에서 접근했어야 했다.

상식선에서 출발했다면 실타래처럼 얽힌 사안을 해결할 수 있었다. 그러나 민주당은 우리 편이 아니었어도 이해가 되는 일인지 묻는 대신 우리 편이라는 이유로 무조건 감쌌다. 만약 자신들도 이해되지 않았다면 '아니오'라고 외쳤어야 했는데 그러지 않았다. 내 편이라는 이유만으로 무조건 감싼 결과 민주당은 침몰하는 길을 택했다. 결국 조국의 아내 정경심은 입시비리와 관련 7가지 혐의에서 모두 유죄판결과 함께 4년 6개월이란 중형을 받았다. 도덕성을 앞세워 집권한 문재인 정부이기에 더욱 엄격해야 했는데 아쉽다.

국민들이 촛불을 든 이유는 '진보 귀족' '사이비 좌파'를 위해서가 아니었다. 땀 흘린 만큼 공정한 대가를 믿는 상식적인 사회를 위해서였다. 한데 민주당 정부는 상식을 위배했다. 김대중 대통령이 말한 '행동하는 양심'이 무엇이었는지를 되씹어야 했지만 게을리했다.

《사기史記》에 나오는 구절이다. "법을 받들고 이치에 따르는 관리는 공을 자랑하지도 유능함을 떠벌리지도 않으며 백성들 입에 오르내리

조국에게 조국祖國을 묻다

지 않는다(벌공긍능^{伐功矜能})."

국민들은 조국과 민주당에게 당신들이 보여 준 도덕적 기준은 여기에 부합했느냐고 물었다. 조국이 진정으로 문재인 정부 성공을 바랐다면 사욕을 버리고 자진 사퇴했어야 했다. 그것만이 공정을 앞세운 문재인 정부의 가치를 지키고, 민주진보 진영을 위하는 길이었다. 하지만 조국은 함께 사는 길을 외면한 채 함께 망가지는 길을 택했다. 더불어 자신이 언론과 SNS에 쏟아 낸 숱한 말들이 스스로를 감는 칡넝쿨이 되었다.

미국 대통령 해리 트루먼은 재임 기간 중 "모든 책임은 내가 진다 THE BUCK STOPS HERE"는 좌우명을 가까이 두고 생활했다. 돌아보면 조국에게 그런 결기가 없었다는 점이 문재인 정부에는 불행이었다.

일하는 국회법의
역설

　21대 국회가 개원하면서 '일하는 국회법'이 여당을 중심으로 폭넓게 논의됐다. 당연한 일을 법으로까지 강제해야 하는 우리 국회의 현주소를 담은 민망한 법안이었다. 국민들은 국회의원들이 제대로 일하지 않는다며 국회를 회의적으로 바라봤다. '일하는 국회법'을 만들어야 할 정도로 우리 국회 수준은 밑바닥이었다. 그동안 법이 없어서 일을 못했나 하는 회의감이 파다했다. 여당은 20대 국회에서 야당 반발로 국회가 파행됐다며 제정 필요성을 강조했다. 하지만 여당도 파행 책임에서 자유롭지 못하다. 야당과 대화와 타협을 거부한 채 국회를 일방통행으로 운영하는 바람에 야당이 뛰쳐나간 측면도 없지 않기 때문이다. '일하는 국회법'은 엉뚱했지만 어쨌든 민의를 받들어 일하겠다는 의지로 해석됐다. 하지만 정작 '일하는 국회'를 위한 핵심 내용은 누락됐다.

세비 삭감을 누락시킨 게 첫째다. 무노동무임금 원칙에 따라 일하지 않는 국회의원은 세비를 삭감하는 게 당연하지만 반영되지 않았다. 국민소환제도 빠졌다. 대통령부터 지방 단체장과 지방의원까지 적용받는 국민소환제에서 유독 국회의원만 누락돼 있다. 이 때문에 국회의원도 국민소환제 적용 대상에 포함시키자는 국민 여론이 높다. 사람은 신분이 위협받고 경제적 불안에 노출되면 긴장할 수밖에 없다. 신분 박탈과 경제적 불이익은 일하는 국회를 뒷받침하는 가장 강력한 제재 수단이다. 그런데 더불어민주당은 정치 혐오를 조장한다는 이유로 세비 삭감과 국민소환제를 초안에 담지 않았다. 국민 여론을 자의적으로 해석한 생색내기 법안이었던 셈이다.

당시 더불어민주당이 제시한 불출석 의원에 대한 불이익은 낮은 수준에 머물렀다. 법안은 상임위 회의 출석 상황을 국회 홈페이지에 공지하고, 상임위원장이 매월 국회의장에게 소속 위원들의 출결 상황을 보고하도록 했다. 국회의장은 회의를 제대로 열지 않는 상임위에 3단계에 걸쳐 주의와 경고를 준 뒤, 교섭단체 원내대표에게 위원장과 간사 교체를 요청할 수 있다. 이렇게 출결 관리를 한다고 해서 일하는 국회가 가능할지 의문이다.

국회의원은 한 명 한 명이 헌법기관이다. 그들을 초등학생 출결 관리하듯 강제해야 하는 지경에까지 이른 게 우리 국회의 현주소다. 요즘은 초등학생들도 이런 수준 낮은 통제를 하지 않는다. 다른 나라 국회의원들이 이 얘기를 듣고 어떤 반응을 보일지 궁금하다. '일하는 국회법'을 만들고 출결 상황까지 보고해야 하는 국회라면 차라리 없애는 게 낫지 않을까. '일하는 국회법'은 우리 정치를 돌아보게 하는 낯 뜨거운 법안이다. 차라리 유치한 불이익 규정보다 세비 삭감과 국민 소환제라는 현실적인 내용을 담았어야 하건만 본질은 피해 갔다.

느슨한 생색내기 법안 때문인지 그나마 '일하는 국회법'은 실효를 거두지 못하고 있다. 개정된 국회법은 국회 상임위원회는 국정감사나 국정조사 기간을 제외하고 매월 2회 이상 전체회의를 열도록 규정하고 있다. 법안을 다루는 소위원회는 월 3회 이상 개회해야 한다. 이 법은 2021년 4월부터 적용됐다. 이수진 더불어민주당 의원이 국회사무처로부터 상임위 전체회의와 법안심사소위 개회 건수를 분석한 결과, 4월부터 9월까지 14개 상임위원회의 전체회의 개회 건수는 총 156회로 상임위당 월 평균 1.86회에 지나지 않았다. 세부적으로 6월 2.07회, 9월 2.36회를 제외한 나머지 4개월은 모두 기준에 미달했다.

법안을 다루는 소위원회 개회 상황은 더욱 심각하다. 14개 상임위의 25개 법안소위는 6개월 동안 월 평균 0.75회만 개회하여 매월 3회 이상이라는 개회 기준에 한참 미달했다. 단 1개월도 3회 이상 개회라는 국회법을 지키지 못했다. 이수진 의원은 "국회법은 개정되었지만, 일하는 국회 문화는 정착되지 않았다. 대선을 앞두고 법안 심사조차 제대로 하지 않고 있다"면서 "여야 지도부는 정쟁을 넘어 상임위 활동을 우선할 수 있도록 노력하고, 일하는 국회법 준수 현황을 국민들에게 알릴 필요가 있다"고 했다. 세계적으로 유례없는 '일하는 국회법'을 만들고도 지키지 않는 대한민국 국회가 존재하는 이유는 어디에 있는지 묻지 않을 수 없다.

2020년 4·15 총선 당시 더불어민주당은 '일하는 국회'를 만들자며 세비 삭감을 공약으로 제시했다. 불출석 일수를 따져 10~20퍼센트는 10퍼센트, 20~30퍼센트는 20퍼센트, 30~40퍼센트는 30퍼센트를 삭감하는 내용이다. 국회의원 세비는 월 1,265만 6,640원씩 연간 1억 5,187만 9,780원이다. 더불어민주당 공약대로라면 21대부터는 일하지 않는 국회의원은 삭감해야 맞다. 그러나 공약은 증발됐고, 국회는 무노동무임금이 적용되지 않는 유일한 곳으로 남았다.

주지하다시피 20대 국회는 국민들에게 강한 잔상을 남겼다. 농성, 투쟁, 삭발, 단식, 잦은 파행. 2019년에 여야가 합의해 본회의를 개회한 건 3월 임시국회뿐이었다. 1월과 4월은 개점휴업 상태로 보냈다. 2월과 5월은 아예 소집조차 못 했다. 예산안 또한 4년 내내 법정 처리 시한을 넘겼다. 법안 처리율도 형편없다. 4년 동안 제출된 법안은 모두 2만 4천여 건. 이 가운데 입법은 35.7퍼센트, 8,800여 건에 불과했다. 63퍼센트는 논의조차 하지 못한 채 폐기됐다. 17대 58퍼센트, 18대 55퍼센트, 19대 45퍼센트와 비교하면 턱없이 낮다.

더불어민주당 박찬대 전 대변인은 "국민들 보시기에 국회 블랙코미디가 개그콘서트보다 더 재미있다고 한다. 여야를 넘어 반성이 필요하다"며 자성을 촉구했지만 공염불에 그쳤다. 세비 삭감과 국민소환제가 빠진 '일하는 국회법'은 구속력이 없다는 점에서 국민 여론을 무마하기 위한 임시방편이었다. 17대 이후 국민소환제는 발의와 폐기를 반복해 왔다. 우리 헌법은 대통령 탄핵을 규정하고 있다. 국민이 뽑은 대통령일지라도 국회와 헌법재판소 의결을 거쳐 파면할 수 있다. 지방자치단체장과 지방의원 또한 마찬가지다. 2007년부터 시행된 주민소환제로 임기 중이라도 파면할 수 있다. 고위 공직자도 탄핵 대상이다. 그런데 선출직과 임명직을 가리지 않고 유일하게 견제 받지 않는 권력이 국회의원이다.

국민소환제는 일하는 국회를 위한 실질적인 대안이다. 현행 제도 아래서는 아무리 비판을 받아도 법원 판결이 아니면 임기 중 국회의원을 끌어내릴 수 없다. 같은 선출직인 지자체장, 지방의원과 비교하면 형평성에 어긋난다. 직무를 게을리하고, 막말과 몸싸움을 해도 책임을 물을 수 없다. 20대 국회에서도 국민소환 관련 법안은 5건 발의됐지만 논의조차 이뤄지지 못한 채 폐기됐다. 일하는 국회를 지향한다면 국민소환제를 거부할 이유가 없다.

CBS 여론조사 결과, 국민 77.5퍼센트가 국민소환제를 찬성했다. 21대 국회에서도 국민소환제와 세비 삭감은 요원하다.

국회의장실과 국회 대변인실에 있을 때 언론사 후배들을 자주 접했다. 식사 자리를 빌릴 때도 있었지만 의장실과 브리핑룸, 본회의장 앞 루툰다홀에서 자주 마주쳤다. 그때마다 바닥에 쪼그리고 앉아 취재하는 모습을 보면 미안하고 안쓰러웠다. 국회의사당은 한강과 접해 있어 겨울이면 강바람을 정면으로 맞는다. 겨울 여의도는 거대한 냉장고와 같다. 냉기가 도는 싸늘한 국회의사당 복도에 앉아 취재하는 기자들에게 미안했던 건 이 때문이다. 국회 출입기자들이 회의장 바닥에 앉아 취재하는 관행은 오래됐다. 그것은 기자정신과는 다른 열악한 취재 환경에서 비롯됐다. 브리핑룸을 놔 두고 왜 그러냐고 반문할 수 있겠지만, 그건 기자들 책임이 아니다. 과열된 취재 경쟁에도 문제가 있지만 근본적인 이유는 정치인들이 제대로 브리핑하지 않기 때문이다. 이슈가 터질 때마다 걸핏하면 비공개를 이유로 취재를 가로막고, 기자들을 피한다. 주목받는 취재원일수록 심하다. 그러니 취재원을 찾아가 복도와 루툰다홀을 가리지 않고 노트북을 펼치는 것이다.

자유한국당 한선교 사무총장이 기자들을 향해 막말을 쏟아 낸 2019년 1월, 그날도 몹시 추웠다. 본회의장으로 향하던 한선교는 복도에 앉아 취재 중인 기자들에게 "아주 걸레질을 하는구먼. 걸레질을" 이라고 했다. 참기 힘든 모욕적 언사였다. 논란이 불거지자, 고생한다는 의미였다고 변명했지만 궁색했다. '걸레질'은 기본적으로 막말이며 취재 활동을 얕잡는 경박한 언사다. 한선교는 방송사 앵커를 지냈으니 언론인 범주에 넣을 수 있다. 그런데 열악한 취재 환경을 안타까워하기는커녕 오히려 독설을 퍼부었다. 그는 이전에도 막말과 막된 행동으로 자주 언론에 회자됐다. 당직자에게는 ×× 같은 새끼, × 같은 놈이라고 해 문제가 되기도 했다. 민주당 이종걸 의원과 국회의장실 경호원 멱살을 잡기도 했다. 거친 막말과 행동은 반복되는 버릇이다. 공자는 "어진 사람은 말을 신중하게 한다(仁者 其言也訒)"고 했는데, 한선교는 막된 정치인이었다.

이쯤해서 언론이란 무엇인지 반문하지 않을 수 없다. 민주주의 사회에서 언론은 지켜야 할 핵심 가치다. 언론은 권력을 견제·감시하고 기득권 비판을 근간으로 삼는다. 지난한 민주화 역사는 언론자유를 쟁취해 온 여정이라 해도 과언이 아니다. '국경없는기자회(RSF)'에 따르면 세계언론자유지수에서 한국은 조사 대상 180개국 가운데 2019년 41위, 2020년 42였다. 미국(48위), 일본(67위)보다 높고 아시아에서는 최고 순위다. 이제는 누구라도 정권과 대통령을 자유롭게 비판하는 시대를 살고 있다. 그런데 아이러니하게도 언론을 폄하하는 풍조가 확산되고 있다. 2016년 4월 세월호 사건을 즈음해서였다. 정부 발표만 전달하는 언론에 대해 국민들은 '기레기(기자 쓰레기)' 딱지를 붙였다. 부끄럽지만 일부 보도 행태를 접하노라면 부인하기 어려운 게 현실이다.

인터넷과 SNS 공간에서 이제 '기레기'는 일상용어가 됐다. 보수 진영을 옹호하는 《조선일보》부터 진보 진영을 대변하는 《한겨레》까지 예외 없다. 뉴스 소비자들은 자신이 지향하는 방향과 맞지 않으면 서슴지 않고 '기레기' 낙인을 찍는다. 진영 논리에 포획된 나머지 외눈박이가 됐다. 그들은 끼리끼리 환호하며 상대를 인정하지 않는다. 무조건 불신하고 딴죽을 거는 바람에 공론장은 비난과 조롱으로 넘쳐난다. 특정한 진영 논리를 대변하는 기사는 그렇다 치더라도 팩트를 기반으로 한 기사조차 공격한다. 마치 너는 어느 편이냐며 진영을 분명히 하라고 윽박지르는 형국이다. 불신을 초래한 가장 큰 책임은 언론에 있지만, 사실을 가장해 편을 가르고 상대를 배척하도록 선동하는 정치에 더 큰 책임이 있다. 물론 기계적인 비판에 안주해 온 안일한 보도 행태에도 문제가 있다.

이런 분위기에 편승해 정치인들은 언론 불신을 부채질한다. 이낙연 총리가 설파한 신문론은 지극히 편협했다. 그는 문재인 대통령 취임 2주년 대담(2019년 1월)을 지켜본 소회를 이렇게 적었다. "신문의 문聞자는 '들을 문'이다. 그러나 많은 기자들은 '물을 문問'자로 잘못 알고 있다. 근사하게 묻는 것을 먼저 생각하는 것 같다. 잘 듣는 일이 먼저

다.” 당시 대담 태도가 불손했다며 친문 지지층으로부터 공격받은 KBS 송현정 기자를 염두에 둔 글이었다. 언뜻 생각하면 맞는다. 그러나 묻고 듣는 주체가 바뀌었다. 기본적으로 기자는 묻는 사람이다. 기자는 국민을 대신해 권력자를 상대로 물어야 한다. 국민들은 기자를 통해 권력자의 의중을 듣는 것이다. 더구나 그날 대담 제목은 ‘문재인 대통령에게 묻는다’였다. 대담자로서 많이 묻는 게 당연했다. 송현정은 기자로서, 대담자로서 책무에 충실했다. 그러니 칭찬받을 일도 아니지만 비난받을 일도 아니었다. 이낙연이 펼친 생뚱맞은 신문론은 친문 진영에 대한 얄팍한 구애였다.

정당 대변인들 역시 막말에 편승하기는 마찬가지다. 적어도 정당 대변인이라면 대중 언어와는 달라야 한다. 품격 있는 단어와 정제된 문장이 바탕이 되어야 한다. 그런데 논평은 천박한 인식 수준을 벗어나지 못하고 있다. 그저 막말에 막말로 되갚는 형국이다. 당시 바른미래당 김정화 대변인은 민경욱 자유한국당 대변인을 비판하면서 “금수禽獸보다 못한 인간은 되지 말자”고 했다. 타인의 고통에 무감각한 민경욱의 ‘골든타임 3분’ 발언은 비난받아 마땅했다. 그렇다 해도 금수라는 말은 지나쳤다. 지금은 더불어민주당 의원이지만 당시 당 대변인이었던 이해식은 외신기자에게 막말을 쏟아 냈다. 그는 블룸버그통신 기자를 향해 “매국노에 가깝다. 검은 머리 외신 기사에 불과하다”며 실명과 이력을 거론함으로써 논란을 자초했다. 이해식의 좌표 찍기로 인해 해당 기자는 한동안 친문 지지층에 시달려야 했다.

《심경心經》에 이런 말이 있다. “옥구슬에 난 흠은 갈아 없앨 수 있지

막말 대 기레기

만 말로 비롯된 흠은 없앨 수 없다(白圭之玷 尙可磨也 斯言之玷 不可爲也)." 말의 중요성을 돌아보게 하는 경구다. 정치인이라면 말을 떠나보내기 이전에 신중해야 한다. 막말 논란을 지켜보는 국민들의 인내는 한계에 달했다. 언제까지 진의가 잘못 전달됐다고 변명하고 하나 마나 한 징계를 반복할 것인지 묻지 않을 수 없다. 스스로 신중하되, 엄격하게 책임을 물어야 한다. 기자는 자신이 국민을 대신해 묻는다는 걸 잊지 말아야 한다.

친교는 국회 밖에서

문재인 정부에서 윤석열 검찰총장 후보자 인사청문회는 왜곡된 정치를 보여 준 좋은 사례다. 더불어민주당 의원들은 인사청문회에서 윤석열을 전폭적으로 옹호했다. 윤석열은 취임 이후 민주당으로부터 검찰개혁에 저항하는 우두머리로 몰렸다. 씁쓸한 코미디다. 당시 민주당 의원들은 너 나 할 것 없이 흠결 없는 검찰총장 후보라며 찬사를 늘어놓았다. 찬사가 비난으로 바뀌는 데는 두 달이면 충분했다. 2019년 7월 윤석열 검찰총장 후보자 인사청문회는 밋밋했다. 야당은 날카롭지 못했고, 여당은 감싸느라 전전긍긍했다. 집권 여당은 청문위원으로서 권위와 역할을 일찌감치 내려놓았다. 후보자 처지를 헤아려 감싸고 두둔했다. 평소 피감기관을 상대로 호통치던 서릿발 같은 면모는 찾아보기 어려웠다.

제1야당 또한 제 역할을 하지 못한 채 연신 헛발질만 했다. 풍문 수준을 근거로 핵심은 파고들지 못한 채 변죽만 울렸다. 인사청문회에 앞서 잔뜩 의혹을 부풀렸던 걸 생각하면 '태산명동서일필泰山鳴動鼠一匹'이었다. 벼르고 벼렸다는 게 그 정도였으니 존재감 없는 야당이라는 조롱도 아깝지 않았다. 살아 있는 권력, 검찰총장 후보자 앞에서 여야 모두 후줄근했다. 윤석열 검찰총장 후보자 인사청문회는 그렇게 막을 내렸다.

국민들은 이런 인사청문회를 왜 해야 하는지 반문했다. 한쪽은 무조건 두둔하고, 다른 한쪽은 의혹만 부풀리는 인사청문회 무용론은 오래됐다. 자질과 정책 검증이라는 취지를 상실한 채 과도한 신상 털기와 망신 주는 자리로 변질됐다. 인사청문회 때마다 반복되는 행태는 국민들 눈에 짜고 치는 고스톱 그 이상도 이하도 아니다. 적임자를 찾는 게 쉽지 않고, 제대로 검증하는 게 이렇게 어려운 일인지 무능한 정치에 회의할 수밖에 없다.

야당은 윤석열 후보와 관련된 의혹을 규명할 필요가 있었다. 그런데 정황만으로 어설픈 문제 제기를 했다가 망신을 자초했다. 만일 야당 주장대로 윤석열 후보가 특정 사건에 개입해 부당한 외압을 행사했다면 그건 간단한 사안이 아니었다. 수사 중인 사건에 개입한 사실만으로도 검찰총장으로서 도덕적 권위는 무너진다. 하지만 야당은 '아니면 말고'라는 무책임한 의혹 제기로 변죽만 울렸다. 인사청문회 막판에 터진 《뉴스타파》 녹취 파일마저 없었다면 검찰총장 인사청문회는 맹탕을 벗어나기 어려웠을 것이다. 무엇보다 민주평화당 박지원 의원이 보여 준 처신은 민망했다. 그는 여당 의원이 아닌가 싶을 만큼 가벼운 언행으로 뒷말을 남겼다. 그날 박지원이 보인 언행은 청문 후보자 '호위 무사'에 불과했다. 그는 청문회 내내 4선 중진 의원으로서 권위와 무게를 내려놓았다. 언론은 한없이 가볍고 가벼웠다고 비판했다. 박지원은 윤석열과 사적 인연을 거론하며 공公과 사私를 뒤섞었다. 청문위원으로서 공적 역할도 망각했다. 여당 편에서 역할을 수행한 덕분인지 그는 문재인 정권에서 국정원장에 임명됐다. 개인적으로는 성공한 삶인지 모르겠지만 본분을 망각한 처신은 개운치 않다.

박지원은 윤석열 검찰총장 후보자와 C&그룹 사건, 윤대진 검찰국장과는 보해저축은행 사건으로 악연을 맺었다. 두 사건 모두 무죄를 받았다. 수사 과정에서 고초를 겪었음은 분명하다. 박지원은 윤석열 인사청문회장에서 "당시 윤석열, 윤대진 너 한 번만 걸려라. 그냥 두지 않겠다는 각오를 다졌다"며 농담을 늘어놨다. 그러면서 "청문회를 앞두고 아무리 흠을 찾으려 했지만 없었다. 구원舊怨을 정리하자"고 했다. 이게 인사청문회에서 후보자를 상대로 야당 청문위원이 할 말인지 어처구니없다.

정치인과 검사는 뗄 수 없는 관계다. 직업 특성상 서로 물고 물리는 관계다. 사적 영역에선 얼마든지 인간관계를 맺을 수 있다. 더구나 박지원은 여든에 가까운 노회한 정치인이다. 하지만 사적 자리에서나 주고받을 농담을 공적 자리에 늘어놓았다. 공사 구분 못 하는 언행은 자기과시였다. 국민을 무섭게 안다면 결코 있을 수 없었다. 박지원의 가벼운 행보는 2021년 9월 검찰 고발 사주 의혹 폭로 과정에서도 구설에 올랐다. 그는 사건을 폭로한 30대 초반 여성 정치인과 호텔 일식당에서 만난 것으로 확인됐다. 이 여성은 국정원을 다녀가기도 했다. 이 때문에 고발 사주 의혹은 전혀 다른 국면에서 소모적 논쟁을 촉발했다.

박지원의 가벼운 화법은 습관적이다. 홍준표 국민의힘 의원이 경남지사 시절 성완종 리스트에 연루돼 수사선상에 오를 때도 그랬다. 그는 페이스북에 "고초를 겪고 있지만 곧 올무에서 빠져나오리라 생각한다"며 홍준표를 위로했다. 성완종 씨가 극단적 선택을 하는 바람에 수사는 중단됐다. 여기까지는 개인적 인연이라고 이해할 수 있다. 그는 전라남도가 추진한 F1 대회 지원법 의결 과정을 언급하며 또 사적 인연을 거론했다. 자신이 홍준표에게 부탁해 상임위, 법사위, 본회의까지 6시간 만에 통과됐다고 자랑했다. 박지원은 "(홍준표 의원이) 초스피드로 통과시켜 주고 또 광주전남 의원들 앞에서 '지원이 형님! 할 것 다하고 오신 분이니 총리 하라고 했을 때 수락하셨으면 고생 안 하고 다 했을겐디'라고 했다"며 과시했다. 국민 세금이 들어가는 법안을 6시간 만에 뚝딱 통과시킨 게 자랑할 일인가.

박지원은 엉겁결에 내뱉었지만 F1 대회 지원법 제정 과정은 허술한 법안 처리 과정을 보여 준다. 국회에서 처리되는 상당수 입법은 친분 관계를 바탕으로 졸속 처리되는 게 현실이다. 입법에 필요한 서명 동의를 품앗이한다. 서명에 동의한 의원조차 어떤 법안에 동의했는지 모르는 황당한 상황도 종종 벌어진다. 인사청문회와 법안 심의, 예산 심사가 국회의원들끼리 친분을 다지는 수단으로 허비되는 것이다. 윤석열 인사청문회도 그 연장선상에 있었다. 그런데 의원들은 문제의식조차 없다. 청문회 자리에서 "구원을 풀자"고 하는 정치 쇼를 언제까지 봐야 하나.

한국엔 왜
검찰 출신 국회의원이 많나요?

2019년 11월 5일, 일본 국회 국토교통위원회에서 낯선 광경이 펼쳐졌다. 질의 순서가 된 중증장애인 기무라 에이코(木村英子) 의원이 "장애인 입장에서 질문하겠다"며 말문을 열었다. 에이코 의원 옆에서 비서는 질문지를 한 장 한 장 넘겼다. 이런 방식으로 기무라 의원은 휠체어에 누운 채 30여 분 동안 질의했다. 그는 장애인에게 불편한 공중화장실 문제를 제기했다. 에이코 의원은 그해 7월 참의원 선거에서 비례대표로 입성했다. 에이코 의원과 함께 배지를 단 같은 당(레이와 신센구미) 후나고 의원도 루게릭병 환자다. 일본 국회에 중증장애인이 입성하기는 처음이었다. 이들로 인해 일본 국회는 장애인 인권에 관심을 갖기 시작했다.

당장 일본 국회는 본회의장에 휠체어 공간을 만들고 문턱을 없앴다. 작은 변화지만 상징적이었다. 현대 민주주의는 대의민주제다. 나를 대신할 정치인을 국회로 보내 내 목소리를 대신 내는 제도다. 당연히 대의정치는 다양성과 직결된다. 직업, 연령, 성비는 물론이고 소수자까지 골고루 대변하는 게 대의정치 핵심이다.

"한국엔 왜 검찰 출신 국회의원이 많나요?" 일본에 거주하는 지인이 물어 왔다. 그 질문대로 한국 국회의 실상은 놀랍다. 일본은 중의원·참의원 713명 가운데 검찰 출신은 3명에 불과하다. 반면 대한민국 20대 국회는 296명 가운데 17명(2019년 11월 기준)이 전직 검사다. 713명 대 3명(일본 0.42퍼센트), 296명 대 17명(한국 5.74퍼센트)이다. 비율로 따지면 우리가 일본보다 검찰 출신 국회의원이 13배 이상 많다. 일본 검찰은 옷을 벗으면 정치판을 기웃거리지 않는다. 반면 한국 검찰은 국회의원을 성공한 삶으로 인식한다. 판사와 변호사까지 넓히면 우리 국회는 기형적으로 법조인 출신이 과대 대표하고 있음을 알 수 있다.

20대 국회에서 법조인(판사·검사·변호사) 출신 국회의원은 51명을 차지했다. 검사 출신 17명을 비롯해 판사 출신 13명, 변호사 출신 21명이다. 전체 비율은 17퍼센트다. 직업정치인(83명·28퍼센트) 다음으로 많다. 의원 6명 중 1명꼴로 법조인이니 '법조국회'라는 말은 과언이 아니다. 우리나라 인구 5,162만 명 가운데 법조인은 3만 4,709명(0.06퍼센트)에 불과하다. 그런데 국회에서 법조인 출신 의원이 17퍼센트 비율을 차지하니 분명 과대 대표됐다.

역대 국회도 마찬가지다. 17대 18퍼센트, 18대 20.4퍼센트, 19대 14.3퍼센트 비율을 기록했다. 매 국회마다 의원 10명 중 1~2명은 법조인이었다. 18대 국회는 10명 가운데 2명이 법조 출신으로 가장 많았다. 정치 분야를 떠나 대기업 사외이사도 법조인 전성시대다. 기업은 법조인들을 방패막이로 삼는다. 성남 대장동 택지개발 특혜의혹 사건은 좋은 사례다. 소규모 개발 시행사임에도 법조인만 30여 명에 달했으니 정상은 아니다. 권순일 전 대법관, 김수남 전 검찰총장, 박영수 전 특검을 비롯해 고위 법조인들이 부동산 개발회사에 몸을 담은 이유는 무엇일까. 국내 대기업 사외이사 가운데 39퍼센트가 관료 출신인데, 그중 검찰 출신(43명·17퍼센트)이 국세청 출신을 제치고 가장 많다. 판사 출신을 합하면 법조인 비중은 무려 28퍼센트로 늘어난다.

국회와 기업은 밀접한 관계를 맺고 있다. 국회는 입법을 통해 기업 이익을 통제하고, 창출된 이익을 일정 부분 나눠 갖는다. 기업 로비 창구 역할을 대신하고 불법 정치자금을 받다 수사선상에 오르는 정치인들이 그런 부류다. 작가 조정래는 소설 《천년의 질문》에서 이 같은 유착 관계를 적나라하게 묘사했다. 소설 속에서 국회, 재벌, 언론은 삼각 편대를 이룬다. 그러니 국회가 민의를 제대로 대변하는 곳인지 회의적일 수밖에 없다. 법조 출신 의원 대부분은 국회 법제사법위원회에서 활동한다. 20대 국회 후반기 법사위원 18명 가운데 법조 출신은 여상규 위원장(판사 출신)을 포함해 9명으로 절반을 차지했다. 당시 민주당 간사 송기헌 의원, 자유한국당 간사 김도읍 의원은 검찰 출신이었다. 사법개혁이 안 되는 이유도 이런 구조 때문이다.

법조인들은 속성상 보수적이다. 법조문 틀에서 벗어나기 어렵다. 게다가 엘리트 의식을 바탕에 깔고 자기확신이 강하다. 세상 물정을 모르고 현실감각이 떨어진다는 평을 듣는다. 이회창 전 대법관이 대표적인데, 그는 두 차례 대선 후보로 출마했다가 쓴잔을 마셨다. 선친은 검사를 지냈고, 자신도 사법고시에 합격한 뒤 대법관까지 올랐다. 이후 감사원장, 국무총리, 한나라당 대표를 지내며 탄탄대로를 걸었다. 이회창은 대선 TV토론에서 '옥탑방'을 모른다고 답변해 구설에 올랐다. 옥탑방을 경험하지 않았으니 알 수 없는 게 당연했다. 어쩌면 '대쪽'이라는 이미지도 법조인들이 지닌 외골수 성향을 다르게 표현한 것에 불과한지도 모른다.

비록 폐지됐지만 사법고시는 이전까지 출세를 보장하는 통로였다. 사법고시 합격은 왕조시대 장원급제와 같았다. 좋은 대학을 졸업하고 사법시험까지 합격하면 평생 꽃길을 걸었다. 집안은 물론이고 지역사회가 떠들썩했다. 졸업한 고등학교 정문과 동네 어귀에 축하 현수막이 내걸리던 게 엊그제다.

법조인을 폄하할 의도는 없다. 다만 특정 직업군으로 채워진 국회의 모습이 바람직한가 묻고 싶을 뿐이다. 법은 약자를 보호하기 위한 사회적 합의다. 나아가 강자의 폭력과 횡포를 막는 최후의 보루다. 그래서 법조인은 법 지식을 넘어 인간에 대한 깊은 이해와 시대정신에 대한 폭넓은 공감 능력을 갖춰야 한다. 하지만 주변에서 만나는 법조인들이 그러한지에 대해서는 회의적이다. 법 지식은 풍부할지 몰라도 인간에 대한 이해는 부족하다는 게 일반적인 평가다. 시대정신에 대한 통찰과 공감도 결여돼 있다. 자신들끼리 구축한 법조 카르텔 속에서 이익과 권력을 주고받는다. 잊을 만하면 터지는 기업과 결탁한 법조 비리가 이를 방증한다. 2022년 대선에 출마한 더불어민주당 이재명(변호사), 국민의힘 윤석열(검사) 후보도 별반 다르지 않다.

국회가 민의의 전당이라면 다양한 계층을 대변해야 한다. 우리 국회는 지나치게 편중돼 있다. 법조인뿐만 아니라 21대 국회에서 당선자 평균연령은 55세이며 50대(177명), 60대(69명)가 전체 82퍼센트를 차지한다. 또 상위 4개 대학(55퍼센트), 남성 편중(남녀 비율 4.8대 1)이 심각하다. 법조인 과대 대표를 줄이고, 연령과 성비 불균형을 바로잡아야 한다. 20대 국회에서 30대 국회의원은 3명뿐이었다. 그나마 정은혜 의원(민주당)은 이수혁 전 의원이 주미대사로 옮겨 가면서 비례대표를 승계했다. 반면 50~60대는 무려 256명(86퍼센트)에 달했다. 전체 인구에서 50~60대는 1,400만 명으로 33퍼센트를 차지하는데 국회의원 비율은 86퍼센트니 심각한 편중이다.

정당 공천이 어떠해야 할지 자명하다. 법조인 출신을 줄이고, 30~40세대를 확대하는 게 시대정신에 부합한다. 또 사회적 약자와 소수 계층을 대변하는 정치구조를 만들어야 한다. 공천개혁은 곧 정치개혁이다. 하지만 21대 국회에서도 여전히 법조 출신과 5060세대, 남성이 과대 대표됐다. 2030 청년 정치인을 정치적 이벤트 대상으로 여기는 그릇된 정치 풍토도 여전하다. 일본에서 한국 전자정부 기술을 알리고 있는 염종순 박사는 "도쿄 회사 부근 전철역에서 유명한 일본 국회의원을 마주쳤는데 부러웠다"고 했다. 유력한 정치인인데도 지하철을 타고 출퇴근하는 소탈한 풍조가 부럽다는 뜻이다. 우리는 일본발 망언 파동이 있을 때마다 일본 정치인들을 욕하지만, 욕만 하고 끝내기엔 뒤끝이 개운치 않다.

한국엔 왜 검찰 출신 국회의원이 많나요?

일본 국회는 중증장애인이 국회에 입성하고, 중진 국회의원이 지하철로 출퇴근한다. 반면 대한민국 국회는 아침마다 검은색 대형 세단이 줄을 잇는다. 50~60대, 법조인 출신, 중년 남성 정치인들이 검은 세단의 주인공이다. 그들은 하나같이 짙은 정장 차림이다. 권위에 찌든 대한민국 국회가 국민들과 눈을 맞출 날은 언제인가.

눈 덮인 산으로
코끼리 끌고 가는 상상력

전쟁사를 전공한 이들에게 제2차 포에니전쟁과 콘스탄티노플 함락은 훌륭한 교본이다. 두 전쟁은 누구도 생각하지 못한 방식으로 전쟁을 치렀다는 점에서 극적이다. 기원전 264~146년 로마와 카르타고는 지중해 패권을 놓고 맞붙었다. 120년 동안 계속된 전쟁에서 최종 승자는 로마였다. 카르타고는 비록 패했지만 세계 최강 로마군단에 맞서 로마를 절멸 직전까지 몰아붙였다. 카르타고를 이끈 명장 한니발은 탁월한 전략가였다. 그는 로마군이 예상했던 지중해 항로를 벗어나 보병과 기병, 코끼리를 이끌고 눈 덮인 알프스산을 넘었다. 산을 넘는 동안 병력은 절반으로 줄었다. 하지만 카르타고군은 로마 진영을 타격했고, 예상치 못한 허를 찔린 로마군은 패닉 상태에 빠졌다.

동로마제국 심장부인 콘스탄티노플 함락은 더욱 드라마틱하다. 오늘날 터키 땅인 콘스탄티노플은 아시아와 유럽을 잇는 요충지였다.

유럽으로 가는 교역로가 필요했던 오스만제국은 1453년 콘스탄티노플로 말 머리를 돌렸다. 하지만 길이 20킬로미터, 3중으로 쌓아 올린 성벽은 미동조차 하지 않았다. 술탄 메흐메트는 금각만(골든혼)으로 공략 지점을 바꿔 전쟁을 승리로 이끌었다. 그들은 동로마제국 군대가 자신들을 저지하고자 바다 속 길목에 친 쇠줄을 우회했다. 메흐메트는 쇠줄을 피해 산으로 배를 이동시켰다. 오스만 선단은 밤새 산을 넘어 금각만 진입에 성공했다. 결국 허를 찔린 동로마제국은 힘없이 허물어졌다. 두 전쟁의 묘미는 예상을 뛰어넘는 의외성에 있다. 한니발은 눈 덮인 알프스산을 넘었고, 메흐메트는 산으로 배를 옮겼다. 둘 다 상식을 벗어났기에 승리도, 감동도 있었다.

2019년 12월 자유한국당이 멈춰 세운 국회를 보면서 두 전쟁을 떠올렸다. 기발함은커녕 진부함 때문이다. 자유한국당은 본회의에 올라온 안건 모두(199개)를 필리버스터 신청했다. 여당이 주도하는 선거제도 개편과 공수처 설치를 막는다는 명분이었지만, 국민들 눈에는 발목잡기였다. 본회의가 파행을 빚자 자유한국당 지도부는 쾌재를 불렀다가 거센 역풍에 직면했다. 20대 국회 내내 자유한국당이 보여 준 싸움 방식은 단순했다. 무조건 반대했고 툭하면 장외투쟁이었다. 국정조사와 특검을 요구하며 국회를 멈춰 세우기 일쑤였다. 무더기 필리버스터 신청 또한 진부한 방식이었다. 여론은 올 스톱된 국회 파행 책임을 자유한국당에 돌렸으니 전략 부재였다.

인사청문회 또한 모욕 주기와 과도한 신상 털기로 일관했다. 야당은 문재인 정부 집권 내내 남북문제는 보이콧했고, 대안을 제시하지 못한 채 경제정책을 비판하기에 급급했다. 국민들은 이 같은 무책임한 행태에 염증을 냈다. 청와대와 여당의 거듭된 실책에도 불구하고 그것이 야당 지지율로 연결되지 않은 이유가 여기에 있다. 야당은 행정부를 견제하고 비판함으로써 국정을 견인할 책임이 있다. 그러나 정쟁에만 매몰된 나머지 문재인 정부가 실패하는 걸 최우선 목표에 두었다. 저주와 증오의 정치로는 결코 상대를 이길 수 없다.

'필리버스터(무제한 토론)'는 다수파의 독주를 견제하는 수단이다. 소수파에게 주어진 합법적인 의사진행방해 전술이다. 국회는 2015년 국회선진화법을 개정하면서 필리버스터를 도입했다. 의제를 벗어난 발언은 할 수 없다. 지정된 주제를 벗어나면 의장이 필리버스터를 중단시킬 수 있다. 미국 상원은 필리버스터를 신청하고 소설책을 읽어도 문제 삼지 않는다. 우리 국회 필리버스터 요건이 훨씬 엄격하다. 민주당 이종걸 의원은 최장 기록을 갖고 있다. 그는 2016년 '테러방지법' 필리버스터에서 12시간 31분 동안 발언했다. 의원들은 체력도 중요하지만 법안에 대한 이해도 갖춰야 한다.

안건 전체에 필리버스터를 신청한 야당의 행태는 비판받기에 충분했다. 필리버스터를 법안 상정 자체를 봉쇄하는 수단으로 악용했기 때문이다. 제도 취지대로라면 자신들이 반대하는 선거제 개편, 공수처 법에 집중해야 옳았다. 야당이 꺼내든 필리버스터 카드는 20대 국회를 마지막까지 파행으로 몰고 갔다. 덮어놓고 필리버스터를 신청하는 바람에 자신들이 발의한 법안까지 반대토론에 부치는 촌극이 벌어졌다. 또, 상임위 단계에서 합의해 준 법안 76건도 필리버스터를 신청

눈 덮인 산으로 코끼리 끌고 가는 상상력

하는 자충수를 두었다. 필리버스터를 신청한 199건 가운데 절반 이상 (102건, 51.5퍼센트)은 자신들이 발의했거나 동의한 것이었다. 자유한국당 신보라 의원이 발의한 '청년기본법'은 20대 국회 개원 첫날 자유한국당이 발의한 1호 법안이었다. 당시 황교안 대표는 청년들과 대화에서 청년기본법을 자랑하기도 했다. 그런데 자신들이 발의한 법안마저 반대 필리버스터 신청하며 널을 뛰었다. 꼼수 부리다 자기가 판 함정에 빠진 셈이었다.

그러다 보니 각종 민생 법안까지 줄줄이 볼모로 잡혔다. 어린이 교통사고를 막기 위한 '민식이법'을 비롯해 '포항지진 피해 구제 및 지원 특별법'까지 지지부진했다. 당시 수재, 화재로 피해를 입은 이재민 지원법은 있었지만 지진 피해를 입은 이재민에 대한 지원 법안은 없었다. 국회가 직무를 태만히 하는 바람에 포항 지진 이재민들은 체육관에서 세 번째 겨울을 나야 했다. 뒤늦게 통과됐지만 직무유기였다. 더구나 포항은 자유한국당 의원 지역구라는 점에서 비판은 거셌다. 그런데도 자유한국당은 민주당에 책임을 돌리며 적반하장으로 일관했다.

여당이든 야당이든 관성적인 정치로는 지지를 얻기 힘들다. 기득권 지키기에만 연연한다면 결국 사라지는 길뿐이다. 야당은 무조건적인 반대에서 벗어나 합리적인 대안을 제시해야 한다. 변화하고 혁신할 때 살길이 열린다. 배를 산으로 가져가고, 눈 덮인 알프스산으로 코끼리를 끌고 가는 정치적 상상력과 역발상에 답이 있다.

이것도 나라냐, 이것은 나라냐

"기립 박수" vs "이게 나라냐!"

라임·옵티머스 사건을 놓고 여야가 날카롭게 대치하던 지난해 10월 28일 국회에서 진행된 문재인 대통령 시정연설 현장은 상반된 분위기로 얼룩졌다. 대통령 시정연설은 희망을 제시하기보다 갈등과 국론 분열을 재확인하는 자리로 마감됐다. 여당 의원들은 26차례 박수로 대통령 연설에 화답했다. 반면 야당 의원들은 고성과 항의로 맞섰다. 대통령 시정연설마저 정쟁으로 얼룩진 여의도 국회는 종일 어수선했다. 정치는 왜 존재하는지 회의하지 않을 수 없는 하루였다.

대한민국은 정치 민주화와 경제성장을 동시에 이룬 몇 안 되는 나라다. 인구 5천만에 국민소득 3만 달러 이상 나라를 가리키는 '3050클럽'에 세계 7번째로 가입했다. '3050클럽'은 인구가 많은 중국과 인도도, 국민소득이 높은 덴마크, 핀란드, 스웨덴, 노르웨이도 가입

자격이 안 된다. 중국과 인도는 국민소득이 낮아서, 북유럽 국가들은 인구가 모자라 자격 미달이다. 앞으로도 '3050클럽' 7개국은 쉽게 깨지지 않을 게 분명하다. 또 한국은 헌법 절차에 따라 대통령을 탄핵한, 국제사회에 민주주의 전범을 보여 준 유일한 나라다. 촛불시위 당시 서구 언론조차 "이제 미국과 유럽은 한국에서 민주주의를 다시 배워야 한다"며 한국 민주주의를 높이 평가했다.

대통령 시정연설 현장에서 불거진 소란은 이런 성취를 한순간에 무너뜨렸다. 문 대통령이 국회에 도착한 시간은 오전 9시 40분. 연설을 마치고 떠나기까지 1시간 30여 분 걸렸다. 그 짧은 시간 동안 우리 정치가 얼마나 망가졌는지 확인할 수 있었다. 대화와 타협이 실종된 사막화된 정치를 적나라하게 드러냈다. '이것도 나라냐'는 질문에서 출발했던 문재인 정부는 이제 야당으로부터 '이것은 나라냐'는 조롱을 들을 만큼 심각한 국론 분열에 처했다.

국민의힘 의원들은 이날 라임·옵티머스 특검을 촉구하며 시위했다. 검은색 마스크를 쓴 채 손팻말을 들고 대통령을 맞이했다. 대통령이 지나는 길목에서 이렇게 외쳤다. "특검 거부는 진실 은폐, 그대가 범인이다." 마치 라임과 옵티머스 사건에 청와대와 정권 실세가 개입했다는 뉘앙스였다. 아무리 상대 당 대통령이지만 최소한 예의마저 내려놓은 행태였다. 지난 70년 동안 대한민국이 이뤄 온 민주주의와 경제발전을 부정하는 시위였다.

라임·옵티머스 사건은 은폐할 수 없다. 당시 추미애 장관은 수사지휘권을 발동해 사실 규명에 들어갔다. 그러니 검찰 수사 결과를 지켜본 뒤 특검을 요구해도 늦지 않았다. 설령 현 정권에서 어물쩍 넘어간다 해도 시간이 흐르면 드러날 수밖에 없다. 그런데 야당은 120일짜리 특검을 요구함으로써 정쟁으로 몰아갔다. 특검이 아니라도 의지만 있다면 얼마든지 규명할 수 있다. 설령 의혹에 신빙성이 있더라도 시정연설에서 보인 행태는 공감을 얻기 어려웠다.

야당은 '이것은 나라냐'고 반문했지만 국민들은 야당에게 그런 말을 할 자격이 있는지 회의적이었다. 야당은 이날이 아니더라도 언제든지 주장할 자리는 많았다. 시정연설은 대통령이 국민에게 국정 방향을 설명하는 자리다. 코로나19 경제위기는 당면한 경제 현안이다. '한국형 뉴딜'이 어떤 내용으로 채워졌는지 국민들은 알 권리가 있다. 국민의힘은 시정연설에 앞서 대정부 질문과 국정감사를 통해 주장하고 정부 정책을 비판했다. 그렇다면 이날만큼은 경청하는 모습을 보여 줬어야 했다. 이후 비판 논평을 내든, 정책 소재로 삼든 얼마든지 정부를 견제할 기회가 있었다.

야당이 각박하게 변한 데는 여당 책임도 적지 않다. 집권 여당은 너른 품이 필요하다. 때로는 설득하고 때로는 공감하면서 야당을 동반자로 여기는 자세가 필요했다. 한데 독선과 진영 논리에 매몰된 나머지 집권 내내 야당에 대한 적대감을 버리지 않았다. 여기에 21대 총선 압승은 여당에게 독이 됐다. 의석수를 절대적인 지지로 착각한 나머지 독단과 독선 페달을 더욱 밟았다. 일방적인 국회 운영 결과는 1년 뒤 4·7 재보궐선거 참패로 나타났다. '하늘 끝까지 올라간 용은 후회할 일만 남는다(항룡유회亢龍有悔)'는 진리다.

이것도 나라냐, 이것은 나라냐

민주당은 특검 요구를 전향적으로 검토해야 했다. 라임·옵티머스 사건은 피해자만 수천 명에 달해 게이트로 확대될 개연성도 배제하기 어렵다. 당시 청와대 행정관이 구속되고, 또 다른 행정관으로 수사가 확대되면서 정권 도덕성에 먹칠을 했다. 그러나 특검은 받아들여지지 않았다. 김태년 당시 민주당 원내대표는 "야당 정치인이 연루돼 있고, 전·현직 특수부 검사들이 향응을 받았다"는 것을 특검이 불필요한 논리로 내세웠다.

야당 정치인과 검사들이 연루돼 있다면 오히려 특검을 통해 정치권 전반에 뿌리내린 문제점을 규명할 필요가 있었음에도 모순된 논리를 펼쳤다. 검찰개혁을 추진하는 여당 입장에서 이보다 좋은 호재는 없다. 특검 반대는 석연치 않은 결정이었다. "뭔가 구린 게 있지 않은 다음에야 외면할 이유가 없다"는 여론은 이런 개연성을 뒷받침한다. 당시 민주당은 특검을 수용하고, 국민의힘은 공수처 설치에 협력했다면 어땠을까. 의혹을 규명하고 협치함으로써 정치의 본질에 다가갈 수 있었다는 점에서 아쉬움이 남는다. 이건희 삼성그룹 회장은 생전에 기업은 2류, 관료는 3류, 정치는 4류라고 했다. 이 말을 한 뒤로 30여 년이 흘렀다. 우리 정치가 그때보다 나아졌다고 자신할 수 있을까.

대한민국 헌법은 피선거권자의 출마 자격을 나이로 제한한다. 얼마 전까지만 해도 대통령은 40세 이상, 국회의원과 지방의원 · 시장 · 군수는 25세 이상이었다. 최근 국회는 국회의원과 지방단체장, 지방의원 출마 연령을 18세로 낮췄다. 그 나이가 안 되면 출마할 수 없다. '이준석 현상'을 계기로 나이만으로 출마를 금지하는 게 합당한지 논쟁이 일었다. 생물학적 나이로 금지하는 건 상식적이지도 합당하지도 않다는 게 일반적 견해다. 오히려 나이는 관성의 덫에 빠지게 하는 걸림돌이다.

조선 중기, 중국 지식인들 사이에 널리 이름을 떨친 천재 시인 허난설헌은 한류의 원조였다. 그가 남긴 〈감우感遇〉와 〈곡자哭子〉는 지금 감성으로 읽어 봐도 빼어나다. 허난설헌은 27세에 숨졌으니 대부분 작품을 20대 초중반에 썼다. 다방면에 걸쳐 놀라운 업적을 남긴 정약용 또한 20대 초반에 초계문신抄啓文臣으로 발탁돼 개혁군주 정조와 함께 한 시대를 견인했다. 우리나라만 그런 게 아니다.

역사상 가장 위대한 정복자로 꼽히는 알렉산더는 20세에 왕위에 올라 유럽과 아시아·아프리카 대륙을 정복했고, 서른셋에 세상을 떴다. 정복지마다 자기 이름을 따서 건설한 도시 '알렉산드리아'만 70여 곳에 달했다. 막부 말기 일본 근대화 기틀을 마련한 요시다 쇼인(29세 사망)과 사카모토 료마(32세 사망)도 마찬가지다. 쇼인은 기라성 같은 유신 3걸을 길러 냈고, 료마는 메이지유신 초석을 깔았다. 이들도 20대 후반, 30대 초반에 제국을 건설하고 나라를 근본적으로 바꿨다.

한국 사회는 2021년 1985년생 서른여섯 살 이준석 돌풍을 놓고 다양한 해석을 시도했다. 세력교체를 뛰어넘은 세대교체에 방점을 찍는 이들이 적지 않았다. 정치인 이준석에서 시작된 바람은 개헌으로 번졌다. 강민진 청년정의당 대표는 "40세 미만 대통령 출마 제한은 차별이자 불공정이다. 대통령 선거는 특정 세대의 전유물이 아니다. 나이가 어리다고 세상을 바꿀 꿈까지 보잘것없지는 않다"며 나이 제한 폐지를 주장했다. 이동학 더불어민주당 청년 최고위원도 40세 미만 대통령 선거 출마 제한을 폐지해야 한다며 개헌론에 힘을 보탰다.

유럽에서 30대 정치인이 국가를 경영한 지는 오래됐다. 제바스티안 쿠르츠 오스트리아 총리는 2017년 31세에 총리에 취임했고, 2020년 1월에 재집권했다. 산나 마린 핀란드 총리 또한 2019년 34세에 취임했다. 이들은 10대 시절부터 정치 경험을 쌓아 중앙정치 무대에 진출했다. 쿠르츠 총리는 17세에 입당하여, 27세에 유럽연합(EU) 최연소

외교장관을 지냈다. 산나 마린 총리 또한 21세에 사회민주당에 가입했고 교통장관을 지냈다. 2021년 12월 당선된 칠레 대통령 가브리엘 보리치도 35세이다.

EU 정상회의 상임의장을 맡고 있는 샤를 미셸도 39세에 벨기에 총리를 역임했다. 루이지 디마리오 이탈리아 외교장관(35)도 30대 초반에 좌파 정당 '오성운동'이 대표(31)와 부총리(32)를 지냈다. 2017~2020년 아일랜드 총리를 지낸 리오 버라드커도 취임 당시 38세였다. 40세에 프랑스 대통령이 된 마크롱은 30대 장관을 발탁했다. 43세에 총리에 취임한 캐나다 트뤼도 총리 역시 30세 여성 장관을 중용했다.

국가수반이 젊다 보니 정책도, 국가 운영도 젊어질 수밖에 없다. 캐나다 트뤼도 1기 내각(2015년 11월)은 국제사회로부터 "아름답다"는 찬사까지 받았다. 트뤼도는 다양성을 중심에 두고 내각을 꾸렸다. 남녀 15명씩 동수로 종교, 인종, 출신 성분을 따지지 않고 장관으로 발탁했다. 이슬람교도, 시크교도, 난민과 원주민 출신, 장애인과 성소수자 장관까지 임명했다. 모자이크 내각은 유연한 정치적 산물이다. 유럽 정치에서 확인됐듯 나이는 고려 사항이 아니다.

한국 정치는 어떤가. 국제의회연맹에 따르면, 조사 대상 192개국 가운데 40세 이하 의원 비율은 2.3퍼센트로 135위다. 사실상 꼴찌였다. 전반적으로 2030세대는 '과소 대표'된 반면, 5060세대는 '과대 대표'된 측면이 강하다. 21대 국회에서 2030 의원은 4.4퍼센트(13명)에 불과하다. 2030 유권자가 33.8퍼센트에 달하는 현실을 감안하면 격차는 8배에 달한다. 반면 50대 국회의원은 무려 59퍼센트를 차지해

50대 유권자(27.9퍼센트) 대비 2배 이상이다.

21세기 한국 정치는 상상력 부재에 허덕이고 있다. 서열 따지고 줄 세우는 계파정치에서 맴돌고 있다. 대통령 선거 출마 자격을 40세 미만으로 묶어 놓은 건 이러한 선상에 있다. 시대 변화를 수용하지 못할 뿐더러 국제사회 흐름과도 반대된다. 그러다 보니 청년세대와 소통도 원활하지 못하다. '이준석 돌풍'은 이러한 한국 정치에 던지는 신호탄이다. '이준석 현상'은 이준석 개인에 대한 환호를 넘어 시대 변화를 촉구하는 신호탄이다. "지금 이대로"에 머물지 말고 '30대 대통령'으로 정치 외연을 확대할 필요가 있다. 18세 국회의원과 시장·군수에 이어 대통령 출마 연령 제한도 탄력적으로 고민할 때가 됐다.

이와 함께 청년세대에게 정치 참여와 학습 기회를 늘려 줘야 한다. 당장 정당 가입 연령을 18세로 낮추는 법안부터 검토해야 한다. 우리 정치가 나이에 갇혀 알렉산더, 사카모토 료마, 허난설헌 같은 젊은 인재를 죽이고 있는 건 아닌지 반문해야 한다. 나이와 서열을 앞세우는 기득권 정치는 이미 종말을 고했다. 미국 시인 새뮤얼 울먼은 말했다. "청춘은 한 시기가 아니며 어떤 마음가짐을 말한다. 사람은 이상을 잃어버릴 때 비로소 늙는다."

국민을 이기는 정치는 없다

영국 작가 이사벨라 버드 비숍이 쓴 《조선과 그 이웃 나라들》은 서구인의 시선으로 본 애정 어린 조선 관찰기다. 비숍은 네 차례에 걸친 조선 여행을 통해 그가 생각했던 조선에 대한 인식을 교정해 나갔다. 첫 방문 당시 열등하다고 여겼던 조선에 대한 이미지는 절망에서 희망으로 바뀐다. 그가 처음 도착한 1894년 구한말 조선은 동학농민혁명 와중에서 정치사회적으로 혼란스러운 시기였다. 비숍은 처음 마주한 한강과 조선을 아름다운 곳으로 회상했다. 그러나 아름다운 자연 풍광과 달리 사람들은 게으르고 관리들은 부패하다고 적었다. 조선에 대한 부정적 인식은 러시아 연해주(블라디보스토크 프리모르스키) 한인촌에서 바뀌었다. 그가 만난 연해주 조선인들은 근면하고 품격 있고 부유하기까지 했다.

비숍은 이들이 같은 조선인이라는 사실이 혼란스러웠다. 왜 한쪽은 근면하고 잘사는데, 다른 쪽은 게으르고 부패한가? 연해주 정착민 또한 배고픔을 피해 러시아로 건너온 굶주린 조선인이었다. 그런데 왜 전혀 다른 모습으로 살아가고 있는가? "정직한 행정과 수입에 대한 정당한 방어가 있다면 발전해 갈 수 있다는 희망을 안겨 주었다." 비숍이 언급한 '정직한 행정'과 '정당한 수입 보장'은 올바른 정치와 제도로 해석할 수 있다. 노동에 대한 정직한 보상과 이를 뒷받침하는 제도 아래서 바른 품성이 드러난다는 뜻이다. 연해주와 달리 구한말 조선은 부정부패가 횡행했다. 그러한 착취 아래서는 인간의 품격이 발현되기 어렵다. 블라디보스토크 역사기행에서 만난 독립운동가 최재형 선생도 그랬다. 아버지는 노비였지만 최재형은 근면을 바탕으로 큰돈을 벌고, 동포들을 교육시키고 연해주 독립운동 대부로 성장했다.

구한말 조선이 가난했던 건 민족성이 게을러서가 아니다. 국가 시스템이 잘못됐기 때문이라는 게 비숍이 내린 결론이다. 비숍은 프리모르스키(연해주)에 가서야 조선인들이 태생적으로 게으른 민족이라는 잘못된 선입견을 교정했다. 비숍이 다녀간 이후 조선왕조는 대한제국을 거쳐 대한민국으로 국체國體를 바꾸었다. 민주주의와 자본주의는 국가 발전에 동력이 됐다. 적지 않은 정치적 혼란에도 불구하고 대한민국은 성장했다. 산업화와 민주화 둘 다 성공한 유일한 나라라는 찬사도 받았다. 인구 5천만 명, 국민소득 3만 달러를 달성한 '3050클럽'에도 미국, 영국, 프랑스, 독일, 일본, 이탈리아에 이어 세계 일곱 번째로 가입했다.

그러나 코로나19를 거치면서 성장률은 꺾였다. 2019년 경제성장률은 2퍼센트대에 그쳤다. 연초 2.7퍼센트로 예상했지만 여러 차례 수정을 거친 끝에 간신히 2퍼센트를 상회했다. 수출도 뒷걸음질쳤다. 물론 저성장은 비단 한국 문제만은 아니다. 고도성장을 거친 국가들이 겪는 전형적인 사이클에다 코로나19라는 돌발 상황이 가세했다. 문제는 저성장 기조가 정책과 정치 부재에서 비롯됐다는 비판이다. 문재인 정부는 우리 경제에 문제가 없다고 했지만 부동산정책 실패에서 확인됐듯 양극화가 심화됐다. 'OECD 자살률 1위'도 우울한 지표다. 최근 자영업자연대에 접수된 자살 건수만 22명이다. 전문가들은 경제위기와 실업률 때문이라는 분석을 내놓았다.

무엇보다 남성 자살률이 눈에 띈다. 통계에 따르면, 인구 10만 명당 남성 자살률은 50대 51.4명, 40대 45.4명이다. 경제위기와 무관하지 않다는 분석이다. 40~50대 남성들은 경제활동에서 주축을 담당한다. 이들이 한계에 몰렸다는 건 경제적으로 빨간 신호가 들어왔다는 방증이다. 같은 기간 실업률 증가도 가팔랐다. 정부는 고용 상황이 호전됐다고 하지만 이를 곧이곧대로 믿는 국민은 많지 않다. 고용 증가는 알바나 다름없는 노인형 일자리가 대부분을 차지했다. 극단적 선택 배경으로 경제위기를 꼽는 이유다. 국가는 국민이 사회적·경제적 위기에 처했을 때 사회안전망을 제공하고 완충장치를 마련할 책임이 있다.

이에 대한 비판을 가슴에 새겨야 한다. 20대 국회는 공전을 거듭했다. 여당은 여당대로, 야당은 야당대로 겉돌았다. 여당은 포용과 배려를 포기했고, 야당은 반대와 트집 잡기로 일관했다. 압박과 배척, 반대와 반목은 우리 정치에서 대화와 협치를 밀어냈다. 정치는 없고 정쟁만 있는 20대 국회였다. 21대 국회도 다르지 않다. 여전히 여당은 야당을 배척하고 야당은 무조건 반대로 일관하고 있다. 여당은 거대 의석을 무기로 입법독주를 일삼으며 갈등을 야기했다. 21대 두 번째 국정감사는 대장동 개발특혜 의혹과 이재명 인사청문회로 변질됐다. 사회적 약자들이 극단적인 상황에 내몰리는 상황에서 정치 부재를 탓하지 않을 수 없다.

시대 흐름을 역행하는 법안 처리도 문제다. 20대 국회에서 타다택시를 금지한 '여객자동차운수사업법'은 여야가 담합한 졸속 법안이다. 공유 택시는 혁신적인 시대 흐름인데, 택시업계 표를 의식한 정치권은 거꾸로 갔다. 비숍이 연해주에서 목격한 '정직한 행정'과는 거리가 먼 퇴행적 입법이었다. 비숍이 주목했듯 한국인은 우수하다. 그러나 뛰어난 기질도 극단적인 정쟁 앞에서는 빛바랠 수밖에 없다. 합리적인 제도와 민주적 시스템을 만드는 정치가 핵심이다. 경제학자 대런 애쓰모글루와 정치학자 제임스 A. 로빈슨도 비슷한 주장을 펼쳤다.

그들은 《국가는 왜 실패하는가》에서 왜 어떤 나라는 가난하고, 어떤 나라는 부유한지 분석했다. 그리고 국가가 실패하는 원인은 지리적 · 역사적 · 인종적 조건이 아니라 '제도'라고 결론내렸다. 한 국가의 운명은 경제적 요인에다 정치적 제도와 선택이 더해질 때 결정된다는 주장이다. 실패도 성공도 경제제도와 정치제도 때문이다. 저자들은 남한과 북한을 사례로 들었다. 오랜 세월 지리적 · 인종적 · 역사적 · 언어적 특질을 공유한 남한과 북한은 분단 70여 년 만에 격차가 크게 벌어졌다. 남한은 교역규모 세계 10위인 반면, 북한은 기본적인 배고픔마저 해결하지 못하고 있다. 이 같은 격차를 빚은 건 경제제도와 정치라는 게 이들이 내린 결론이다.

우리는 산업화와 민주화를 동시에 이뤘다. 여기에서 한 단계 질적으로 도약하려면 성숙한 정치는 필연적이다. 지금처럼 소모적인 정쟁만 거듭해서는 저성장 덫에서 헤어나기 어렵다. 정부와 여당은 귀를 열고 야당과 소통해야 하고, 야당은 위기 상황임을 감안해 국정 동반자로서 역할을 해야 한다. 그럴 때 비숍 여사가 구한말 연해주에서 확인한 한국인의 잠재력을 발휘할 수 있다. 국민을 이기는 정치는 없다.

그때도 맞고 지금도 맞는
정치를

내용보다는 제목 때문에 회자되는 영화가 있다. 〈지금은 맞고 그때는 틀리다〉(홍상수 감독, 2015). 영화 제목은 '내로남불'을 비판하면서 '그때는 맞고 지금은 틀리다'로 패러디돼 소환되곤 한다. 더불어민주당이 2021년 4월 7일 서울·부산시장 보궐선거에 후보를 내기로 결정할 때도 그랬다. 국민의힘은 영화 제목을 패러디하며 여당을 조롱했다. 민주당이 당헌을 개정해 후보를 내기로 결정하자 이율배반적이라고 비난했다. 국민의힘 또한 박근혜 대통령 탄핵으로 벌어진 2017년 5월 조기 대선에 후보를 낸 바 있기에 민주당을 비난할 처지는 아니었다.

'내로남불'에서 두 당은 다르지 않았다. 국민의힘이 제기하는 비판은 정치적 공세에 불과했다. 귓등으로 흘려도 무방했다. 하지만 민주당의 말 뒤집기를 어떻게 바라보는지, 특히 청년세대의 시각을 살피는 건 중요했다. 스물여덟 살에 국회에 입성한 청년 정치인 정의당 류

호정 의원은 민주당 결정에 대해 "비겁한 결정을 당원 몫으로 남긴 민주당은 비겁하다"며 민주당 지도부와 이낙연 대표를 강하게 비판했다. 이낙연 대표는 "후보를 공천해 심판 받는 게 공당의 도리"라며 궤변을 늘어놨지만 참패함으로써 결국 자기 발등을 찍었다.

청년 정치인은 기성 정치인과 달리 정치를 대하는 정치문법부터 다르다. 공정과 신의를 중요한 가치로 판단한다. 그런데도 민주당 의원들은 당원 투표를 전후해 '공당의 도리' 운운하며 궤변을 늘어놓았다. 심지어 일부 의원들은 투표를 독려하는 인증 샷을 SNS에 올리며 볼썽사나운 행태를 보였다. 최소한 염치마저 내려놓은 그들만의 정신승리였다.

전 당원 투표 결과는 투표 전부터 예상됐다. 적극적인 지지층을 상대로 묻는 투표이니만큼 찬성이 많이 나온 건 당연했다. 투표율을 따져 보면 유추할 수 있다. 전체 당원 가운데 21만 1,804명이 참여해 26.35퍼센트 투표율에 찬성은 86.64퍼센트였다. 결국 전체 민주당원 가운데 22.4퍼센트만 찬성한 것이다. 10명 가운데 2명만 찬성하고 8명은 반대했다. 열성 지지층만 참여한 투표 결과를 전체 여론으로 호도했으니 자가당착이었다. 이낙연 대표는 투표 결과에 대해 "당원들 뜻이 모아졌다고 해서 잘못이 면해지는 것은 아니다"며 거리를 두었지만 궁색한 자기합리화였다.

민주당을 곤혹스럽게 한 당헌 96조는 강제 조항이었다. '당 소속 선출직 공직자가 부정부패 사건 등 중대한 잘못으로 그 직위를 상실해 재보궐선거를 실시하게 된 경우 후보자를 추천하지 아니한다.' 이 조항은 문재인 대통령이 당대표로 있을 때 만들었다. 문 대통령은

그때도 맞고 지금도 맞는 정치를

2015년 새누리당 소속 기초단체장이 당선 무효형을 받아 재선거가 치러지자, "원인 제공자는 후보를 내지 말아야 한다"는 주장도 했다. 그런데 처지가 바뀌자 두꺼비 헌 집 부수듯 해당 조항을 삭제하고 후보를 냈으니 국민들 공감을 얻기 어려웠다.

서울과 부산시장 보궐선거 두 곳은 모두 민주당 광역단체장의 '중대한 잘못'으로 치러졌다. 둘 다 성추행 사건에 휘말려 공석이 되었다. 물론 민주당 입장에서 현실적으로 4 · 7 보궐선거는 중요했다. 서울과 부산 유권자는 전체의 30퍼센트에 달한다. 서울과 부산이 갖는 상징성을 감안할 때 두 곳은 여론 추이를 가늠할 수 있는 시금석으로 판단하기에 충분한 전략적 요충지다. 1년 뒤 치를 대선에 앞선 전초전 성격이었다. 특히 서울시장이란 둑이 무너지면 대선에서 민주당은 치명적 영향을 받을 수밖에 없었다.

이 같은 인식 아래 추진한 전 당원 투표는 피하기 어려운 현상 타개책이었으나, 신뢰를 잃었다는 한계를 노출했다. 앞서 2020년 3월에도 민주당은 전 당원 투표 카드를 활용해 궁지를 모면한 바 있다. 당시 민주당은 야당이 추진한 위성정당을 위법이라며 강하게 비판하다가 선거가 임박하자 슬쩍 편승했다. 당시 당원 투표 결과(찬성 74.1퍼센트)를 발판으로 '더불어시민당'이라는 비례정당을 창당했다. 전 당원 투표가 그때그때 필요에 따라 말 뒤집기 수단으로 전락했다는 비판은 이래서 나왔다.

여권 내부에서는 재보궐선거에 후보를 내지 않아야 한다는 의견이 적지 않았지만 철저히 외면당했다. 당시 이재명 경기지사는 "장사꾼도 신뢰가 중요하다"는 말로 무공천 소신을 밝혔다. 하지만 강성 지지층의 거센 비판에 묻혀 흐지부지됐다. 민주당 부산시장 후보로 출마한 김영춘 국회 사무총장도 비슷한 견해를 피력했다. 그는 국회 운영위 국감에서 "권력형 성범죄는 중대한 사유"라며 비판적 목소리를 냈지만, 이런 소신을 뒤엎고 출마함으로써 자기부정을 확인시켰다.

문재인 정부는 스스로 촛불 시민혁명으로 탄생했다고 자임한다. 그렇다면 어떤 정권보다 도덕적 우위를 가져야 한다. 그런데 집권 여당은 불리할 때마다 "국민의힘도 그랬다"며 합리화하기에 급급했다. 국민들은 국민의힘과 똑같은 행태를 반복할 것이면 굳이 정권교체가 필요했냐고 반문했지만 쇠귀에 경 읽기였다. 선거 결과, 박영선 서울시장 후보와 김영춘 부산시장 후보는 개인적인 경쟁력에도 불구하고 큰 차이로 패했다. 국민들은 공당公黨으로서 신뢰를 저버린 민주당을 냉혹하게 판단했다.

빤한 궤변은 유권자들 분노만 살 뿐이다. '공당으로서 도리' 운운은 정치 혐오를 부채질했다. 신뢰를 헌신짝처럼 벗어던지는 집권 여당 행태에 국민들은 경종을 울렸다. 잘못은 잘못이고, 현실은 현실이다. 진솔한 사과를 토대로 이해를 구했어야 했는데 궤변으로 일관했다. 서울과 부산시장 보궐선거에는 세금 838억 원이 쓰였다. 선거 원인을 제공한 민주당 책임이 적지 않다. 당헌 개정이 꼭 필요했다면 다음 선거 때부터 적용하는 게 합당했다. 정의당 장혜영 의원은 "민주당은 자기 이익이 걸려 있을 때만 수모를 감수한다. 지금 민주당은 거꾸로 가고 있다"고 했다. '그때도 맞고 지금도 맞는' 책임 있는 정당정치를 기대하는 건 욕심인가.

2015년 10월 15일자 《월스트리트저널》은 잘나가던 스타트업체 실체를 폭로하는 기사를 실었다. 의료기업 '테라노스'와 그 사업주 엘리자베스 홈스 관련 보도였다. 테라노스는 기업가치 10조 원에 달하는 촉망받는 기업이었다. 조지 슐츠 전 국무장관과 페리 전 국방장관이 이사로 참여하고, 언론황제 루퍼트 머독이 투자할 정도였다. 미국 언론은 앞다퉈 제2 스티브 잡스라며 엘리자베스 홈스를 추켜세웠다. 그런데 핵심 기술은 모두 거짓말이었다. 테라노스는 파산했고, 투자자와 실리콘밸리는 충격에 빠졌다. 무엇이 문제였을까. 존 캐리루 기자가 꼽은 파산 원인은 오너에 대한 절대적 충성과 소통 부재, 그리고 잦은 해고였다.

테라노스는 내부 비판이나 다른 의견을 허용하지 않았다. 내부 소통에도 심각한 문제가 있었다. 연구진조차 연구개발이 어느 단계에

왔는지, 무엇이 문제인지 피드백할 기회를 갖지 못했다. 문제를 지적하는 직원은 가차 없이 해고했다. 더불어민주당 운영 방식과 흡사하다는 데 놀라지 않을 수 없다. 테라노스 문제점은 민주당과 데칼코마니처럼 겹친다. 민주당은 내부 비판을 허용하지 않고, 쓴소리하는 의원은 쫓아냈다. 2030 초선의원들도 모처럼 소신 발언을 했다가 몰매를 맞았다. 정당도 기업처럼 경직되면 망가진다.

민주당 초선의원들은 4·7 선거 직후 패인으로 조국 사태와 검찰개혁 과정을 지목했다. "조국 전 장관이 검찰개혁 대명사라고 생각했지만, 그 과정에서 국민이 분노하고 분열한 것은 아닌지 반성한다." 충분히 할 수 있는 말이다. 그런데 강성 지지층은 문자폭탄과 비난 전화로 그들을 초토화시켰다. "후원금을 끊겠다" "다음 총선 때 낙선시키겠다" "탈당하라"며 압력을 행사했다. 심지어 '을사 5적'에 빗대 '초선 5적'으로 공격했다. 급기야 초선의원들이 입장문을 내고 해명하는 지경에 이르렀다. 오죽하면 박용진 의원이 "초선의원들의 용기에 경의를 표한다"고 했을까 싶었다. '용기'와 '경의'라는 말로 격려할 정도면 지금 민주당은 심각하다. 이런 정도 의견을 피력하는 데 정치생명을 걸어야 한다면 정상적인 정당은 아니다.

민주주의 가치를 말하기 전에 당내 민주화부터 선행돼야 한다. 이런 조짐은 정권 출범 초부터 시작돼 4·15 총선 이후 심화됐다. 검찰개혁 과정에서 쫓겨난 금태섭 전 의원이 좋은 사례다. 그는 공수처법 처리 당시 기권했다. 이 때문에 공천 경쟁에서 탈락했다. 민주당은 여기에 그치지 않고 당론 위배를 들어 금태섭에게 '경고' 처분 징계를 내렸다. 낙선자까지 '부관참시'할 만큼 민주당은 관용을 잃었다. 당내에서 쓴소리하는 조응천, 박용진 의원과 김해영 전 의원은 표적이 된 지 오래다. 국회의원은 그 한 명 한 명이 헌법기관이다. 소신에 따라 판단하고 의결해야 한다. 그런데 한국 정당정치는 여야를 가리지 않고 '당론'이라는 괴물에 갇혀 있다.

당론과 배치된다는 이유로 소수 의견을 허용하지 않는다. 오로지 일사분란과 충성만 강요한다. 국민의힘은 그렇다 해도 민주당은 그래선 안 된다. 민주당은 말할 수 있는 자유, 즉 민주주의를 위해 피 흘려온 민주정당이다. 활발한 내부 토론을 차단하면 앞서 예로 든 테라노스 경로를 밟을 수밖에 없다. 건강한 내부 비판은 긍정적 에너지를 만든다. 내부 소통이 원활하지 못한 조직은 서서히 괴사한다. 자각 증세가 없는 당뇨병 환자와 같다. 심각한 상태에 이르러서야 깨닫지만 그때는 늦다. 로마교황청은 '악마의 대변인'을 두고 반대 의견을 장려한다. 활발한 내부 비판과 토론을 장려해야 궤도 수정도 가능하다. 2030 초선의원조차 눈치 보는 정당이라면 희망을 기대하기 어렵다. 입법 독주 후유증도 연장선상에 있다.

마거릿 헤퍼넌은 《의도적 눈감기》에서 활발한 논쟁과 비판의 중요성을 강조했다. "인정하고 논쟁하며 행동으로 변화시켜야 할 불편한 진실을 거부하면서 문제를 키운다. 너무나 빤히 보이는데도 불구하고 누구도 들여다보거나 캐묻지 않는다." 소수 의견을 억누르는 민주당 분위기는 의도적인 눈감기와 같다. 4·7 선거 패배는 결국 눈감기가 누적된 결과였다. 외부 비판에 둔감하고 내부 비판마저 가로막았기 때문에 무능과 오만, 위선을 초래했다. 외부 비판에 눈감고 내부 이익만 추구하는 '사일로 효과Silos Effect'를 경계해야 한다. 다른 의견은 허용하지 않은 채 집단 이익만 추구하다 보면 조직 전체에 돌이킬 수 없는 위험을 초래하게 된다.

비판과 성찰을 발판으로 해야만 민주당은 앞으로 나아갈 수 있다. 4·7 재보궐선거에서 확인된 민심은 다름 아니다. 오만을 버리고 겸손하며, 위선에서 벗어나 진정성을 가지라는 경고장이다. 강성 지지층에만 연연한다면 정상성을 회복하기 쉽지 않다. 적극적인 지지층을 넘어 중도층으로 외연을 확장하라는 주문이었다. 초선과 소신파 견해를 무겁게 여겨야 한다. "조국 한 사람을 지키기 위해 이상한 프레임을 만들어 국민을 갈라치고 갈등을 조장했다"는 김해영 전 의원의 비판은 정확하다.

강준만 교수는 "국민 절대 다수가 반대하는 일은 애초에 하지 말아야 했고, 나름 소신을 갖고 밀어붙였다면, 실패에 대해 정직한 해명을 해야 했다. 이게 내가 말하는 최소한의 상도덕"이라고 했다. 실패를 정직하게 해명해야 한다는 고언을 되새겨야 한다. 조국 사태를 지나면서 문재인 대통령과 민주당은 국민 다수가 반대하는 일을 강행했다. 또 실패를 정직하게 인정하지도 않았다. 링컨은 투표가 총알보다 강하다고 했다. 국민들은 항상 오만한 권력을 향해 방아쇠를 당긴다는 걸 잊지 말자.

3부

봄을 이기는
겨울은 없다

코로나19가 준 선물

    봄이면 꽃피는 걸 당연하게 여겼다. 그런데 코로나19에 잠식당한 2021년 봄은 그렇지 않았다. 코로나19 때문에 모든 게 멈춰 섰다. 이러니 지천으로 피어나는 봄꽃들이 그렇게 고마울 수 없었다. 새 학기를 맞았지만 초등학교 운동장은 텅텅 비었다. 생애 첫 입학이라는 설렘도, 긴 방학을 끝낸 기다림도 찾아보기 어려웠다. 영화관, 공연장, 경기장도 마찬가지였다. 코로나19 여파는 수그러들기는커녕 시간이 흐르면서 더욱 기승을 부렸다. 그렇게 봄 같지 않은 봄을 지나 어느덧 겨울에 들어섰고 해가 바뀌었다.

    코로나19는 전 세계를 초토화시켰다. 2022년 1월 14일 현재 코로나19 누적 감염자는 3억 2,095만 명, 누적 사망자는 553만 9,206명에 달한다. 사망자는 미국이 86만 9,212명으로 가장 많고, 브라질 62만 609명, 인도 48만 5,350명, 멕시코 30만 명으로 뒤를 이었다. 이어서

페루 20만 1,848명, 러시아 29만 1,749명, 영국 14만 6627명, 이탈리아 13만 5,049명, 콜롬비아 12만 9,205명, 프랑스 12만 832명, 아르헨티나 11만 6,826명, 독일 10만 7,166명, 스페인 8만 8,542명으로 파악됐다. 사망자 수는 흑사병과 스페인 독감을 훨씬 넘어섰다. 2020년 3월 31일 이탈리아는 전국에 추모 사이렌과 함께 조기를 게양하고 희생자를 추모했다.

지난 2년여 지속된 코로나19에서 자유로운 사람은 없다. 코로나19는 평범한 일상을 파괴했다. 자영업자, 소상공인, 직장인을 가리지 않았다. 군복무 중인 자녀를 둔 부모들도 애가 타기는 마찬가지였다. 장병들은 휴가와 외박, 외출, 면회까지 금지된 채 외부와 단절됐다. 급기야 아프리카 아덴만 해역에 파견됐던 청해부대 부대원 301명 중 90.4퍼센트인 272명이 확진되기도 했다. 일본 유학생들도 2년 동안 발이 묶였다. 일본 정부가 비자 발급을 하지 않기 때문이다. 다른 나라도 사정은 다르지 않다. 유학생과 기업인, 현지 교포까지 고통스러운 시간을 보내고 있다. 미국 교포들조차 "국제금융위기 때도 이러지는 않았다"며 위기감을 토로하고 있다.

그렇다고 두 손 놓고 있을 수만은 없다. 뭔가는 해야 하고, 일상은 유지되어야 한다. 코로나19는 그동안 습관처럼 맞았던 일상이 얼마나 소중한지 일깨웠다. 무심코 지나쳤고, 당연하게 여겼던 것들에 대한 감동이자 재발견이다. 강제로 얻은 '멈춤'을 잘만 활용한다면 더 나은 삶을 설계할 수 있다. 지난해 한때, 오후 6시 이후에는 2명만 만나도록 했는데, 그 덕에 오히려 속 깊은 대화를 나눌 수 있었다는 건 코로나19가 가져온 역설이었다.

무엇보다 가족과 함께하는 시간이 늘었다. 가족 간 대화는 소원했던 관계를 좁히고 서로를 이해하는 촉매제가 되었다. 또 평소 소홀했던 이들에게 전화나 문자메시지를 보낼 여유가 주어졌다. 느슨했던 형식적인 인간관계를 새롭게 구축하는 데 코로나19가 도움이 되고 있다는 이들이 적지 않다.

무엇보다 자신을 돌아보게 됐다. 그동안 바쁜 일상을 핑계로 멀리했던 명상과 독서를 즐길 여유가 생겼다. 잘못된 소비 습관을 바꿀 기회도 됐다. 그동안 필요 이상, 습관적으로 해 오던 소비가 줄자 긍정적효과도 나타났다. 오염원 배출이 줄면서 공기 질이 개선됐다. 김준 연세대 교수팀은 2021년 2월 우리나라와 중국에서 초미세먼지 입자가확연히 감소했다는 보고서를 내놨다. 한국은 27.3퍼센트, 중국도337개 도시에서 27퍼센트 줄었다.

코로나19는 결국 인류가 극복한 여러 위기 가운데 하나로 기록될것이다. 그동안 우리에게 필요한 것은 위기를 기회로 바꾸려는 노력이다. 정치도 그 일부를 담당해야 한다. 야당은 반대를 위한 반대를 접고, 여당은 야당을 동반자로 인정해야 한다. 협치를 통해 잃어버린 일상을 회복해야 한다.

톨스토이의 《세 가지 질문》은 일상으로 복귀하는 데 필요한 지혜를선물한다. 톨스토이는 "인생에서 가장 소중한 시간은 언제인가. 세상에서 가장 소중한 사람은 누구인가. 살면서 가장 소중한 일은 무엇인가"라는 질문을 던진다. 답은 의외로 간명하다. "인생에서 가장 소중한 시간은 지금이고, 가장 소중한 사람은 지금 만나는 사람이며, 가장 소중한 일은 지금 내 곁에 있는 사람에게 선을 행하는 일이다." 거창한 명분을 내려놓고 가까운 이들을 배려하는 것, 그것이 소중하다.

미국 작가 스펜서 존스도 비슷하게 말했다. 그는 《선물》이란 책에서 "현재Present가 곧 선물Present"이라며 지금에 충실하라고 권했다. 영어 'Present'가 '현재'와 '선물'이라는 두 가지 뜻을 가지고 있음은 우연이 아니다. 살아 있음이 곧 축복이다. 그러면서 스펜서는 세 가지를 제언한다. 첫째, 현재 속에 살기. 지금 일어나는 일에 집중하기다. 둘째, 과거에서 배우기. 더 나은 현재를 원한다면 과거에서 교훈을 얻고 지금과 다르게 행동하라는 것이다. 셋째, 미래를 계획하기. 멋진 미래를 꿈꾼다면 설계하고 행동에 옮기라는 뜻이다.

다행히 우리 사회는 서서히 일상을 복원하고 있다. 지난해 상반기 현대자동차와 삼성, SK 등 대기업은 신입사원 공채로 신규 인력을 충원했다. 동아일보는 2020년 4월, 창간 100주년 기념행사 대신에 행사비 6억 원을 기부했다. 이름을 밝히지 않는 기부 행렬도 줄을 이었다. 20대 장병들도 힘을 보탰다. 육군 장병 3만 8,167명이 헌혈에 동참해 1,526만 밀리리터 피를 모았다. 단일 기관 최단 시간, 최다 헌혈 기록이었다. 혈액 수급에 비상이 걸린 코로나19 상황에서 대견하고 고마운 일이었다.

영국 윈스턴 처칠은 수상에 취임하면서 "나에게는 피와 수고와 눈물과 땀 외에는 내놓을 게 없다"고 했다. 이런 각오라면 코로나19 위기를 극복하지 못할 이유가 없다.

코로나 '가해자'가 아닌 '피해자'

코로나19를 보도한 신문을 읽다 익숙한 식당 이름이 눈에 들어왔다. 전주에 있을 때 가끔 들렀던 맛집이다. 언론은 코로나19가 우리 일상을 어떻게 파괴하는지 집중 조명했다. '전주 31번'으로 불렸던 식당 주인 김모 씨가 겪은 이야기를 취재했다. 보건 당국은 김 씨가 코로나19 확진자로 판명되자 가게 이름과 위치, 그리고 동선을 공개했다. 그때부터 집단 낙인찍기가 시작됐다. "죽어도 싸다. 전주를 떠나라"는 악성 댓글부터 하루에도 100통이 넘는 막말과 비난 전화가 쇄도했다.

다행히 김 씨는 완치돼 퇴원했다. 그와 밀접 접촉해 자가 격리됐던 16명도 추가 감염은 없었다. 취재 기자는 "김 씨가 어디서 감염됐는지는 모르지만 어디로 옮기지는 않았다. 그럼에도 비난과 저주는 진행형이다"라고 썼다. 이 과정에서 김 씨의 삶은 완전히 망가졌다. 그는

5개월 넘게 극심한 집단 '이지메'와 낙인찍기, 비난에 시달렸다. 바이러스는 극복했지만 사회적 편견은 극복하지 못했다. 김 씨는 심각한 수면장애와 공황장애, 우울증을 호소했다.

SK하이닉스 김윤욱 부사장은 중요한 화두를 던졌다. "누구도 원해서 감염된 게 아니기에 그 또한 피해자다. SK에서는 '코로나19 피해자'로 부른다." 감염자를 타자화하고 범죄자 취급하는 건 부적절하다는 주장이다. 그는 "확진 환자라고 낙인찍는 순간 2차 피해로 이어진다. 이 때문에 감염 사실을 은폐하거나 검사를 회피하는 일이 벌어진다"면서 신중한 용어 선택을 강조했다. 프레임 전환이 필요하다는 뜻인데 크게 공감됐다.

사회생활을 하는 인간에게 따돌림만큼 가혹한 형벌은 없다. 그래서 범죄자를 사회와 격리하고, 또 교도소에서도 죄를 지으면 독방에 가둔다. 인간은 단절·고립되면 스스로 무너질 수밖에 없다. 일본 속내를 들여다본《나쁜 나라가 아니라 아픈 나라였다》에도 비슷한 사례가 나온다. 마을 전체가 집단으로 따돌리는 '무라하치부(村八分)'라는 집단 이지메를 예로 들고 있다. '무라하치부'에 해당되면 투명인간 취급을 받는다. 촌락사회에서 절대적으로 도움이 필요한 결혼을 비롯한 여덟 가지 일에서 도움을 받을 수 없다. 결국 고립된 나머지 스스로 파괴될 수밖에 없다. 코로나19 감염자에 대한 낙인찍기와 집단 이지메도 이와 다르지 않다.

의도하지 않은 감염임에도 불구하고 집단 혐오와 차별은 또 다른 바이러스나 마찬가지다. 코로나19에 감염됐다는 이유만으로 '상종 못할 사람'으로 손가락질한다면 공동체는 유지되기 어렵다. 정부와 언론은 틈만 나면 '위드 코로나With Covid-19'를 역설한다. 그러나 현실에서 감염자에 대한 배려는 미흡하다. 신상을 공개하고 치료하면 끝이라는 1차적 방역에 머물러 있다. 희생양을 찾고, 타자화했던 중세시대 마녀사냥과 다를 게 없다. 나병 환자를 대하던 당시와 무엇이 다른지 의문이다.

2020년 1월 20일 첫 감염자 발생 이후 국가 트라우마센터의 상담 건수가 급증했다. 특히 코로나블루(우울증)를 호소하는 청소년이 급격히 늘었다. 2021년 상반기 고의적 자해로 병원 진료를 받은 건수는 1,226건으로 2020년 같은 기간 1,078건, 2019년 793건에 비해 크게 늘었다. 특히 20대가 281건을 기록해 코로나19 이전 2019년 상반기(118건)보다 2.4배 증가했다. 10대 청소년의 고의적 자해 건수도 49퍼센트 늘었다. 자해 이전 단계인 심리상담 건수는 상반기 206만 5,423건으로, 2020년 상반기(120만 2,776건) 대비 72퍼센트 폭증했다. 누적 상담 건수만 456만 건이며, 자가 격리자와 일반인 상담도 39만 1,453건에 달했다. 그만큼 방역정책에도 세심한 변화가 뒤따라야 한다. 확진자가 아니라 피해자로 불러야 합당하다. 초기에 감염자와 일반인을 구별할 목적에서 'ㅇㅇ번 환자'로 명명했던 관행을 개선한 건 다행이다. 일련번호는 죄를 짓고 수감된 범죄자를 연상케 했다.

또 본질과 관계없는 'TMIToo much information(너무 많은 정보)'도 신중해야 한다. 방역과 무관한 신상 정보까지 낱낱이 공개함으로써 2차 피해를 초래했기 때문이다. 2021년 초 부산에서 교회 수련회에 다녀온 청춘남녀가 불륜 관계로 오인된 것도 TMI가 원인이었다. 감염자 가운데 약혼자가 있다는 신상을 공개한 게 화근이었다. 방역과 약혼 사실이 무슨 연관이 있다는 것인지, 감염을 개인 책임으로 돌리려다 나온 무책임한 결과였다는 점에서 어처구니없었다.

서울대학교 보건대학원 유명순 교수팀은 '코로나19 인식 조사' 결과를 통해 코로나19 관련 인식 전환을 당부했다. 조사에 따르면, 감염자들이 가장 두려워하는 '공포 심리'는 '주변으로부터 받을 비난과 피해'였다. 이는 '다시 감염될 수 있다', '완치되지 못할 수 있다'는 공포보다 더 높았다. 그만큼 낙인찍기와 집단 따돌림이 심각했다는 반증이다. 유 교수는 "감염 책임을 개인에게 돌리고 가해자-피해자 구도로 구별하면 감염병 대응은 물론 자발적 검사에도 도움이 되지 않는다"며 신중한 방역정책을 당부했다.

앞에서 언급한 식당 이름은 '죽도 민물매운탕'이다. 진안 죽도竹島는 진짜 섬이 아니라 대나무가 많아 붙여진 이름이다. 조선 선조 '기축옥사' 당시 역모에 연루된 정여립이 자결한 곳으로도 유명하다. 식당 주인 김 씨는 "코로나 감염 사실이 알려진 이후 발길이 끊겼고, 매출은 급감했다. 지금도 30퍼센트 수준밖에 안 된다"며 어려움을 토로했다. 죽도가 진짜 섬이 된 것이다. 김씨가 겪는 고통은 현재 진행형이다. 편견을 거두는 일은 코로나 피해자의 눈물을 닦아 주는 일이다. '위드 코로나' 시대, 누구라도 코로나19 피해자가 될 수 있음을 기억할 필요가 있다.

혼자만 잘살면 무슨 재미?

2020년 추석 연휴에 전남 구례 '운조루雲鳥樓'에 다녀왔다. 이곳을 방문하는 이들은 나눔과 연대를 배우고 돌아간다. 운조루는 '타인능해他人能解'라는 나무 뒤주로 유명하다. '타인능해'는 "누구라도 열 수 있다"는 뜻이다. 무엇을 열 수 있다는 말일까. 바로 쌀뒤주다. 누구라도 쌀뒤주를 열어 배고픔을 달래라는 집주인의 마음 씀씀이가 네 글자에 담겨 있다.

집주인 유이주柳爾冑(1726~1797)는 조선 중기 낙안군수를 지냈다. 그는 이웃과 위화감을 최소화하려 애썼다. 지붕 위로 굴뚝을 내지 않은 것은 그 때문이다. 밥 짓는 연기가 피어오르면 끼니를 거른 이웃이 힘들어할 것이란 생각에서다. 대신 지붕 아래 기단으로 구멍을 내어 연기가 빠지도록 했다. 쌀뒤주는 사랑채 부엌에 두었다. 주인을 대면하지 않고도 손쉽게 쌀을 퍼갈 수 있도록 배려했다. 집주인은 다만 쌀독이 빌 때마다 채울 뿐이었다.

숱한 전란을 겪고도 운조루가 멀쩡하게 보존된 건 이 때문이다. 동학 농민운동과 여수순천10·19사건, 6·25전쟁은 운조루 일대 남도를 휩쓸었다. 대갓집 건물이 모두 불탈 때도 운조루만 살아남았다. 세상은 바뀌었어도 이웃들은 자신들과 함께했던 유이주의 마음 씀씀이를 잊지 않았다. 주민들은 앞장서서 운조루를 불태우는 것을 반대했다. 또 산에서 빨치산이 내려올 때는 미리 피신하도록 알려 줬다. 세상은 이렇게 맞물려 돌아가는 법이다. 자본주의 체제 아래서 소득양극화와 불평등은 어쩔 수 없다지만 공감과 연대를 통해 어느 정도 완화할 수는 있다.

미국인 억만장자 찰스 척 피니(89)는 2020년 10월, 생전에 전 재산을 환원하겠다는 약속을 지켰다. 그는 자신이 설립한 자선재단에 마지막 돈을 기부했다. 지난 40년 동안 척 피니가 기부한 돈은 무려 80억 달러(약 9조 3,600억 원)에 이른다. 그는 노후자금으로 달랑 2백만 달러만 남겼다. 척 피니는 억만장자임에도 항공기는 이코노미 클래스를 고집했고, 15달러짜리 플라스틱 시계를 차고 다녔다. 그는 전 재산을 기부한 자리에서 "빈털터리가 됐지만 더없이 행복하다"는 소회를 밝혔다.

투자 귀재로 불리는 워런 버핏도 재산 99퍼센트 이상을 환원하고 있다. 버핏은 이미 374억 달러(약 43조 2,900억 원)를 내놨다. 빌 게이츠도 5백억 달러(약 58조 5천억 원)를 기부했다. 이 밖에 마이크로소프트(MS) 공동 창업자인 폴 앨런, 블룸버그 전 뉴욕 시장, CNN창업자 테드 터너, 영화감독 조지 루카스, 호텔 재벌 배런 힐튼도 왕성한 기부로 주목 받는다. 이렇게 모인 돈은 가난한 사람들이 공짜로 치료받고, 대학을 다니는 데 쓰인다. 미국 자본주의가 비정하고 타락한 것처럼 보여도 건강하게 유지되는 건 이런 건강한 부자들 덕분이다.

우리 주변에도 나눔과 연대를 실천하는 이들이 적지 않다. 2020년에도 팥죽을 팔아 모은 돈 12억 원을 기부한 81세 할머니 사연이 화제가 됐다. 서울 종로에서 '서울서둘째로잘하는집'이라는 팥죽집을 45년째 운영해 온 김은숙 할머니 이야기가 언론을 탔다. 할머니는 "형편이 나은 사람이 돕는 건 당연한데 그게 그렇게 대단한 일인가"라며 쿨하게 반문했다. 그런데 그 당연한 일이 쉽지 않다. 김 할머니가 기부한 돈은 워런 버핏의 43조 2,900억 원, 빌 게이츠의 58조 5천억 원 못지않게 값진 돈이었다.

스웨덴 발렌베리 가문은 삼성그룹보다 자본 집중도가 심하다. 스웨덴 GDP 30퍼센트, 주식시장 시가 총액 40퍼센트를 차지한다. 그런데도 발렌베리는 시기와 질투 대신 국민들로부터 폭넓은 사랑을 받는다. 이유는 사회적 책임을 다하고 왕성한 기부를 하기 때문이다. 발렌베리는 이익의 80퍼센트를 환원하고, 창업 이후 160년 동안 부패 없이 사회적 책임을 다해 왔다. 스웨덴 스톡홀름 시청 앞에는 크누트 발렌베리 동상이 서 있다. 동상은 스웨덴 국민들이 얼마나 발렌베리 가문을 사랑하는지 상징적으로 보여 준다. 만일 우리나라 서울시청 앞에 삼성 이병철 회장 동상이 있다면 국민들은 수긍할 수 있을까. 아마 격렬한 반대와 철거 여론에 직면할 것이다.

출근길이 강남대로라서 매일 아침 강남에 있는 삼성 본사 앞을 지난다. 그런데 출근 때마다 하루도 빼놓지 않고 삼성과 이재용을 성토하는 시위대를 마주친다. 발렌베리와 삼성의 차이는 무엇일까. 왜 발렌베리는 존경받고, 삼성은 손가락질 받을까. 이건희 컬렉션은 그나마 삼성에 대한 부정적 인식을 바꾸는 데 기여했다.《조선왕조실록》은 정조가 24년 재임 동안 무명옷을 입고 반찬은 다섯 가지로 제한했다고 적고 있다. 또, 즉위 직후 왕실 궁녀의 절반 가까운 3백여 명을 내보냈다고 했다. 백성과 함께하겠다는 공감에서 비롯된 행동이었다. 반대파에 둘러싸인 정조가 정치적 약점을 극복하고 안정된 정치를 펼칠 수 있었던 동력이 여기에 있다. 삼성에게 필요한 게 있다면 사회적 약자와 함께하려는 공감능력이 아닐까 싶다.

전주에서 시작된 '착한임대료운동' 역시 출발점은 공감과 연대다. 일상에서 공감과 연대는 불필요한 소비를 줄이고, 이웃을 배려하는 것에서 시작된다. 세종시에서 골프클럽을 운영하는 후배 사업가는 2020년부터 생판 모르는 초 · 중 · 고등학교에 기부하고 있다. 나아가 퇴직자 1천 명과 사회적 약자 1천 명을 연결하는 멘토링 사업 후원도 계획하고 있다. 그처럼 선한 영향력을 행하는 이들이 많아진다면 우리 사회는 살 만하다.

구례 운조루에서 만난 '타인능해'는 연대할 때 공동체는 더 단단히 유지된다는 상식적인 깨달음이었다. 농부 작가 전우익은 생전에《혼자만 잘 살믄 무슨 재민겨》라는 책을 썼다. 그 책 제목처럼 혼자만 잘 먹고 잘살면 행복할까. 코로나19는 나만 건강해서는 건강할 수 없다는 상식을 일깨웠다.

네가 있어야 내가 있다

바닥을 알 수 없는 모래 수렁 같은 코로나19가 어느덧 2년째를 맞고 있다. 그동안 계절은 아홉 번 바뀌고, 네 번의 명절이 지났다. 첫 발병 이후 국내 확진 환자는 67만 4,868명, 사망자도 6,166명을 넘어섰다.(2022년 1월 11일 현재) 코로나19는 델타 변이, 오미크론 변이까지 진화를 거듭하며 우리 일상 곳곳을 파괴했다. 누구 할 것 없이 힘들지만, 자영업자와 소상공인은 유독 잔인한 시간을 보내고 있다. 매출 급감에다 끝이 보이지 않는 터널 속에서 한계 상황에 내몰린 지 오래다. 자영업자와 소상공인은 코로나19 팬데믹 이후 다섯 번째 명절을 앞두고 있지만 도무지 흥이 나지 않는다.

2021년 9월, 한밤중에 터진 자영업자의 외침은 이 같은 암담한 현실을 반영했다. 자영업자와 소상공인은 8일 밤 11시부터 다음 날 새벽 1시까지 차량 1천 대를 이용해 전국 9개 도시에서 대대적인 시위를 벌였다. 장사를 마치고 휴식을 취해야 할 시간에 차량 시위를 벌인 이유는 다른 게 아니다. 희생만 강요하는 획일적인 정부 지침을 더 이상 따를 수 없다는 저항이었다. 자영업자들은 2022년 새해에도 오후 9시 이후까지 가게 불을 밝히는 방법으로 정부 방침에 불만을 표시했다. 시위대는 "그동안 정부 방침에 순응해 희생을 감내해 왔지만 더는 인내하기 어려운 지경에 이르렀다"며 현실에 맞는 탄력적인 방역 정책을 촉구했다.

2021년 국회 예산정책처가 내놓은 보고서는 자영업자와 소상공인이 얼마나 어려운 상황에 처해 있는지 적나라하게 보여 준다. 신용보증기금이 운영하는 소상공인 2차 금융지원 프로그램을 분석한 자료에 따르면, 소상공인 부실 비율은 급격하게 치솟았다. 부실 비율은 2020년 말 0.22퍼센트에서 2021년 상반기 1.32퍼센트로 무려 6배 급증했다. 원리금을 제대로 갚지 못하거나 세금을 체납한 게 주된 부실 사유였다. 부실 금액도 같은 기간 73억 원에서 409억 원으로 급증했다. 2020년 5월부터 이 프로그램이 시작됐으니 단기간에 급증한 셈이다.

정부는 다양한 정책을 내놓았다. 2021년 9월 정부는 소상공인과 중소기업에 대한 금융지원을 6개월 추가 연장한다고 발표했다. 금융지원은 애초 2021년 9월 종료 예정이었다. 한국은행은 서비스업 소상공인 대상 운전자금 대출 한도를 현재 3조 원에서 6조 원으로 증액하고, 지원 기간도 2022년 3월 말까지 늘리기로 했다. 연장만 세 번째다. 그만큼 자영업자와 소상공인들이 처한 현실은 간단치 않다. 2022년 새해 들어서도 정부는 손실보상금 지원 방식을 선보상 후정산으로 변경함으로써 달래기에 나섰다. 자영업자와 소상공인들은 더 실질적인 방안으로 금리 인하와 세금 감면을 꼽는다. 이런 가운데 개별 기업이나 민간 차원에서 진행되는 상생 움직임은 많은 것을 돌아보게 한다.

서울 동대문에 위치한 의류 도매 법인 apM은 입점 상인을 대상으로 2021년 9월부터 2022년 2월까지 임대료와 관리비 20퍼센트 인하했다. apM은 코로나19 직후인 2000년 2월과 3월, 그리고 2021년 2~5월에도 임대료와 관리비 20퍼센트를 인하한 바 있다. apM에 입주한 상가는 1,150개에 달한다. 세 차례에 걸친 임대료와 관리비 인하로 회사가 떠안은 비용만 124억9,700만 원에 달한다. 쉽지 않은 결정이지만 어려움을 분담하자는 취지였다. 하루하루를 힘겹게 버티는 입점 상인들에게 임대료 인하는 단비와 같았다. 임대료 인하를 결정한 apM 송시용 회장은 "상인이 있어야 나도, apM도 있다. 어려울 때일수록 서로 고통을 나누고 이겨 내야 한다"면서 "임대료를 인하하면서 상인에게 '당신들은 옷만 잘 만들라'고 당부했다. 어렵다는 이유로 대충하면 코로나19가 끝난 뒤 정상 회복하는 게 쉽지 않다"며 그 이유를 설명했다.

apM 김정현 대표 또한 "적지 않은 비용 부담에도 불구하고 인하를 결정한 건 어떡하든 함께 이겨내 보자는 취지다. 정부도 이런 사정을 감안해 대출금리 인하나 세금 감면 혜택을 고려했으면 한다"고 제안했다. apM은 2016년 메르스 사태 때부터 상인들과 고통을 나누는 '착한 임대료' 운동을 벌여 왔다. 당시도 apM은 외국인 쇼핑객이 감소하자 상가 임대료를 30퍼센트 인하함으로써 입점 상인들과 어두운 터널을 지나 왔다. 전주한옥마을을 비롯해 코로나19 기간 동안 수많은 임대인과 기관들이 임대료 인하 움직임에 동참함으로써 연대란 무엇인가를 보여 줬다.

서울 동대문과 남대문 의류 도매 상가는 한국 패션산업을 주도하는 메카다. 이곳에서 만든 옷은 중국과 베트남 등 동남아에서 인기 있다. 세련된 디자인과 품질, 가격 경쟁력을 바탕으로 현지 시장점유율 또한 높다. 의류패션 산업은 고용 창출 효과가 크다. 이 때문에 동대문과 남대문 의류상가가 무너지면 한국 패션산업 또한 붕괴될 수밖에 없다. 코로나19 이전 동대문과 남대문 일대는 중국 상인들로 북적였다. 이들은 전체 매출에서 80퍼센트 이상을 차지하는 큰손으로, 코로나19 이후 입국이 중단되면서 소매 상가는 큰 타격을 입었다.

apM에서 16년째 상가를 운영해 온 최유희 씨(37)는 "코로나19 이후 매출도 이익도 90퍼센트 이상 급감했다. IMF나 메르스, 사스 때도 이렇게까지 힘들지 않았다. 상인들 대부분 마이너스통장으로 하루하루를 버티고 있다. 소상공인 정책자금 대출도 쉽지 않다"며 어려움을 토로했다. 김신영 씨 또한 "한국행 항공편이 막히는 바람에 중국 도매 상인들과 사진 작업(신상품을 사진으로 촬영해 보내면 주문하는 방식)으로 그나마 버티고 있다. 이런 상황에서 임대료와 관리비, 인건비 등 고정 지출 부담은 상당하다. apM의 임대료와 관리비 20퍼센트 인하는 큰 도움이 됐다"고 했다.

'착한 임대료'는 시민운동이 아니다. 개별 기업이나 민간 차원에서 이뤄지는 자발적인 상생경영이다. 강제할 수 없기에 선의에만 기대는 건 한계가 있을 수밖에 없다. 사실 '착한 임대료'는 국가 책임을 개별 기업이나 민간에게 전가한 것과 다르지 않다. 임대료 인하가 확산되려면 참여 기업에 대한 실질적인 인센티브가 뒤따라야 한다. 그렇지 않고 개별 기업의 선의와 희생에만 기댄다면 무책임하다. 코로나19가 우리에게 준 교훈이 있다면 상생의 가치다. 코로나19는 '네가 건강할 때 나도 안전하다'는 평범한 진리를 일깨웠다. "상인이 있어야 나도 있다"는 말은 평범함에서 건져 올린 진리다.

네가 있어야 내가 있다

슬픔에는
유통기한이 없다

　속된 말로 정치인은 말로 밥을 빌어먹는 사람들이다. 그들에게 말은 유효한 무기다. 말로 자신이 지향하는 가치를 드러내고 상대를 설득한다. 정제된 언어와 품격은 필수 조건이다. 격을 잃어버릴 때 말은 힘을 잃는다. 그렇게 보면 한국 정치판은 참으로 각박하다. 5·18 망언과 세월호 막말이 끊이질 않는다. 말이 아니라 흉기가 난무하는 막장정치다. 정치인에게 품격 있는 정치 언어를 기대하는 게 무리한 일일까. 배설에 가까운 망언과 막말은 '보수의 품격'과 거리가 멀다. 진짜 보수라면 품위를 지킨다. 막말 소동을 일으킨 이들은 사이비 보수다. 5·18과 세월호는 현재 진행형이다. 상처는 치유되지 않았고, 유가족들은 아직도 고통 속에 있다.

　그런데 망언과 막말이 춤을 춘다. 사과와 속죄는커녕 망언과 막말을 책임 회피 수단으로 삼는다. 가해자가 피해자를 비난하는 언어도

단이다. "5·18은 민주화운동이 아니라 폭동이다"(이종명 한국당 의원). "5·18 유공자라는 괴물 집단이 세금을 축내고 있다"(김순례 한국당 최고위원). "자식의 죽음에 대한 세간의 동병상련을 회 처먹고, 찜 쪄 먹고, 그것도 모자라 뼈까지 발라먹고 진짜 징하게 해 처먹는다"(차명진 한국당 지역위원장). "세월호 그만 좀 우려먹어라. 징글징글하다"(정진석 한국당 의원). 정신상태를 의심하지 않을 수 없다. 얼마나 더 아파야 망언과 막말을 멈출까. 그들에게 인간애를 기대하는 건 사치일까. 생각이 꼬리를 문다.

세월호는 국민 모두에게 집단 트라우마를 남겼다. 온 국민이 세월호 좌초부터 침몰까지 생생하게 지켜봤다. 그런데도 아무것도 할 수 없었다. 생때같은 자식들이 저 안에 있는데 아무것도 하지 못했다. 살려 달라는 외침을 뒤로한 무력감은 두고두고 집단 상처가 됐다. 세월호 유가족들은 자식과 부모형제를 가슴에 묻었다. 일부 극우 인사들의 몰지각한 욕지거리도 참아 냈다. 폭염 아래 단식할 때 폭식하며 조롱하는 비인간적인 행동도 견뎠다. 그렇게 5년이 흘렀다. 왜 구하지 않았을까. 못 구한 걸까, 안 구한 걸까. 아직도 속 시원한 답변을 얻지 못했는데 막말로 상처를 후비니 참담하다.

자식을 앞세운 고통을 '참절斬截'이라고 한다. 목을 베고 팔다리를 끊는 아픔이다. 고사성어에도 비슷한 표현이 있다. '단장斷腸'이다. 창자가 끊어질 듯 한 깊은 슬픔이다. 중국 진나라 환온 때다. 군사들이 장난 삼아 새끼 원숭이를 잡아 배에 실었다. 어미 원숭이가 슬피 울며 강을 따라 쫓아왔다. 그렇게 100리를 지나 배가 기슭에 닿았다. 어미 원숭이는 배에 뛰어올라 마지막 숨을 거두었다. 배를 갈라보니 창자가 마디마디 끊어져 있었다. 새끼 잃은 어미 원숭이의 고통이 그러했다. 하물며 자식을 잃은 부모의 슬픔을 비할 수 있을까.

광해군 당시 허난설헌은 이름난 시인이다. 남존여비 사상이 지배하던 시절, 여성이 자기 이름을 갖고 빼어난 시를 남겼다. 아버지 허엽, 오빠 허성과 허봉, 그리고 남동생 허균과 함께 조선 중기 5대 시성詩聖으로 이름을 알렸다. 그런 그에게도 자식 잃은 슬픔은 감당하기 어려웠다. 자식을 잃고 운다는 '곡자哭子'라는 시는 깊은 회한을 담고 있다. "지난해는 사랑하는 딸을 여의고/ 올해는 사랑하는 아들을 잃었다/ 슬프고 슬픈 광릉 땅이여/ 두 무덤 마주보고 나란히 서 있구나/ 백양나무 숲 쓸쓸한 바람/ 도깨비 불빛은 숲속에서 번쩍이는데/ 지전紙錢을 뿌려 너의 혼을 부르고/ 너희들 무덤에 술 부어 제를 지낸다/ (중략) 하염없이 황대의 노래 부르며/ 통곡과 피눈물을 울며 삼킨다." 자식 잃은 부모 심정은 예나 지금이나 같다.

아르헨티나 출신 프란체스코 교황은 우리에게 참된 슬픔을 가르쳤다. 2004년 12월 30일 아르헨티나 수도 부에노스아이레스 나이트클럽에서 큰 불이 났다. 결과는 참혹했다. 무려 2백여 명이 숨지고, 7백여 명이 부상을 입었다. 참사 5주기, 정치권에서는 언제까지 추모해야 하느냐며 회의론이 제기됐다. 프란체스코 추기경은 이렇게 말했다. "우리는 이 아이들을 위해 충분히 울어 주지 못했다. 이 도시는 더 울어야 한다." 고통과 슬픔에는 유통기한이 없다. 끊임없이 기억하고 위로하는 게 인간된 도리다. 2014년 8월 한국을 방문한 프란체스코 교황은 세월호 유가족을 만나서 위로했다. 노란색 리본이 정치적 중립을 훼손할 수 있다는 말에, 교황은 "인간적 고통 앞에 정치적 중립이란 있을 수 없다"고 했다. 이게 슬픔에 대한 도리다.

자유한국당은 국민 정서와 동떨어졌다. 합당한 징계를 기대했으나, 징계는커녕 둘 다 공천을 받고 21대 총선에 출마해 정진석은 당선, 차명진은 낙선했다. 앞선 5·18 망언 3인방에 대한 징계도 솜방망이에 그쳤다. 품격 있는 보수, 합리적 보수라면 말에 품격이 있어야 한다. 나아가 왜 망언과 막말이 끊이지 않는지 근본 원인을 따져 단죄해야 한다. 궤멸 직전까지 갔다 부활한 국민의힘은 이전과는 달라야 한다. 인간적인 고통 앞에 중립은 없다.

일하다 죽는 나라

'중대재해 처벌 등에 관한 법률'(이하 '중대재해처벌법')이 여야 합의로 처리됐다. 우여곡절 끝에 중대 산업재해를 유발한 사업주를 처벌하는 내용을 담은 법이 지난해 국회를 통과했다. 30여 년 전 현장 기자 시절 접했던 산재사고가 떠올랐다. 당시 전북 군산국가산업단지에 입주한 공장에서 지붕을 보수하던 근로자 3명이 떨어져 숨지는 사고가 발생했다. 사건을 접한 순간 '불과 얼마 전에도 비슷한 사고가 있었는데' 하는 생각이 스쳤다. 취재수첩을 뒤적여 보니 한 달 전에도 같은 공장에서 동일한 사고로 2명이 숨졌다. 당시 사업주는 벌금형을 받았고, 유족들에게는 알량한 합의금을 주고 무마됐다. 기사를 쓰면서 분노가 치밀었다. 처음 사고가 났을 때 강하게 처벌했더라면 추가 사고는 없었을 것 아닌가. 사람 목숨을 합의금 몇 푼으로 바꾸겠다는 사업주의 안일한 인식이 결국 추가 사고를 불렀다.

그 뒤로 30년이 흘렀고, 노동 가치를 존중하는 문재인 정부가 출범했다. 얼마나 바뀌었을까. 통계수치만 보면 절망적이게도 그다지 나아지지 않았다. 우리나라 산재 사망률은 1996년 이후 24년째 OECD 국가 1위다. 최근 10년 동안 산업현장에서만 무려 2만 2천여 명이 숨졌다. 매년 2,200명꼴이니 이 순간에도 어디선가 매일 6~7명씩 숨지고 있다는 뜻이다. 우리나라 인구 10만 명당 산재 사망률은 10.1명으로 영국 0.4명과 비교하면 무려 25배나 높다. 부끄러운 수치다.

2020년에도 1~6월까지 일터에서 1,101명이 숨졌다. 결국 연말에 2,200명을 넘어섰다. 문재인 정부가 출범한 이후 2019년 2,020명, 2018년 2,142명이 숨졌다. 현 정부에서도 매년 평균 2,100여 명이 산업현장에서 일하다 숨진 셈이다. 2020년 4월에는 이천 물류창고 신축공사장 화재로 무려 38명이 목숨을 잃었다. 또 코로나19로 재택근무와 '집콕'이 일상화되면서 택배 근로자 사망도 잇따랐다. 2020년 한 해에만 18명 넘게 숨졌다. 아침 일찍 일터로 나간 누군가 아들이자 아버지가 돌아오지 못한다면 참담한 일이다.

산업재해는 반복되는 특성이 있다. 고용노동부 자료(2013~2017)를 보자. 산업안전보건법을 위반한 재범률은 97퍼센트에 달한다. 일반범죄 재범률보다 무려 2배 높다. 그런데도 이 기간 동안 정식 재판에 넘겨진 경우는 4.6퍼센트에 불과하며, 책임자 구속수사도 1건에 그쳤다. 대법원 자료도 마찬가지다. 2009~2019년 6월까지 1심 선고 산재 사고 6,144건 중 징역·금고형은 0.57퍼센트로 35건에 불과하다. 더구나 전체 사고 가운데 80퍼센트 이상은 평균 432만 원 벌금형에 그쳤다. 산업재해에 대한 무관심과 이로 인한 사망 사고 간 높은 연관성을 추정케 한다.

통계에서 확인됐듯 10년 동안 무려 2만여 명이 떨어지고, 깔리고, 뒤집히고, 불에 타고, 질식사했다. 그런데도 우리 사회는 조금도 나아가지 못했다. 고작 1명을 구속하는 데 그쳤고, 고작 400여 만 원 벌금으로 땜질하고 마무리됐다. 그리고 언제 그런 일이 있었느냐는 듯 태연하다. 산업재해가 개선되지 않고 고질화된 상당한 원인이 여기에 있다. 생명보다 이윤을 앞세우는 사회는 교역규모 세계 10위를 자랑하는 대한민국의 그늘이다. 어쩌면 지구상에서 가장 천박한 자본주의가 활개 치는 곳은 한국일지 모른다.

동일한 산업재해가 반복된다면 미필적고의에 의한 살인이다. 앞서 내가 경험한 두 건의 추락사도 그렇고, 이천 물류창고 화재 사고도 그렇다. 군산 제철공장의 경우 불과 한 달 만에 같은 공장에서 동일한 추락사로 5명이 숨졌다. 이천 물류창고 화재 역시 마찬가지다. 2008년에도 이천 냉동 창고에서 불이 나 40명이 목숨을 잃었다. 당시 해당 기업은 벌금 2천만 원을 받는 데 그쳤다. 만일 그때 강하게 처벌하고 경종을 울렸더라면, 2020년 38명이 또다시 숨지는 일은 없었을지 모른다.

중앙대학교 김누리 교수는 "이 정도면 단순한 산재가 아니다. 사실상 자본과 노동 사이에 벌어지는 내전이다"며 강력한 처벌을 주장했다. 김 교수는 영국 '기업살인법'을 예로 들었다. 영국도 '기업살인법' 제정(2007) 이전만 해도 EU 국가 중 산재 사망률이 최고였다. 그러나 법률 시행 첫해에 인구 10만 명당 산재 사망률이 0.7명에서 0.4명으로 떨어졌다. 지금은 EU 국가 최저다. 물론 처벌만이 능사는 아니다. 하지만 산재를 방치하면 강력한 처벌을 받을 수 있다는 경각심을 불러일으키는 역할만 해도 충분하다.

경제계는 '중대재해처벌법'에 부정적이었다. 산업안전법이 전면 개정된 지 1년도 안 됐는데 또다시 처벌 수위를 높이는 건 과잉 입법이라고 했다. 경제인들 고충과 어려움은 이해하지만, 중대재해처벌법을 처벌하기 위한 법으로만 볼 게 아니다. 경각심을 갖는 선에서 이해한다면 입법 취지를 납득할 수 있다. 2022년 1월 27일부터 시행되는 '중대재해처벌법'은 사업주가 의무를 위반해 사망·중대재해에 이르게 하면 최소 3년 이상 징역 또는 5천만~10억 원 벌금형에 처한다. 정의당 심상정 의원의 말처럼 "사람의 생명 앞에 어떻게 과잉이라는 말이 붙을 수 있는지" 생각해 봐야 한다.

특히 하청업체와 외국인 노동자에게 산재 사망사고가 집중되고 있다. 2016년 구의역 사고 때 하청업체 대표는 집행유예, 원청 대표는 벌금형에 그쳤다. 통계는 한층 명확하다. 2011~2016년 50대 기업에서 산업재해로 숨진 245명 가운데 하청업체 근로자는 212명으로, 원청 33명에 비해 5배나 높았다. 위험의 외주화가 만연한 것이다.

처벌만 강화할 것이 아니라 야만적인 근로 환경 개선에 나서야 한다. 그래서 더는 일하다 죽는 일이 없는 사회를 만들어야 한다. "노동자는 기계가 아니다"라고 외쳤던 전태일의 외침이 40여 년이 지난 지금도 유효한 대한민국의 현실이 참담하다.

아이돌 그룹 방탄소년단(BTS)과 5 · 18광주민주화운동은 생경한 조합이다. 방탄소년단은 K-POP 돌풍을 일으킨 세계적인 그룹이고, 5 · 18은 현대사 최대 비극이다. 잘 연결되지 않을 것 같은 두 주체가 2019년 5 · 18 39주년을 전후해서 만났다. 방탄소년단은 1억 뷰를 돌파한 뮤직비디오만 20편을 보유하고 있다. 빌보드 2관왕에 오르며 K-POP 역사를 새로 썼다. 2021년 7월에는 빌보드 10개 부문 1위를 하며 차트를 휩쓸었다. 누구도 달성하지 못한 경이로운 기록이다. 현대경제연구원이 분석한 경제적 가치는 더욱 놀랍다. 연평균 생산유발 효과 4조 1,400억 원, 부가가치 유발효과 1조 4천억 원이다. 한해 1,600억 원 매출을 올리는 중견 기업 26곳과 맞먹는다. 향후 5년 동안 인기를 유지한다고 가정할 때, 데뷔 이후 10년(2014~2023) 동안 경제적 효과는 56조 1,600억 원으로 추산된다.

그렇다 해도 방탄소년단과 5 · 18은 생뚱맞은 조합이다. 그 내막은 이렇다. BTS가 2015년 발표한 'Ma-city'에 5 · 18이 언급됐다는 사실이 알려졌다. BTS 멤버들은 이 노래에 각자 자신들이 자란 도시를 노랫말에 담았다. "날 볼라면 시간은 7시 모여 집합/ 모두 다 눌러라 062518." 여기에서 062는 광주 지역번호, 518은 5 · 18민주화운동을 뜻한다. 멤버 중 한 명인 광주 출신 제이홉(정호석)이 이 노래를 작사했다. 해외 팬들(ARMY)은 SNS에 이렇게 적었다. "사람들은 좀 더 5 · 18의 의미를 알아야 한다. 화가 나고 슬펐다. 사회 변화를 위해 삶을 희생한 한국인들이 자랑스럽다."

당시 해외 팬들은 유튜브와 트위터로 5 · 18을 퍼 날랐다. 지금도 해시태그와 방탄소년단을 입력하면 이를 확인할 수 있다. 한국을 잘 모르는 해외 젊은이들이 5 · 18에 관심을 갖고 공유하고 있는 것이다. 그들 중 일부는 광주 5 · 18기념관을 다녀가기도 했다. 광주에서 자란 제이홉은 뜨거웠던 80년 5월에는 태어나지도 않았다. 그런데도 노래로 5 · 18을 기억했고, 또래 해외 팬들은 한국 민주화운동을 배우는 데 열정을 쏟았다. 한데 정작 이 땅에서는 5 · 18 망언이 계속되고 있다.

2020년 5 · 18은 40주년, 2021년은 41주년이다. 적지 않은 시간이 흘렀다. 5 · 18은 12 · 12 군사쿠데타에 항거한 시민 저항운동이다. 신군부는 정치적 공백기를 틈타 정권 장악에 나섰다. 가장 격렬하게 저항한 광주는 제압해야 할 본보기였다. 그들은 광주에 공수부대와 특전사를 보냈다. 그리고 자신들이 지켜야 할 시민들에게 총부리를 겨눴고 대검으로 난도질했다. 폭력적인 진압 과정에서 많은 이들이 숨지고 장애를 입었다. 공식 집계된 사망자만 230여 명. 부상자를 포함하면 사상자는 3,400여 명에 이른다. 살아남은 자들은 지금도 악몽에 몸서리친다. 고통보다 더한 분노는 무고하게 숨진 아들딸에 대한 무자비한 폭언이 반복될 때다.

인간다움은 타인의 고통에 공감할 때 생긴다. 맹자는 측은지심惻隱之心으로 표현했다. 연구에 따르면, 공감 능력은 거리에 비례한다. 지리적·시간적·심리적으로 가까울수록 공감폭은 커진다. 수전 손택은 《타인의 고통》에서 갈수록 무감각한 현대사회를 들춰냈다. 다른 사람의 고통을 점점 가볍고 진부하게 여기면서 공감하는 능력을 상실했다는 것이다. 미디어로 가볍게 소비하기 때문이라는 분석도 곁들였다.

5·18 망언 3인방과 극우 인사들은 공감 능력을 상실했다. 지구 반대편 ARMY보다도 훨씬 못하다. 5·18의 진상을 알고자 작은 노력이라도 기울였는지, 단 한 번이라도 5·18 묘역에 다녀왔는지 의문이다. 그랬다면 저럴 수는 없었다. 자유한국당 지도부도 마찬가지다. 징계 수위는 국민 정서에 한참 못 미쳤다. 김진태(경고), 김순례(당원 자격 정지 3개월), 이종명 의원 제명마저 흐지부지됐다.

이제는 지루한 5·18 이념 논쟁을 끝낼 때다. 5·18은 역사적·정치적·사법적 판단이 끝난 사안이다. 5·18은 6·29 민주항쟁을 거쳐 이 땅에 민주주의를 꽃피웠다. 그 붉은 꽃을 피우기까지 많은 피가 흘렀다. 이웃의 고통을 헤아리는 공감 능력이 있을 때 용서도 화합도 가능하다.

1637년(인조 15) 1월 30일은 인조가 삼전도에서 항복한 날이다. 385년 전 이날, 조선 백성은 가장 춥고 치욕스러운 하루를 보냈다. 무능한 왕, 무기력한 관리들 때문이었다. 청나라 군대는 압록강을 건너 8일 만에 한양을 접수했다. 인조는 백성들을 뒤로한 채 도망 길에 올랐다. 의주로 가는 도망길이 막히자 말머리를 돌려 남한산성으로 숨어들었다. 부질없는 항전을 하다 47일 만에 남한산성에서 나와 청 태종 앞에 무릎 꿇었다. 삼전도(송파 삼전동)에 단을 마련하고 당태종에게 세 번 무릎 꿇고 아홉 번 절하고는 신하가 됐다. 아들 소현세자 부부를 비롯해 50만 명은 중국 심양으로 끌려갔다. 당시 조선 인구를 600~700만 명으로 어림잡으면 10퍼센트에 가깝다. '피로인被擄人'으로 불린 민간인 전쟁포로였다.

자국민 10퍼센트가 볼모가 된 건 국가 시스템 부재가 빚은 참사였다. 더 큰 치욕은 피로인을 데려오고, 돌아온 아녀자들을 대하는 방식이었다. 조선 정부는 왕족과 군인 중심으로 송환에 나섰다. 일반 백성은 알아서 가족을 데려와야 했다. 이 과정에서 몸값 속환금贖還金은 천정부지로 치솟았다. 사대부들이 경쟁적으로 웃돈을 지급했기 때문이다. 돈 없고 힘없는 백성들은 속절없이 눈물만 흘려야 했다. 무능한 국가는 백성을 지키지 못했고, 신분까지 차별했다.

돌아왔다고 끝이 아니었다. 사대부 아녀자들은 말 못할 고통에 처했다. 정절을 지키지 못했다며 손가락질 받았다. '재가녀자손금고법再嫁女子孫禁錮法'은 이런 분위기를 부채질했다. 수절하지 않고 재혼한 여자가 낳은 자식은 과거에 응시할 수 없도록 했다. 죽을 고비를 넘기고 돌아온 대가치곤 참담했다. 능욕당한 여자는 집안 남자들의 앞길을 가로막는 화근일 뿐이었다. 인륜보다는 사대부로서 명분과 이익이 더 중요했다. 자신들이 무능해 힘없는 백성과 아녀자들이 참담한 고통을 겪었음에도 피해자들에게 허물을 돌렸으니 참으로 못났다. 전형적인 국가폭력이자 희생양 찾기였다.

코로나19 초기, 중국 우한 교민들이 코로나19를 피해 한국에 도착한 건 2020년 2월 1일. 이들은 충남 아산과 충북 진천 격리시설에 수용됐다. 우한 교민 입국 과정에서 한국 사회는 민낯을 드러냈다. 정부 설득에도 불구하고 일부 주민들은 우한 교민들을 받아들일 수 없다며 반대했다. 다행히 반대 현수막을 걸고 수용하겠다는 의사를 밝혔지만 뒷맛은 씁쓸했다. 병자호란 당시 피로인을 떠올린 건 이 때문이다. 병자호란 당시나 지금이나 국민들은 죄가 없다. 전쟁도, 바이러스도 그들 잘못이 아니다. 무기력한 조선 정부가 청나라 군대를 불렀고, 신종 바이러스 또한 교민들 의지와 무관하다.

　380여 년 전, 조선은 수십만 백성을 청나라에 인질로 보낼 만큼 나약했다. 반면 오늘날 대한민국은 전세기를 띄워 자국민을 데려올 정도로 부유하다. 380여 년을 두고 격세지감을 느낀다. 성숙한 시민의식도 돋보였다. 인터넷에는 "추태, 부끄럽다, 정부를 믿고 따르자"라는 글이 달렸다. '우리가 아산이다(#we_are_asan)'는 해시태그 운동도 벌어졌다. "우한 교민도, 아산 시민도 대한민국이다. 잘 계시다 무탈하게 돌아가시라. 아산 분들은 너른 품을 내어 달라." 자신을 아산 시민이라고 밝힌 글은 보편적인 시민 정서를 대변했다.

　이즈음 카자흐스탄 알마티에 거주하는 강병구 한인회장과 통화했다. 대사관으로부터 교민 철수와 관련한 공지를 접했다는 그는 울분을 토했다. "정부가 교민들을 짐짝 취급한다. 위급한 상황인데 무슨 돈을 받느냐. 그럼 돈 없는 사람은 그냥 죽으라는 말인가." 외교부는 성인 30만 원, 소아 22만 5천 원, 유아 3만 원을 입금하라고 공지했다. "위기에 처한 교민을 상대로 돈을 받는다는 게 납득이 가지 않는다." 국내에서 재난이 발생할 경우 정부 책임 아래 구호 조치가 취해지는 걸 감안하면 무리한 주장도 아니다.

　그는 카자흐스탄 교민사회가 크게 술렁이고 있다는 말도 덧붙였다. 자신들도 코로나19 위기에 직면하면 그런 취급을 받을 게 아니냐고 반문했다. 미국 정부가 해외에 거주하는 자국민을 수송하기 위해 전세기 비용을 어떻게 부담했는지는 알지 못한다. 일본 정부는 1인당

항공기 비용 80만 원에다 입원비까지 부담했다. 물론 우리 정부가 돈 때문에 그러진 않았으리라 믿는다. 한국은 전세기를 띄울 정도로 국력이 신장됐다. 앞서 개별적으로 귀국한 교민들과 형평성을 고려했을 수 있으나 아쉬움이 남는다.

해외에 갈 때마다 현지 교민들로부터 외교부 관료들이 권위적이며 고압적이라는 불만을 흔히 접한다. 교민들을 얕잡아 보고 무시한다는 불신을 밑바탕에 깔고 있다. 그들은 교민들에 대한 행정 서비스를 마치 시혜인 양 착각한다며 반감을 드러냈다. 외교관은 교민 보호 책임을 위임받은 공무원이다. 해외 공관은 작은 대한민국 정부다. 외교부와 해외 공관은 정부를 대신해 교민들 재산과 생명을 보호할 책임이 있다. 재외동포법을 제정하고 교포들에게 동등한 선거권을 부여한 건이 같은 연장선상에 있다.

우리 역사상 '피로인'은 크게 두 차례 있었다. 앞서 언급한 병자호란 후 50만 명, 임진왜란 후 10만 명이다. 이후로도 많은 사람들이 다양한 이유로 고국을 떠났다. 조선왕조가 망한 뒤에는 나라 잃은 설움을 안고 망명길에 올랐다. 중앙아시아 고려인 이주가 대표적이다. 고려인들은 러시아 연해주에서 6,700킬로미터 떨어진 중앙아시아까지 2차 추방을 당했다. 더러는 먹고살기 위해 멀리 쿠바와 멕시코 유카탄 반도까지 흘러갔다.

병자호란 당시 청나라와 현실적인 타협을 주장했던 우의정 최명길은 말했다. "속환은 시급한 일입니다. 모두가 속환을 원하는데 다급하여 한 사람 값이 몇 백 금으로 올랐습니다. 이 경우 가난한 백성은 끝내 속환할 길이 없게 됩니다. 왕이란 귀천 빈부를 마땅히 동일시하여야 합니다. (돈 때문에) 수많은 이들이 끝내 이역에서 죽게 한다면, 이는 심히 경중을 잃은 것입니다." 385년 전 주화론을 외친 최명길의 상소는 지금도 유효하다. 공교롭게도 삼전도 항복과 우한 교민 수송이 맞물렸다. 새삼 국가란 무엇인가 돌아본다.

희생과 헌신을 기억하는 사회

〈챈스 일병의 귀환^{Taking Chance}〉(2009)이란 영화를 봤다. 전쟁터에서 숨진 챈스 일병의 유해를 고향 집까지 운구하는 여정을 그린 실화다. 주인공은 해병대 중령이다. 그는 이라크전쟁에서 숨진 챈스 일병을 운구한다. 숨질 당시 챈스 일병의 나이는 19살. 대령은 자신과 고향이 같은, 나이 어린 챈스가 전사한 것에 자괴감을 느껴 운구를 자원한다. 델라웨어 도버 공군기지에서 와이오밍까지 가는 먼 거리라 비행기만 두 번 갈아타야 한다. 여정 도중 운구를 만난 시민들은 정중하게 예를 표했다. 기장은 전사자 운구가 실렸다며 기내 방송을 통해 승객들에게 알렸다. 비행 내내 기장과 승무원, 승객들이 보여 준 행동은 절제된 감동을 안겼다.

　미국인들은 현역은 물론 퇴역 군인, 전사자를 끔찍이 예우한다. 나라를 위해 헌신한 이들에겐 조건이 없다. 영화에서도 시민들은 깍듯

한 예의를 갖춘다. 또 다른 영화 〈라이언 일병 구하기〉도 비슷한 스토리다. 낙오된 병사 한 명을 구하기 위해 소대 병력이 나선다. 이렇듯 미국은 마지막 한 명까지 온 힘을 다한다. 미군들은 자신들 뒤에 국가가 있다는 것을 알기에 헌신을 망설이지 않는다. 걸핏하면 손가락질 하는 우리와는 사뭇 다르다. 최근 우리 군의 사기가 밑바닥이다. 잦은 사고 탓도 있지만 과장된 비난과 매도 탓이다.

육군은 2020년 6월, 6·25전쟁 70주년을 기념한 뮤지컬 〈귀환〉을 무대에 올렸다. 2019년 초연에서 대박을 친 작품이다. 뮤지컬은 전사자 유해를 발굴하는 내용이다. 1950년 6·25전쟁 발발 이후 어느덧 70여 년이 흘렀다. 그런데 아직도 수습하지 못한 유해가 13만 3천 위에 달한다. 주인공은 참전 용사다. 그는 동료의 유해를 찾아 산을 헤맨다. '다시 찾으러 오마' 다짐했던 전우와 약속을 지키기 위해서다. 그래서 부제가 '그날의 약속'이다. 초연 당시 54회 전석이 매진됐고 5만 관객을 동원했던 잘 만든 작품이다.

출연진에는 기성 뮤지컬 배우와 함께 현역 장병 30여 명도 포함되었다. 이들은 치열한 오디션을 통과해 선발됐다. 군인 신분임에도 기성 뮤지컬 배우들과 함께 두 달여 동안 잠자는 시간을 아껴 가며 혼신을 쏟았다. 70년 전 나라를 위해 목숨을 바친 선열들에 대한 보답이었다. 무대에 오르기까지 우여곡절이 많았다. 코로나19 때문에 수차례 연기를 거듭한 끝에 결국 온라인 공연으로 결정됐다. 그동안 땀 흘려 준비해 온 출연진들은 실망이 컸다. 일부에서는 코로나19를 이유로 공연 자체를 반대하기도 했다.

희생과 헌신을 기억하는 사회

공연 중인 일반 상업 뮤지컬과 형평성 문제가 제기됐다. 〈드라큘라〉, 〈유령 등〉 10여 개 뮤지컬 작품은 정상적으로 무대에 올랐는데, 육군이 주관하는 〈귀환〉에만 딴죽을 거는 건 타당하지 않다는 시각이 지배적이었다. 코로나19로 어려움을 겪는 문화예술계 현실을 도외시했다는 비판도 상당했다. 일반 문화예술 공연 추세와도 대비됐다. 6월은 호국보훈의 달이다. 헌신과 희생, 국가란 무엇인가를 돌아보는 시간이다. 뮤지컬 〈귀환〉은 호국 영령들을 되새기고 공감하는 무대였다.

〈챈스 일병의 귀환〉에서 대령이 운구한 병사는 일병이다. 주인공이 계급을 따지지 않고 운구를 자처한 이유는 국가를 위해 목숨을 바친 인간에 대한 예의였다. 항공기 기장은 운구에 동참하게 돼 자랑스럽다며 기내 방송을 했다. 승무원들은 대령이 가장 먼저 내릴 수 있도록 앞자리를 배려했다. 승객 누구도 이를 문제 삼지 않았다. 오히려 함께한 것을 자랑스럽게 여겼다. 성숙한 시민의식이란 이런 것이다. 뮤지컬 〈귀환〉은 군인들을 강제 동원하고 맹목적 애국심을 조장하는 '국뽕'이 아니다. 6·25전쟁을 기억하는 의미 있는 공연이었다.

극한 속에서 예술은 위안이 된다. 영화 〈타이타닉〉에서 손꼽히는 장면은 예술의 힘을 보여 준 장면이다. 침몰하는 선박 갑판 위에서 마지막까지 연주를 하는 장면은 인간이란 무엇인가를 생각하게 했다. 코로나19도 언젠가는 종식될 것이다. 〈귀환〉이 지친 국민들을 위로하고, 국방의무를 다하는 군을 돌아보는 무대가 되었듯 함께 손 잡고 이겨 낼 날을 기대한다. 희생과 헌신을 기억하지 못하는 나라는 미래가 없다.

AI 시대, MZ세대 군인과 기강

군율軍律을 말할 때 인용되는 고사가 있다. 춘추전국시대 궁녀들을 훈련시킨 일화다. 《사기史記》에서 소개하는 이야기는 이렇다. 오나라 왕 합려闔閭는 《손자병법孫子兵法》이 실전에도 적용 가능한지 궁금했다. 그래서 《손자병법》을 쓴 손무孫武에게 궁녀들을 대상으로 열병閱兵을 해 보이라 주문했다. 손무가 명령을 내렸지만 궁녀들은 코웃음을 치며 듣지 않았다. 다시 명령을 내렸지만 마찬가지였다. 세 번째 명령에도 따르지 않자, 손무는 책임자급 후궁을 지목해 목을 베었다. 이후 모든 궁녀가 일사불란하게 따랐음은 물론이다.

강한 군대는 기강이 반듯하다. 반면 기강이 무너진 군대는 패잔병처럼 무기력하다. 남성들이 군복무 중 가장 많이 듣는 말도 군대의 기강, '군기軍紀'다. "군기가 빠졌다"는 말 뒤에는 으레 체벌이 따랐다. 군율과 기강은 군에 절대적으로 필요한 덕목이다. 하지만 시대 변화에 따라 군율도 재정립할 필요가 있다. 이제는 춘추전국시대처럼 기강을 이유로 목을 벨 수 없다. 욕설과 체벌도 안 된다. 자율과 창의성을 존중하면서 기강을 세우는 게 AI 시대 상식이다.

체벌을 통한 '군기 잡기'는 군사문화 잔재다. 체벌과 욕설은 두려움과 공포감을 조장함으로써 인간성을 파괴한다. 군내 사고는 대부분 이런 악습에서 기인한다. 우리 군은 민주화 이후 꾸준히 병영 문화를 개선해 왔다. 체벌 금지와 휴대전화 지급도 그 연장선상에 있다. 이를 두고 군대가 나약해졌다는 시각도 있지만, 일선 지휘관들은 동의하지 않는다. 여운태 8군단장(중장)은 "자율을 보장한 뒤 오히려 활발한 소통을 통해 전우애와 전투력이 배가됐다"고 평가했다. 극소수 일탈을 과장하고 확대하는 보도 행태가 문제다.

앞서 오나라 궁녀들이 명령을 따른 이유는 공포 때문이다. 그러나 공포에 의존하는 군대는 언제든지 무너질 수 있고 지속 가능하지도 않다. 진나라 멸망에 불을 댕긴 '진승의 난'은 좋은 예다. 당시 징발된 부대는 정해진 기한까지 도착하지 못하면 참형에 처했다. 홍수 때문에 기한을 넘기게 된 진승은 동료들과 반란을 일으켰다. 이래도 죽고 저래도 죽을 바엔 부조리한 정권을 타파하자며 봉기했다. 지나친 군율이 국가 패망을 불렀다.

이런 점에서 최근 잇따르는 군 관련 보도는 우려된다. 일부 일탈과 22사단 월북을 군 전체 기강 해이로 확대해 불신을 키우기 때문이다. 우발적 사고를 기강 해이나 전투력 저하로 돌리는 건 정확한 진단이 아니다. 나아가 과장·왜곡된 보도는 군에 악영향을 끼친다. 군은 사기를 먹고 사는 조직이다. 무조건 칭찬하자는 게 아니다. 군이라는 특수성을 감안하고, 사고와 기강 해이를 구분하자는 것이다. 합당한 비판과 진정 어린 조언이 있을 때 우리 군은 방향을 잃지 않는다.

우리 군은 생각보다 잘하고 있다. 기본적인 국방의무는 물론 각종 재난 현장에서 묵묵히 소임을 다하고 있다. 조류 인플루엔자와 구제역 당시 군 병력이 살처분에까지 동원됐다. 행정 공무원들마저 기피하는 바람에 장병들 몫으로 돌아왔다. 논란 끝에 중단됐지만, 힘들고 험악한 일은 이렇듯 항상 군 차지였다. 2020년 봄 고성 산불을 진화하는 데도 군이 투입됐다. 22사단 전차대대 지휘관들은 밤새 탄약고를 지켰고, 1,800여 장병은 불길을 잡는 데 투입됐다.

코로나19 방역 현장에서 장병들이 보여 준 헌신은 놀라웠다. 2021년 4월 당시 연인원으로 군의관 7,127명, 간호장교 2만 513명, 지원 병력 13만 6,754명이 검역과 방역, 의료 지원에 동원됐다. 전체 인력 가운데 3분의 1이 방역 최전방에 투입됐다. 이뿐 아니다. 헌혈, 마스크 제작과 수송, 지역경제 살리기, 외국어 지원까지 군은 가용한 모든 병력을 동원했다. 피가 모자란다는 소식에는 장병 3만 8,167명이 팔을 걷었다. 그 결과 1,526만 밀리리터의 피가 모였다. 단일 기관, 최단 시간, 최다 헌혈 기록이었다.

임관식이 끝나자마자 대구로 달려간 국군간호사관학교 졸업생, 의료봉사를 자원한 입영 예정 군의관, 전역을 미루고 환자를 돌본 장병들까지 군은 국민과 손을 잡고 어두운 터널을 지나왔다. 지난 2년여 동안 군과 국민은 바이러스와 싸움을 함께한 전우였다. 군율과 기강이 서지 않았다면 이 같은 헌신과 희생은 불가능했을 것이다. 그럼에도 군은 합당한 대우를 받지 못하고 있다. 헌신은 당연하고, 작은 일탈조차 과장하는 데에만 혈안인 것은 아닌지 돌아봐야 한다. 물론 청해부대 집단 감염, 부실 급식, 군내 성추행은 간과하기 어렵다. 서욱 장관 취임 후 대국민 사과만 여섯 차례 했다. 이는 지휘부 책임이지 장병들 기강과는 거리가 있다.

여운태 군단장은 "군인에 대한 처우는 부실한데 감당해야 할 책임은 턱없이 높다"며 애정 어린 관심을 부탁했다. 열악한 처우와 과도한 비난은 명예를 먹고사는 군에 치명적인 바이러스다. 학군, 학사장교와 부사관 지원율이 낮은 이유도 여기에 있다. 사명감도, 보람도 찾기 어렵기 때문이다. 병역 이행은 의무가 아닌 기꺼운 마음으로 할 수 있어야 한다. 그런 여건을 만드는 건 국민들 몫이다. 합당한 비판과 뜨거운 지지가 있을 때 군복무는 명예가 된다.

위나라 장군 오기吳起는 부하를 극진히 아끼고 동등하게 대우했다. 오기는 손무만큼 군율을 중시했지만, 다른 방법으로 군을 이끌었다. 지극한 배려와 관심으로 결속력을 높였다. 부상한 병사의 종기를 입으로 빨아 병사들을 감동시켰다. 위나라 군대가 싸움마다 승리한 건 당연했다. 강군은 이렇게 만들어진다.

공동체를 유지하는 가치로 저항, 분노, 공감, 연대가 강조된다. 제2차 세계대전을 야기한 나치즘은 독일 국민들 사이에 바로 이러한 가치가 부재했기 때문이었다. 당시 독일 국민은 히틀러 선동에 저항하기보다 침묵하거나 오히려 동조했다. 그 결과는 참혹한 홀로코스트였다. 오늘날 독일 교육이 저항, 분노, 공감, 연대에 초점을 맞추는 이유는 여기에 있다.

모든 인류 역사는 저항과 분노를 바탕으로 쓰였다. 한국 근대사만 훑어봐도 그렇다. 동학농민혁명부터 4 · 19의거, 부마항쟁, 5 · 18민주화운동, 6 · 29선언, 촛불혁명까지 역사의 모든 갈피마다 저항과 분노가 스며 있다. 공감과 연대는 사회적 약자와 함께함으로써 공동선을 유지하는 자양분이 됐다. 불의한 권력에 저항하고 분노한 결과, 우리 사회는 흔들리면서도 앞으로 나아갔다. 그리고 국정농단에서 촉발된 분노로 문재인 정부가 출범했다. 그런데 언제부터인지 우리 사회에서 저항과 분노를 찾아보기 어렵게 됐다. 진영 논리에 포획된 나머지 오히려 저항하고 분노하는 이들에게 돌을 던지는 우울한 시대를 살고 있다. 사회적 약자에 대한 공감과 연대 의식도 실종됐다.

그저 진영 안에서 감싸고 합리화하는 기형적인 정치 상황 아래서 불평등은 갈수록 심화되고 있다. 흔히 말하는 상위 1퍼센트만을 위한 사회가 되고 있다. 고려대학교 김우창 명예교수는 이런 한국 사회를 '오만과 모멸로 구조화된 사회'로 정의했다. 승자는 한없이 오만하고 패자는 모멸감을 내면화하는 사회라는 뜻이다. 하버드대학교 마이클 샌델 교수도《공정하다는 착각》에서 비슷한 주장을 펼쳤다. 그는 '공정경쟁'이라는 이름 아래 승자는 턱없이 오만하고, 패자는 한없는 굴욕과 분노를 키운다며 미국 교육제도의 문제점을 지적했다.

마이클 샌델 교수는 가난한 부모에게서 태어난 미국인은 대개 가난한 성인이 된다고 주장했다. 주된 이유가 교육제도다. 그에 따르면, 하버드와 스탠포드 대학생 3분의 2는 소득 상위 10퍼센트 가정 출신이다. 반면 아이비리그 대학생 가운데 하위 10퍼센트 출신자는 4퍼센트도 되지 않는다. 학벌은 소득격차를 낳았다. 1970년대부터 증가한 국민소득 대부분은 상위 10퍼센트에게 집중됐고, 하위 50퍼센트는 아무것도 얻지 못했다. 결과적으로 오늘날 부유한 1퍼센트 미국인이 하위 50퍼센트가 버는 것보다 더 많이 벌고 있다.

이게 미국만의 현상일까. 불행하게도 한국 사회는 더 심각하다. 2020년 한국장학재단에 장학금을 신청한 서울대 · 연대 · 고대생 2명

중 1명은 부모 소득이 1억 1천만 원 이상이었다. 연소득 1억 7천만 원이 넘는 부모도 무려 25퍼센트에 달했다. 반면 기초생활수급자와 차상위계층 가정 자녀는 5.8퍼센트에 그쳤다. 이탄희 의원(민주당)은 "고소득층 가정 학생의 상위권 대학 진학률이 높아지고 있고, 부모의 사회경제적 지위가 자녀에게 대물림되고 있다"고 분석했다.

이미 자산 불평등은 사회적으로 용인할 수준을 넘어섰다. 우리나라 상위 1퍼센트가 16퍼센트, 상위 10퍼센트가 전체 자산의 66퍼센트를 소유하고 있다. 하위 50퍼센트는 1.8퍼센트를 소유하는 데 그쳤다. 부동산 불평등은 한층 심각하다. 부동산 부자 상위 1퍼센트가 25퍼센트, 상위 10퍼센트가 대한민국의 집과 땅 96.4퍼센트를 소유하고 있다. 하위 90퍼센트의 국민은 고작 3.6퍼센트를 갖고 있다. 한국 사회에서 국회의원, 고위 공직자들은 확고한 1퍼센트에 속한다. 이렇게 기울어진 운동장을 만든 정치권력에 저항하고 분노하는 사회라야 마땅하다.

70~80년대는 불의한 독재 권력에 맞섰다면, 이제는 불공정한 정치권력에 저항하는 게 사회정의에 부합한다. 80년대 박종철을 죽음에 이르게 한 군사정권에 분노했다면, 이제는 스펙을 위조해 자녀를 부정입학시킨 조국 일가에 분노하는 게 당연하다. 그런데 이러한 사회적 분노가 진영 싸움으로 변질됐다. 샌델 교수는 미국 명문대 입학 뒤에는 유명 인사들과 사모펀드를 운영하는 거부들이 연루돼 있다고 지적했다. 그런데도 친문 지지층은 조국 일가는 무조건 두둔하고, 이를 비판하는 지식인들을 공격하는 홍위병 역할을 하고 있다.

그깟 표창장 위조가 무슨 죄가 되느냐며 감싸다가, 1·2심 유죄판

엘리트층의 위선과 포퓰리즘

결이 나오자 사법개혁을 외치며 사법부를 흔드는 행태는 지독한 진영 논리 폐해를 보여 준다. 샐던 교수는 미국과 영국, 유럽에서 포퓰리즘이 발흥한 원인으로 집권 엘리트층에 대한 반감을 들었다. 학벌에 기초한 엘리트층의 위선과 소득 불평등에 대한 반발에서 포퓰리즘이 만들어졌다는 지적이다. 전 세계적으로 부와 권력의 대물림과 불평등은 이제 한계에 달했다. 저항과 분노를 외면하면 돌아올 건 극심한 혼란뿐이다.

건강한 시민이라면 오만한 권력, 불공정한 사회에 저항하고 분노해야 한다. 조국, 윤미향, 추미애, 월성원전 수치 조작은 우리 사회 윤리 기준을 무너뜨렸고, 갈등을 부추긴 대표적 이슈다. 이제는 분노와 저항을 넘어 공감하고 연대함으로써 사회 변화를 견인할 때다. 코로나19는 우리에게 연대의 중요성을 일깨웠다. 나만 잘해서는, 나만 안전해서는 안 된다. 이웃이 건강하고 잘살아야 공동체도 유지된다는 평범한 진리가 확인됐다. 이스라엘 정부는 자국민에게는 '부스터(추가 접종)'까지 맞히고 팔레스타인 주민에 대해서는 1차 백신 접종마저 외면했다. 담장을 사이에 둔 팔레스타인인들을 외면한 채 자신들만 안전할 수 있을까.

우리 사회도 그런 어리석음은 없는지 돌아봐야 한다. 나와 우리 가족, 우리나라에만 매몰된 편협함을 넘어서는 연대가 어느 때보다 절실하다. 더불어 건강한 담론 형성을 위해 비판적 목소리를 내는 지식인들의 목소리를 경청해야 한다.

'외눈박이' 트럼트의
교훈

트럼프 전 대통령 재임 당시 트럼프를 정신이상자로 여기는 세계 정상들이 적지 않았다. 트럼프는 걸핏하면 세계질서를 깨뜨리는 독단을 일삼았다. 다른 나라 정상들 눈에는 이런 트럼프의 행동이 상식적으로 이해되지 않았다. 국내 정치에서도 트럼프는 좌충우돌했다. 이 때문에 미국 내에서도 트럼프를 비난하는 목소리가 높았다. FBI 고위관계자들을 지칭하는 '딥 스테이트Deep State'도 그런 부류 중 하나였다. 그들이 트럼프를 정신병자 취급하며 탄핵을 도모했다는 정황도 나왔다. 2020년 조지 폴로이드 사건 당시 트럼프가 보인 언행은 그의 정신세계가 얼마나 황폐한지를 여실히 보여 줬다.

조지 폴로이드 사건은 단순했다. 백인 경찰이 흑인 시민을 살해한 것이다. 공권력이라는 외피를 썼지만 명백한 살인이었다. 그 바탕에는 해묵은 인종차별이 깔려 있었다. 백인 중심 사회에서 흑인은 잠재적 범죄자다. 그날도 플로이드는 범죄자 취급에 저항하다 과잉진압 과정에서 숨졌다. 플로이드 사망 동영상을 본 미국 시민들은 분노했다. 이 때문에 폭력적인 진압과 인종차별에 항의하는 시위가 흑인 백인을 가리지 않고 들불처럼 확산됐다. 일부에서는 폭력 양상을 띠었다. 그런데 트럼프는 정상에서 벗어난 언행으로 여기에 불을 질렀다.

트럼프는 플로이드 사망에 반발하는 시위가 확산되자 "폭동과 약탈을 막기 위해 모든 연방 자산과 군대를 동원하겠다"고 으름장을 놓았다. 여기까지는 국민 치안을 위해 대통령으로서 그럴 수 있었다. 하지만 다음 말에서 그의 피폐한 정신세계가 드러났다. "전문적인 무정부주의자와 안티파(극좌파 단체)가 개입해 테러를 부채질하고 있다." 귀에 익은, 어디선가 많이 들어 본 막말이었다.

5·18민주화항쟁 당시 독재정권도 광주 시민들을 이렇게 오도했다. 그들은 북한 지령을 받은 불순분자에 의한 폭력시위로 몰아갔다. 그리고 김대중을 주동자로 구속했다. 계엄 확대와 폭력적인 진압에 반발해 발생한 시위였음에도 불구하고 외부 탓으로 돌렸다. 국민의힘 전신인 자유한국당과 새누리당, 한나라당에는 이 같은 터무니없는 주장을 신봉하는 정치인들이 적지 않다. 이들은 '불순분자에 의한 광주사태'라는 말로 광주와 희생자들을 욕보이기 일쑤다. 지만원은 아예 1번 광수, 2번 광수 번호를 붙여 가며 5·18을 북한군 소행으로 단정했다.

미국 시민들이 들고 일어선 데는 그만 한 이유가 있었다. 인권을 깡그리 무시한 폭력적인 진압에 분노한 것이다. 백인 경찰은 숨을 쉴 수 없다는 플로이드의 거듭된 외침을 무시한 채 짐승처럼 짓눌렀다. 백

주대낮에 많은 시민들이 지켜보는 가운데 폴로이드는 흑인이라는 이유로 죽음을 맞았다. 시민들은 지독한 인종차별과 자신도 언제든 그런 어처구니없는 죽음에 처할 수 있다는 두려움을 느꼈다. 대통령이라면 공권력 남용을 사과하고 재발 방지 대책을 내놓는 게 순리였지만, 트럼프는 상식을 벗어났다. 한국이라면 당장 경찰청장 파면 요구가 빗발쳤을 중대한 사안이었다.

트럼프가 무정부주의자나 안티파에게 책임을 떠넘긴 건 핵심 지지층을 의식한 계산된 발언이었다. 선거를 앞두고 백인 보수 유권자 결집을 꾀하려는 얄팍한 속셈은 최소한 인간에 대한 예의마저 저버렸다. 세계 1등 국가 대통령치곤 한심한 정신세계였다. 트럼프는 대선 결과가 발표된 뒤에도 지지층을 선동했다. 트럼프 선동에 호응한 시위대는 부정선거를 주장하며 워싱턴 의회에 난입해 폭력을 행사했다. 미국 역사상 처음 있는 일이었다. 그런 트럼프에게 애민愛民을 기대한 건 애초부터 무리했다.

당시 언론에는 조지 폴로이드 죽음에 항의하는 시위대 옆에서 무릎 꿇고 동조하는 경찰관들이 보도됐다. 그들은 보편적인 인간애를 실행에 옮겼다. 일선 경찰관들이 이럴진대 대통령이라면 더 큰 책임을 통감했어야 한다. 더욱이 다민족국가 미국에서 통합과 화합은 중요한 책무라는 점에서 트럼프의 속 좁은 행동은 두고두고 화제가 됐다. 전임 대통령 오바마는 이와 대비됐다. 2015년 6월 사우스캐롤라이나주 찰스턴대학 영결식장에서 오바마는 추도사 도중 '어메이징 그레이스(놀라운 은총)'을 불렀다.

'외눈박이' 트럼트의 교훈

미국인들에게 어메이징 그레이스는 국민 찬송가다. 흑인 노예선 선장이었던 영국 성공회 신부가 노랫말을 만든 것으로 알려진다. 그는 자신이 흑인 노예 거래에 가담한 잘못을 뉘우치고 속죄하는 심정을 노래에 담았다. 오바마 대통령이 찰스턴대학 영결식장에 선 것도 당시 백인우월주의자에게 흑인 9명이 숨졌기 때문이다. 추도사 도중 나온 갑작스런 노래에 5천여 청중은 환호성을 터뜨렸다. 그러다 노래가 끝날 즈음에는 많은 이들이 눈물을 훔쳤다. 오바마 대통령이 1분 동안 부른 이 노래는 미국을 하나로 묶는 화합의 메시지였다.

트럼프는 재임 당시 같은 공화당 소속 전임 조지 W. 부시 대통령에게도 비난의 화살을 날렸다. 자신이 탄핵 위기에 처했을 때 도와주지 않았다는 이유에서다. 부시는 코로나19라는 공동 위협에 맞서 당파적 분열을 버리고 단결하자고 호소했는데, 트럼프는 "탄핵 때 그는 어디에 있었느냐"며 서운함을 드러냈다. 공과 사를 구분 못 하는 트럼프로 인해 재임 기간 4년 동안 미국은 국제사회에서 천덕꾸러기 취급을 받았다.

우리 사회에는 이런 유치함과 악마적 사고가 없는가. 우리 사회에도 정파에 매몰돼 여전히 5·18을 부정하는 외눈박이들이 적지 않다. 오바마의 통합과 트럼프의 독선 사이에서 갈 길은 분명하다. 통합과 포용은 공동체를 지탱하는 핵심 덕목이다.

묵묵히 길을 만든
4인의 삶

한 해를 마감하며 각기 다른 삶을 살다 갔거나 살고 있는 네 명의 인물을 책과 영화로 만나고, 직접 만나 대화를 나누었다. 독립운동가 조성녀, 고문치사 희생자 박종철, 가난한 기부천사 김우수, 세계적인 정원을 일군 성범영. 조성녀는 조마리아 여사로 알려진 안중근 의사의 어머니다. 박종철은 전두환 군사정권 아래서 고문으로 숨진, 80년대를 상징하는 민주화 인사다. 자장면 배달부 김우수 씨는 어려운 처지임에도 모든 걸 내놓고 세상을 떠난 기부천사다. 마지막으로 성범영 원장은 제주도에 세계적인 정원을 일군 집념의 농부다. 성 원장을 제외한 셋은 오래전 세상을 떴다.

제주 '생각하는 정원'에서 만난 성범영 원장의 생은 지극한 정성이면 산도 옮긴다는 '우공이산愚公移山'으로 집약된다. 그는 일생을 세계 최고 정원을 가꾸는 데 바쳤다. 1968년부터 황무지를 일궈 돌담을 쌓

193   묵묵히 길을 만든 4인의 삶

고 나무를 심고 분재를 키워 정원을 만들었다. '생각하는 정원'은 2020년, 2021년 2년 연속 세계적인 여행 플랫폼 트립어드바이저로부터 '트래블러스 초이스 어워드(여행자가 뽑은 상)'을 받았다. 한국관광공사는 국제행사를 열기에 적합한 '유니크 베뉴unique venue'로 이곳을 선정했다. 생각하는 정원에서 국제행사만 33차례 열렸다.

생각하는 정원은 해외에 더 알려져 있다. 1995년 11월 장쩌민 중국 주석 방문 이후 공산당 고위 간부만 6만여 명이 다녀갔다. 중국인들에게는 필수 코스이고, 유럽인들에게도 핫 플레이스다. 반듯한 꼴을 갖추기까지 성 원장은 "미친놈" 소리를 들어 가며 땀과 눈물을 쏟았다. 그 세월이 54년이다. 꿈은 아직도 진행 중이다. "단순한 관광지가 아닌 인생을 배우는 정원으로 만들어 세계인을 끌어 모으겠다."

김우수 씨(54세 작고)의 삶은 영화다. 그는 어린 시절을 고아원과 교도소에서 보냈다. 생을 마감하기까지 자장면 배달부로 살았다. 그가 아름다운 건 그 진정한 나눔 때문이다. 세상 가장 낮은 곳에 있으면서도 자신보다 어려운 이웃을 살폈다. 70만 원 남짓한 월급으로 무려 다섯 아이를 후원했다. 한 명이라도 더 후원하려고 야식 배달도 했다. 자신은 1.5평 고시원에 살면서도 아이들이 보내온 편지를 읽으며 눈물 흘렸다. 영화를 보는 내내 그가 남긴 유산에 대해 생각했다.

박종철은 한국 사회 전환점에서 독재정권에 의한 희생자다. 군사정권은 21세 대학생을 불법 감금, 물고문하다 숨지게 했다. 황호택 전 동아일보 논설주간이 쓴 《박종철 탐사보도와 6월 항쟁》은 그 과정을 소상히 기록했다. 박종철의 죽음은 6월항쟁 불씨가 됐고, 결국 6·

29선언을 이끌어 냈다. 처음에는 쇼크사로 조작돼 묻힐 뻔했다. 그의 죽음이 고문치사로 밝혀지기까지는 수많은 이들의 목숨 건 고발이 있었다. 삼엄했던 시절, 그들은 불이익을 마다하지 않았다. 진상을 언론에 처음 알린 법조인, 보도지침을 어기고 보도한 언론인, 시신을 화장하라는 명령을 거부한 채 부검을 고집한 검사, 부검 결과를 조작하라는 지시에 따르지 않은 국과수 의료인, 추가 고문 가담자를 교도소 밖에 알린 야당 정치인과 교도관, 그리고 이를 폭로한 천주교 사제까지. 고비고비마다 목숨을 건 저항과 분노가 쌓여 역사의 물길을 바꿨다.

조마리아의 삶은 노블레스 오블리주다. 조 여사와 안중근 일가는 해주 일대 명문가였다. 그러나 안락한 삶을 뒤로한 채 독립운동이란 가시밭길에 들어섰다. 조 여사는 장남 안중근을 포함해 안성녀, 안정근, 안공근까지 4남매를 독립운동 제단에 바쳤다. 그리고 사형선고를 받은 아들에게 편지를 보내 죽음을 구걸하지 말라고 했다.

안중근은 "무죄인 나에게 감형은 치욕"이라며 항소를 거부했다. 그런 아들에게 어머니는 "사랑한다"가 아닌 "죽으라"는 편지를 보냈다. "네가 항소한다면 그것은 일제에게 목숨을 구걸하는 짓이다. 네가 나라를 위해 이에 이른즉 딴 맘먹지 말고 죽으라. 옳은 일을 하고 받는 형刑이니, 비겁하게 삶을 구하지 말고 대의에 죽는 것이 어미에 대한 효도다." 우리 독립운동사에서 가장 뜨겁고 슬픈 편지가 아닐까 싶다.

신독愼獨은 다른 게 아니다. 조 마리아에게 나라 위한 뜨거운 헌신을, 박종철에게 불의한 권력에 맞서는 저항과 분노를, 김우수에게 약자에 대한 공감과 연대를, 성범영에게 흔들림 없는 의지를 배웠다.

묵묵히 길을 만든 4인의 삶

홍콩과 팔레스타인, 빛나는 연대의 힘

이스라엘 예루살렘에 '피스 나우Peace now'라는 시민단체가 있다. 팔레스타인 권리보호와 인권신장을 위해 힘쓰는 양심적인 단체다. 10여 년 전 이스라엘 현지에서 이들을 취재할 기회가 있었다. 피스 나우는 국제사회와 연대해 이스라엘 정부에 맞서 왔다. 그들은 팔레스타인에 대한 부당한 억압을 국제사회에 알리고 반대 여론을 조성함으로써 이스라엘 정부를 견제하는 역할을 했다. 이스라엘 정부에 의한 반인륜적인 불법 점령촌과 분리장벽 철거가 주된 목표다. 시오니즘이 팽배한 이스라엘에서 이 같은 활동은 매우 위험하다. 일본에서 한국을 옹호하고, 한국에서 일본을 편드는 것과는 차원이 다르다. 신변 위협은 물론이고 테러나 린치, 심지어 목숨까지 걸어야 한다.

이들이 목숨을 내놓고 이스라엘 정부와 싸우는 이유는 무엇일까. 보편적인 인류애를 실현한다는 사명감 때문이다. 예수가 태어난 곳,

이스라엘은 속내를 알고 나면 역설적인 땅이다. 1948년 5월 건국 이후 이 땅에서는 하루도 분쟁이 끊이질 않았다. 폭력과 무고한 희생은 일상이 된 지 오래다. 팔레스타인인이 2천 년 동안 거주해 온 땅을 이스라엘은 새로운 주인을 자처하며 피로 적셨다. 이스라엘과 팔레스타인의 불안한 동거는 이스라엘이 우세한 군사력을 확보하면서 기울어진 운동장이 되었다. 이스라엘은 힘을 앞세워 팔레스타인 거주지에 점령촌을 건설하고 이동을 제한하는 분리장벽을 세웠다. 결과적으로 팔레스타인 땅을 갉아먹고 팔레스타인인을 절멸시키는 잔인한 정책이다. 국제사회 비난도 아랑곳하지 않는다.

팔레스타인 거주지를 콘크리트로 봉쇄한 담장은 자유로운 이동을 제한한다는 점에서 거대한 감옥이나 다름없다. 이스라엘과 팔레스타인 사이 국경선 길이는 340킬로미터 정도. 그런데 분리장벽은 그 두 배 이상인 790킬로미터에 달한다. 팔레스타인 자치지구에 건설한 불법 점령촌 때문이다. 이스라엘은 자국민을 보호한다는 이유로 점령촌을 따라 분리장벽을 둘러쳤다. 결국 팔레스타인인들은 콘크리트 담장 안에 갇혀 이동의 자유를 빼앗겼다. 1989년 예루살렘을 방문한 남아프리카공화국 데스몬드 투투 대주교는 "분리장벽은 한때 남아공에서 백인이 저지른 짓과 똑같다"며 이스라엘 정부를 비난했다. 백인과 흑인 거주지를 분리했던 '아파르트헤이트(인종분리정책)'에 장벽을 빗댄 것이다.

만델라 대통령이 집권하기 이전, 남아공에서 백인과 흑인 차별은 당연시됐다. 흑인들은 활동 반경이 제한됐고 신체를 구속당했다. 절망과 분노는 폭력을 낳았다. 만델라는 대통령에 취임하자마자 아파르트헤이트를 종식시켰다. 분리장벽과 점령촌은 이스라엘판 아파르트헤이트다. 이스라엘 취재 당시 만난 오펜하이머 피스 나우 사무총장은 "분리장벽은 사실상 지구상에서 가장 큰 감옥이다. 이 때문에 팔레스타인인들은 패배감과 무력감에 처해 있다. 이스라엘 정부는 반인류적인 점령촌 건설을 멈춰야 한다"고 했다. 피스 나우에게 가장 큰 힘은 국제사회와 연대다.

연대는 외롭고 힘든 싸움을 이겨 내는 원동력이다. 고립된 이들에겐 유일한 희망이자 위안이다. 귀국 후 이스라엘의 부당함을 고발하는 칼럼을 몇 편 쓴 건 내 방식대로 연대였다. 오랜 기억을 비집고 이스라엘 시민단체 피스 나우를 떠올린 건 지난해 홍콩 시위와 미얀마 사태 때문이었다. 한국 대학생들은 홍콩 시민들과 연대하여 중국 정부의 강경 진압에 반대하고, 홍콩 민주화 시위를 지지했다. 연대의 기운은 한양대, 서울대, 고려대, 연세대, 외대, 세종대, 부산대, 충남대, 목원대까지 전국 대학가로 불붙었다.

우리 대학생들은 '한 장이 떨어지면 열 명이 함께할 것이다', '지금 홍콩은 80년 오월 광주입니다', '홍콩의 아픔에 연민하고 연대합시다'라며 홍콩 시위를 지지했다. 이 과정에서 어긋난 민족주의에 사로잡힌 중국 유학생들과 마찰을 빚었다. 중국 유학생들은 우리 학생들이 쓴 대자보를 찢고 몸싸움을 벌였다. 한국 학생들은 보편적 인류애를 말했는데, 중국 학생들은 맹목적인 국가주의로 답한 셈이다. 한국 대학생들은 미얀마 시위대와도 연대했다. 우리 대학생들이 보여 준 성숙한 연대 의식은 높이 평가할 만하다. 중국 공산당을 상대로 한 버거운 싸움에서 홍콩 시민들은 커다란 위안을 얻었다. 미얀마 시민들도 군부에 맞서 시위 동력을 찾았다. 홍콩 시위와 미얀마 사태는 우리 근현대사를 연상케 했다. 우리도 민주화 과정에서 연대를 동력으로 삼았다.

왕조시대 민란부터 근대화 이후 동학농민혁명, 5·18민주화운동, 6월 항쟁까지 연대는 역사를 추동하는 원동력이 됐다. 시민들은 함께함으로써 부당한 권력과 불의, 불평등에 맞섰다. 그렇게 성취한 과실을 나누며 민주주의를 발전시켜 왔다. 물론 불평등과 소득 불균형이라는 부작용을 낳았지만, 그 밑바탕에는 연대가 자리하고 있다. 연대 solidarity는 밀집, 오래 견디는, 굳건함을 의미한다. 뜻을 같이하는 연대는 어느 시대나 사회 변화를 이끄는 원동력이 됐다. 연대는 고립된 약자와 함께할 때 한층 빛난다. 약육강식이 지배하는 국제사회에서 연대는 한층 의미를 갖는다. 약자들이 고단함을 딛고 일어설 수 있는 힘이 연대다.

2019년 11월 26일 선거에서 홍콩 시민은 승리했다. 452명을 뽑는 구의원 선거에서 범민주파가 388석(86퍼센트)으로 압승했다. 반면 친중파는 60석(13.3퍼센트)에 그쳤다. 그전에 친중파 327석, 범민주파 118석이었던 걸 감안하면 성공한 시민혁명이었다. 71.2퍼센트라는 역대 최고 투표율은 연대가 만든 결과였다. 전체 유권자 413만 명 가운데 무려 294만 명 이상이 투표장에 나왔다. 물론 중국 정부의 억압은 계속되고 있지만 홍콩 시민들이 보여 준 연대 의식은 놀라웠다.

광주 5 · 18도 연대에 힘입어 조금씩 진실이 드러나고 있다. 독일 기자 위르겐 힌츠페터는 5 · 18 실상을 국제사회에 처음 알렸다. 당시 광주는 신군부에 의해 철저하게 고립됐으나, 힌츠페터 보도는 광주 시민과 국제사회 연대를 이끌어 냈다. 국제사회는 무자비한 진압에 분노하고 공감했다. 결국 5 · 18은 6월 항쟁으로, 끝내는 군부독재를 종식시키는 밑거름이 됐다.

이웃이 처한 고통을 외면하지 않는 시민의식이 역사를 만든다. 팔레스타인인이 자신들 땅에서 자유롭게 활보하고, 홍콩 시민이 정당한 민주주의를 누리고, 미얀마 시민들이 말할 수 있는 자유를 획득하고, 시리아 난민들이 독립된 나라를 세우고, 우리 사회 약자들이 차별받지 않는 토양이 만들어질 때까지 연대는 계속되어야 한다. 연대는 동정이 아니라 함께하는 공감이다. "연대는 우리 사회를 결속시키는 강력한 힘이다."(독일 사회민주당 '함부르크 강령' 중에서)

제3국 출생 탈북 청소년,
나는 누구인가

"행복한 가정은 모두 비슷한 이유로 행복하지만, 불행한 가정은 저마다 이유로 불행하다." 소설 《안나 카레니나》 첫 문장은 이렇게 시작한다. 톨스토이는 무슨 말을 하고 싶었던 것일까. 소설이 아니라도 우리가 현실에서 만나는 가정은 저마다 다른 빛깔과 사연을 지니고 있다. 행복한 가정도, 불행한 가정도 그리고 색다른 가정도 있다.

20대 국회에서 의원을 지낸 임재훈 교수(국민대학교)에게 가족과 가정은 남다른 의미다. 그는 탈북민을 자녀로 입양해 흔치 않은 가족 형태를 유지하고 있다. 임 교수가 입양한 탈북민 자녀는 모두 세 명이다. 3년 전 결혼해 출가한 A씨(33·여), 함께 살고 있는 C씨(25·여), 그리고 지금은 따로 살고 있는 B씨(31·남)다. A씨와 B씨는 남매다. 한 명도 쉽지 않은데 어쩌다 세 명이나 입양했을까. 그것도 성인이 된 이들을 입양한 사연은 무엇일까. 그에게서 10년 가까운 입양 가족사를 듣노라면 우리가 풀어야 할 과제를 만나게 된다.

임 교수와 부인 문현숙 씨가 A씨 남매를 처음 만난 건 2012년 다니던 교회에서다. 첫 만남부터 끌렸다는 부부는 선뜻 입양을 결정했다. 당시 남매는 24세, 22세였다. 적지 않은 나이에다 북에는 친부모가 생존해 있었다. 생부와 생모 처지를 감안해 법적 입양 절차는 밟지 않았지만 가족처럼 지냈다. 남매는 임 교수 집으로 들어와 가족으로 지냈다. 함께 아침을 맞고 잠자리에 들며 기쁨과 슬픔을 나눴다. 매월 가족회의를 통해 집안 대소사를 논의했다. "아빠와 엄마", "아들과 딸"로 불렸고, 임 교수의 외동아들도 A씨 남매를 "누나와 형"으로 살갑게 따랐다. 흔히 볼 수 없는 조합이지만 서로 아끼고 배려했다.

A씨는 대학 졸업 후 간호사로 일하다 2018년 역시 자신과 같은 처지인 탈북민과 결혼해 이듬해 아들을 낳았다. "딸아이 손을 잡고 예식장에 들어설 때 떨리기도 했지만 많은 생각이 스쳤다"는 임 교수는 "소중한 인연에 감사하다"고 했다. 그는 수년 전 어버이날 받은 손편지를 잊지 못했다. "아버지, 어머니가 있다고 말할 수 있는 것만으로도 감사합니다. 마음으로 아껴 주시고 보살펴 주신 은혜 잊지 않겠습니다. 사랑합니다." 임 교수는 "국회의원이 됐을 때보다 편지를 받았을 때 더 기뻤다. 한 번도 입양 결정을 후회한 적 없다. 더 잘해 주지 못해 미안할 뿐"이라고 했다.

그리고 임 교부 부부는 2020년 C씨를 또 입양했다. 알파벳도 몰랐던 C씨는 1년 만에 미국 유학길에 오를 만큼 언어 감각이 뛰어났다. C씨는 얼마 전 시카코대학에 합격해 미국으로 떠났다. C씨를 떠나보내

는 공항 출국장에서 임 교수 부부는 뜨겁게 작별했다. 임 교수는 국회
의원으로 활동할 때 탈북민 입양을 인연으로 중국과 몽골 등 제3국에
서 태어난 북한 이탈주민 자녀와 관련된 법안을 발의했다. 그들도 정
부 지원에 포함시키자는 내용이었다. 하지만 상정되지 못한 채 폐기
돼 아쉬움으로 남아 있다.

2021년 현재 남한에 정착한 탈북민은 3만 4천여 명으로 파악된다.
대부분 월소득 2백만 원 미만 비정규직 노동자로서 경제적 어려움과
고립감이 크다. 사망한 탈북민 10명 중 1명은 스스로 목숨을 끊었다
는 통계는 이 같은 현실을 반영한다. 일반 국민 자살률 0.47명에 비하
면 두 배 이상 높다. 자살 충동을 경험했다는 응답도 85.7퍼센트에 달
한다. 더욱 안타까운 건 중국이나 몽골에서 태어난 탈북민 자녀들이
다. 이들은 북한에서 출생한 청소년과 달리 정부 지원을 받지 못한 채
사각지대에 놓여 있다. 탈북민이 아니라는 이유에서다.

제3국 출생 탈북민 자녀는 갈수록 늘고 있는 실정이다. 전체 탈북
민 자녀 가운데 제3국 출생은 2011년 40.3퍼센트에서 2020년 62.8퍼
센트로 북에서 태어난 청소년을 앞질렀다. 정부는 북한 출생 탈북 청
소년에게 국공립대학 등록금 면제, 기본 정착금 8백만 원, 주거 혜택
을 지원하고 있다. 하지만 제3국 출생 탈북민 자녀에게는 양육 가산
금 450만원과 대학 등록금 2백만 원 지원이 전부다. 그나마 1회에 그
친다. 북한에서 태어난 탈북 청소년과 달리 언어가 서툴러 더 많은 배
려가 필요함에도 현실은 반대다. 제3국 탈북 청소년 우울증은 2018년
45.3퍼센트에서 2020년 59.4퍼센트로 급증했다는 통계는 이러한 현

실을 보여 준다.

이와 관련해 '장애인 고용촉진법'에 이들을 포함시키면 어떨까 싶다. 현행 법은 정원의 3.4퍼센트를 장애인으로 의무 고용하도록 명문화하고 있다. 하지만 의무 고용 비율을 채우는 기관은 많지 않다. '장애인 고용촉진법'을 개정해 의무 고용 대상에 장애인 외에 탈북민과 다문화가정 자녀를 포함시키면 좋은 대안이 될 수 있다. 탈북민 자녀들에게는 일자리를 제공하는 한편, 장애인 의무 고용을 이행하기 어려운 공기관의 부담금을 덜어 줄 수 있다.

임 교수는 "탈북 청소년은 향후 남북한 사회통합 과정에서 가교 역할을 하게 된다. 탈북 자녀들을 차별 없이 지원하는 건 향후 우리 사회통합에 도움이 될 수 있다. 만약 이들이 제대로 정착하지 못하면 자칫 사회문제가 될 수 있다"면서 "국회와 정부는 북한 이탈주민에 대한 범주를 제3국에서 태어난 자녀까지 확대할 필요가 있다"고 강조했다.

톨스토이는 《안나 카레리나》에서 "불행한 가정은 저마다 이유로 불행하다"고 했다. 제3국 출생 청소년을 차별하는 건 불행한 가정을 방치하는 것과 다르지 않다. 그들이 정체성 혼란에서 벗어나 행복한 가정에서 성장할 수 있도록 지원하는 건 우리 사회에 주어진 책임이다.

4부

잊을 수 있는
모든 것을 잊자

일본 가나자와(金澤)에는 윤봉길 의사 암장지가 있다. 윤 의사는 중국 상하이에서 폭탄을 투척해 사형을 언도 받았다. 그런데 어떤 이유로 중국이 아닌 일본 가나자와에서 총살이 집행됐고, 일제는 왜 윤 의사 시신을 몰래 묻었을까. 또, 어떤 연유로 숨진 지 13년 만에 유해를 서울 효창공원으로 이장했을까. 윤 의사 의거와 사형 집행, 암장, 국내 송환 과정을 알면 숙연해질 수밖에 없다. 3·1운동과 상해 임시정부 수립(4월 11일) 100년이 된 2019년 2월, 윤 의사의 손녀인 윤주경 전 독립기념관장 퇴임을 둘러싸고 난데없는 정치 공방이 벌어졌다.

'장부출가 생불환丈夫出家 生不還.' 뜻을 이루기 전까진 살아서 돌아오지 않겠다는 결연한 의지다. 윤 의사는 1930년 3월 6일, 이 일곱 글자를 남기고 압록강을 건넜다. 그때 나이 스물세 살, 사랑하는 아내와 두 아이를 둔 가장 신분이었다. 그리고 2년 뒤인 1932년 4월 29일 상하이 홍커우(虹口)에서 폭탄을 투척했다. 시라카와 대장을 비롯한 몇은 현장에서 즉사했다. 제9사단장 우에다와 주중공사 시게미쓰는 중상을 입었다. 시게미쓰는 훗날 외무대신에 올랐다. 그는 이날 오른쪽 다리를 잃고 평생 의족과 지팡이에 의지해 살았다. 1945년 9월 2일 미국 전함 미주리호에서 맥아더 장군이 지켜보는 가운데 다리를 절룩이며 항복문서에 서명한 인물이 그다.

일제는 윤 의사를 가나자와로 이송, 그해 12월 19일 사형을 집행했다. 가나자와를 선택한 이유는 분풀이를 위해서다. 당시 상하이에 주둔했던 제9사단 본거지가 가나자와였다. 그날 윤 의사 의거로 9사단은 타격을 입었고, 9사단장은 불구가 됐다. 그 앙갚음 장소로 가나자와를 선택했으니 옹졸한 처사였다. 지금은 그 자리에 자위대가 주둔하고 있다. '윤봉길의사 암장지 보존 월진회 일본지부장'을 맡고 있는 박현택 씨에게 가나자와에서 사형 집행, 육군묘지 앞 암매장, 암장지 발굴 비화까지 들을 기회가 있었다. 일본인들은 봄, 가을 두 차례 육군묘지 참배 후 이때 나오는 쓰레기를 암장지에서 태운다고 한다.

암장지 코앞에는 태평양전쟁에서 숨진 일본군 육군묘지가 있다. 일제는 윤 의사 유해를 육군묘지 참배객들이 오가는 통로에 몰래 묻었다. 윤 의사 유해를 밟고 다니라는 의도였다. 1945년 11월 귀국한 김구는 첫 번째 과업으로 독립운동가 유해 발굴을 지시했다. 가나자와에 살던 동포 50여 명이 윤 의사 유해 발굴에 참여했다. 1946년 3월 3~6일까지 진행된 발굴은 박현택 씨 큰아버지인 박동조와 선친 박송조가 주도했다. 암장지를 찾지 못해 애를 태우던 중 야마모토 료도라는 여자 스님에게 단서를 얻었다. 윤 의사를 암장지에 묻기 전 염불했던 스님이었다. 수습된 윤 의사 유해는 그해 서울 효창공원으로 이장됐다. 윤 의사는 3의사 묘역에 백정기, 이봉창 의사와 나란히 묻혔다. 김구 선생 묘역도 가까이에 있다.

중국 상하이 홍커우 공원(루쉰 공원으로 개명)에는 윤 의사를 기린 '매헌정梅軒亭'이 있다. 매헌은 윤 의사 호다. 10여 년 전 이곳에 들렀다 먹먹했다. 거사 직전 태극기 앞에서 수류탄을 들고 찍은 사진 속 윤 의사 눈빛은 강렬했다. '장부출가 생불환'이란 글도 인상적이었다. 그 뒤로 10여 년 후 일본 가나자와 암장지 앞에 섰다. 윤 의사가 뜻을 품고 집을 나선 때는 스물세 살, 그리고 스물다섯 살에 죽음을 맞았다. 윤 의사는 훗날 "사랑스런 부모형제와 애처애자와 따뜻한 고향산천을 버리고 쓰라린 가슴 부여잡고 압록강을 건넜다"고 썼다. 부끄러웠다.

오늘 우리가 누리는 안온한 삶은 윤 의사를 비롯한 수많은 이들에게 빚지고 있다. 나라를 위한 희생은 광복 70년이 지났어도 계속되고 있다. 박현택 씨도 그 가운데 한 분이다. 윤 의사 암장지가 있는 가나자와는 일본에서도 우익이 드센 지역이다. 이곳에서 박현택씨는 수십년째 윤 의사 암장지를 지키고 있다. 직업은 대리운전이다. 90을 넘긴 아버지를 간병하고 생계를 꾸리기 위해 밤이면 운전대를 잡는다. '친일파 후손들은 잘 먹고 잘사는데 독립운동가 후손들은 그렇지 못하다'는 언론보도는 사실이다. 77세라는 적지 않은 나이에 일본 땅에서 대리운전을 하며 윤 의사 암장지를 지키고 있는 그에게 죄송했다. 박현택 씨는 우리말과 이름을 고집하며 귀화를 거부했다. 일본 우익들

윤봉길이 일깨우는 부끄러움

에게 눈엣가시가 아닐 수 없다.

처자를 뒤로한 채 압록강을 건넌 스물세 살 청년 윤봉길. 그리고 온갖 협박에 굴하지 않고 일본 우익과 싸우며 의사의 암장지를 지키는 일흔일곱의 박현택. 그들은 시공을 뛰어넘어 우리에게 부끄러움을 가르친다.

윤주경 전 독립기념관 관장은 2019년 언론 인터뷰에서 "100주년을 기념하는 것도 좋지만 '매년 100주년'이란 마음으로 독립운동 의미를 되새겼으면 좋겠다"고 했다. 그러면서 자신에게 독립기념관장 사퇴를 종용한 국가보훈처에 대해 "자신들이 뭘 해야 하는지 인식이 부족했다"며 씁쓸해했다. 당시 윤주경 관장 사퇴를 둘러싸고 청와대, 보훈처, 정치권은 책임 소재를 놓고 낯 뜨거운 공방을 벌였다. 사후 90년이 지나서까지 윤봉길 의사가 정치권에 소환되고 그 손녀까지 정쟁에 휘말리는 현실을 지켜보는 건 민망하다.

　일본 규슈(九州)와 야마구치(山口)는 우리 근대현사에서 특별한 곳이
다. 일본 열도 전역이 한국과 이런저런 인연으로 얽혀 있지만 규슈와
야마구치는 한층 각별하다. 최남단 가고시마 치란(知覽)부터 최북단 홋
카이도 비바이(美唄)까지 일본은 조선, 곧 한국에 여러 영향을 미쳤다.
규슈 남쪽 치란에는 가미카제(神風) 특공대 기지가 있다. 태평양전쟁
말기 자살 특공대로 이름을 떨쳤던 부대가 주둔한 곳이다. 가미카제
는 광기 어린 군국주의를 상징한다. 그래서인지 일본 우익들은 치란
을 즐겨 찾는다. 이곳에서 발진한 전투기는 편도 비행만 가능한 기름
을 채우고 폭탄을 탑재한 채 미국 항공모함으로 돌진했다. 그리곤 돌
아오지 않았다. 생명을 도구로 삼는 섬뜩한 광기였지만 군국주의 일
본은 '산화散花'로 미화했다. 치란 특공기지 한쪽 구석에는 조선인 자
살 특공대 11명을 기린 위령비가 있다. 남의 나라에서 원하지 않는 죽

음을 맞았을 그들의 원혼을 생각하면 착잡하다.

남쪽 가고시마 치란과 반대편에 위치한 북쪽 홋카이도(北海島)에서는 조선인 강제징용 노동자 2천여 명이 숨졌다. 기록에 의하면 전쟁 기간 동안 조선인 15만 명이 끌려왔다고 한다. 그들은 이곳에서 석탄을 캐고 비행장 활주로 건설에 동원됐다. 비바이(美唄) 탄광은 조선인 수백 명이 폭사한 역사적 현장이다. 2015년 이곳에서 발굴된 유골 115구가 고국에 돌아왔다. KBS는 '70년만의 귀향'라는 다큐멘터리 프로그램을 통해 그 험난한 귀향을 소개했다. 한일 민간단체가 주도해 18년 만에 이룬 결실이었다. 삿포로 약왕사라는 절에도 조선인 강제징용자 유골 816기가 안치돼 있다. 대한불교 관음종과 일본 조종동이 매년 위령제를 지내고 있다. 이렇듯 일본 최남단에서 최북단까지 한국인들의 한 많은 흔적은 차고 넘친다.

2019년 임시정부 수립 100주년을 맞아 야마구치를 방문했다. 《상투를 자른 사무라이》라는 책도 동기를 부여했다. 야마구치는 일본 우익의 뿌리를 들여다보기에 적합한 곳이다. 이곳은 일본 근대화와 군국주의를 추동한 특별한 지역이다. 아베 우익 정권과도 긴밀하게 연결돼 있다. 아베 총리 지역구가 야마구치현 시모노세키다. 아베는 이곳을 지역구로 중의원 여덟 차례, 총리 두 번을 지냈다. 시모노세키에서 한 시간 거리에 있는 하기(萩)는 인구 4만 명에 불과한 작은 어촌이다. 이곳에서 한일병합을 주도한 인물들이 무더기로 나왔다. 초대 통감을 지낸 이토 히로부미부터 2대 아라스케, 3대 마사타케, 그리고 초대 총독을 지낸 마사다케와 2대 요시미치가 이곳 하기 출신이다. 또 일본 육군의 교황으로 불리는 야마가타 아리토모도 하기에서 태어나 자랐다. 하기 출신 정치인과 군인들은 번갈아 가며 조선을 유린했다. 대한제국 외교권을 박탈한 1905년 을사늑약부터 1919년 3·1운동까지 15년 동안 이들은 조선을 완벽하게 침몰시켰다.

《상투를 자른 사무라이》를 쓴 이광훈은 "(야마구치 하기를 알고 난 뒤) 지금까지 일본 대 조선이라는 국가 간 대결 구도로 파악해 왔던 한일 근대사에 관한 상식이 와르르 무너졌다. 일본 열도에서 60분의 1에 불과한 1개 번*에게 조선이 당했다"며 하기에 특별한 의미를 부여했다. 쉽게 말하자면, 조선은 일본에게 무너진 게 아니라 작은 어촌 마을 하기에게 깨졌다는 것이다. 이곳에서 자란 이토 히로부미와 야마가타 아리토모가 대표적 인물이다. 둘 다 천민 출신이지만 일본 정치와 군을 장악했다. 히로부미는 행정부를 장악해 일본 근대화에 필요한 국가제도를 만드는 초석을 깔았다. 아리토모는 군부를 손에 넣고 군국주의의 기틀을 마련했다. 두 사람은 조선을 약탈하는 데 핵심 역할을 했다. 한 사람은 정치로, 다른 한 사람은 군을 이용했다. 강제 한일병합에 참여한 8인 또한 두 사람에게 정신적 뿌리를 두고 있다.

야마구치(메이지유신 당시 조슈번) 세력은 가고시마(당시 사쓰마번)와 손을 잡고 막부(무사 정권)를 끝장냈다. 흔히 말하는 샷초동맹은 메이지(明治)유신을 추동했다. 일본은 메이지유신을 기점으로 근대화를 향해 무섭게 돌진했다. 일본 근대화는 동아시아에서 가장 빨랐다. 조선은 메이지유신보다 100년 늦은 1960년대 후반에서야 산업화를 시작했다. 메이지유신을 통해 역량을 축적한 일본은 주변 국가를 침략했다. 청일전쟁, 러일전쟁, 만주사변, 조선침략, 태평양전쟁까지 거침없었다. 일본은 오랜 강국 중국(청나라)은 물론이고 러시아까지 꺾었다. 이웃 조선도 집어삼켰다. 나아가 미국을 상대로 전쟁을 벌였다. 결국 히로시마와 나가사키에 원자폭탄을 맞고 투항했지만, 한동안 그들은 욱일승천 기세였다. 결국 메이지유신은 일본 근대화라는 빛과 군국주의라는 광기를 동시에 낳았다. 그 출발점이 바로 이 작은 어촌 마을 야마구치 하기였다.

이토 히로부미를 비롯한 우익 인사들을 거슬러 올라가면 요시다 쇼인(吉田松隆)이라는 인물을 만나게 된다. 요시다 쇼인은 이들을 기른 정신적 지주다. 쇼인은 하기에 쇼카손주쿠(松下村塾)란 사설 학원을 열고 훗날 일본을 좌지우지할 인물들을 키웠다. 쇼카손주쿠는 다다미 여덟 장 크기 작은 집이다. 한데 이곳에서 동문수학한 이들은 막부 말기 일본 정계와 군벌로 성장한다. 쇼인은 서른 나이에 불꽃같은 삶을 마감했지만 아흔 명에 달하는 제자를 길렀다. 그 가운데 이토 히로부미, 다카스기 신사쿠, 야마가타 아리토모, 이노우에 가오루는 낭중지추였다. 작은 시골 학숙에서 다섯 명에 달하는 총리가 나왔다. 야마구치로 확대하면 아베 총리까지 특정한 지역에서 배출된 총리만 무려 11명에 이른다. 군 장성은 셀 수도 없다.

요시다 쇼인 신사를 방문한 날은 봄비가 내렸다. 경내는 참배하는 일본 중고등 학생들로 가득했다. 이곳에서 1백 미터 남짓 떨어진 곳에는 이토 히로부미 생가가 있다. 마당에는 이토 히로부미 동상도 서 있다. 우리에겐 원흉이지만 일본인들에게는 존경받는 인물이다. 안중근 의사가 쏜 총탄에 숨진 그를 대하는 감정은 미묘할 수밖에 없었다. 역사적인 은원과 관계없이 이토가 태어나고 자란 하기 마을은 평화로웠다. 그 무심한 평온 속에 한때 광기 어린 군국주의 흔적이 남아 있다고 생각하니 조심스러웠다.

아베 총리 재임 당시 '아베노믹스'를 바탕으로 호황을 누렸던 일본 경제는 지금 침체일로에 있다. 당시 실업률 2.4퍼센트(2018년 기준)로 완전고용을 자랑하며 '잃어버린 20년'을 극복했다고 자랑했지만, 과장된 정치적 홍보였음이 드러났다. 아베는 정치적 악재가 반복되면서 도중 사임했고, 후임 스가 총리 또한 2020 도쿄올림픽에도 불구하고 낮은 지지율을 극복하지 못한 채 돌연 사퇴했다. 한때 G2 지위를 누렸던 일본은 무기력증에 빠져 있다. 그럼에도 100년 전 쇼인은 시대를 앞서 내다본 선각자였음이 분명하다. 쇼인은 인재를 길렀고, 그가 기른 인재들은 국가의 앞날을 치밀하게 설계했다. 우리에게도 그런 혜안과 안목을 지닌 정치인이 있는지 의문이다. 그저 '친일팔이'로 정치적 반전을 꾀하는 정치꾼들만 넘쳐나는 건 아닌지 안타깝다. 언제까지 일본을 무시하고 적대감만 키우는 행태를 반복할 것인지 묻지 않을 수 없다.

과잉 민족주의로 얼어붙은
현해탄

지금은 20대 중반인 큰아이가 초등학생일 때 아이와 함께 일본 여행을 다녀왔다. 당시 아이가 일본에 대한 적개심을 드러내어 깜짝 놀랐다. 아이는 "일본은 나쁜 나라다. 화산 폭발이나 쓰나미로 없어져야 한다"고 했다. 초등학생 입에서 나온 말치곤 섬뜩했다. 누가 이런 적개심을 심어 주었는지 당황스러웠다. 굳이 가르치지 않아도 잠재의식 속에 내재돼 있는 반일 감정, 임진왜란부터 정유재란, 36년 식민 지배에 이르는 역사적 원한 때문이라고 여겼다. 그런데 지나고 보니 영화와 TV 드라마 등 대중매체를 통해 은연중에 주입된 민족주의 역사관, 과잉 민족주의에서 비롯된 증오였다는 생각이 든다.

과거 일본은 우리에게 큰 고통을 안겼다. 광복 이후 76년여가 흘렀지만 아직도 앙금이 남아 있다. 이런 상황에서 과거사를 부인하는 일본과 우익 세력의 망언은 끝없이 반일 감정을 자극한다. 물론 양심적인 일본 지식인도 적지 않다. 2019년 5월 3일 퇴위한 일왕 아키히토(明仁)도 그런 지식인 가운데 한 명이다. 그는 2018년 12월 기자회견에서 "전후에 태어난 사람들에게도 역사를 올바르게 전달하는 것이 중요하다"며 일본 우익 세력에게 올바른 역사관을 주문했다. 또, 고노 요헤이 전 내각관방장관은 1993년에 일본군 위안부 강제 동원을 처음 인정했다. 무라야마 도미이치 전 총리 또한 식민 지배와 침략을 공식 사죄했다. 1995년 8월 15일 전후 50주년 기념식에서 무라야마는 식민 지배를 처음으로 공식 인정하는 담화문을 발표했다. 이 밖에 오부치 전 총리, 하토야마 전 총리 등 정치인을 비롯해 무라카미 하루키, 미야자키 하야오, 오에 겐자부로 등 문화예술인들도 한일 관계에서 양심적인 목소리를 냈다.

문재인 정부 내내 한일 관계는 경색됐다. 2019년 일본 정부가 우리 기업들을 겨냥해 수출제한조치를 단행한 이후 한일 관계는 평행선을 달렸다. 이보다 나쁠 수 없다는 말을 떠올릴 정도다. 문재인 정부가 위안부 피해자 합의를 폐기한 데 이어, 우리 법원에서 강제징용 배상 판결이 나오면서 상황은 악화됐다. 박근혜 정부에서 진행한 위안부 합의를 폐기한 것에 대해 일본은 한국은 신뢰할 수 없다며 반감을 드러냈다. 또 강제징용 배상 판결을 수용할 수 없다며 격하게 반발했다. 일본 정부의 이 같은 대응에 대해 우리 정부도 할 말은 많다. 합의 당시 피해 당사자 의견을 수렴하지 않은 게 가장 큰 이유다. 또 3권 분립이 분명한 한국에서 사법부 판단을 정부 결정과 동일시하는 것도 납득하기 어렵다.

이 같은 인식 차이에도 불구하고, 한국과 일본이 순망치한脣亡齒寒 관계라는 점은 변하지 않는다. 아무리 미워도 두 나라는 같이할 수밖에 없는 지정학적 관계에 있다. 나쁜 이웃이지만 함께해야 하는 운명이다. 당시 "일본과 관계가 좋을 때 우리 경제도 좋았다"는 허창수 전경련 회장의 발언은 함축적이다. 일본은 부품 소재 산업에서 한국에 절대적인 기술 우위를 갖고 있다. 우리나라 1등 분야일수록 대일 의존도가 높다. 휴대전화, LCD TV, 자동차 전장부품, 반도체 장비가 대표적이다. 수출규제 조치 이후 우리 정부와 기업들의 노력으로 대일 기술 의존도는 낮아졌다. 하지만 양국은 그동안 우호적인 관계를 바탕으로 서로 이익을 공유해 왔다.

낯을 붉히면 둘 다 피해를 입을 수밖에 없다. 국제외환위기(IMF)는 좋은 사례다. 유명환 전 외교부 장관은 1997년 IMF 원인을 일본에서 찾았다. 그는 일본이 단기외채를 회수하는 바람에 외환위기를 초래했다는 주장을 펼쳤다. 발단은 김영삼 대통령 설화에서 비롯됐다. 김 대통령은 1995년 중국 장쩌민 주석과 정상회담에서 "일본 정치인들 버르장머리를 고치겠다"는 말로 일본을 자극했다. 이 말은 일본 정가에 큰 파문을 불렀다. 일본은 우리에게 빌려 준 외채를 회수했고, 주변국들도 가세하는 바람에 한국의 외환 보유고가 고갈됐다. 이때 경험에서 한국과 일본은 통화스와프협정을 체결했다. 하지만 2019년 1월 이후 한동안 통화스와프협정도 중단됐다. 통화스와프는 일시적으로 부족한 외환을 안정적으로 조달하는 방법이다. 당시 한일 통화스와프는 중단됐지만 중일 관계는 순조로웠다. 아베 총리는 2019년 무려 5백

명에 달하는 경제사절단을 이끌고 중국을 다녀왔다. 일본 총리로서 7년 만이었다. 당시 30조 원에 달하는 통화스와프협정을 체결했고, 20조 원 규모 경제협력에도 합의했다.

중국 또한 일본에 정성을 쏟았다. 5·4운동 100주년을 기념한 자리에서 시진핑 주석은 일본을 자극하는 말을 피했다. 중국에서 5·4운동은 항일정신을 밑바닥에 깔고 있지만 시진핑은 언급하지 않았다. 난징대학살 추모식에서도 발언을 삼갔다. 난징대학살은 중국민 20만 명이 일본군에 의해 숨진 참극으로 중국인으로서는 용서하기 어려운 역사다. 그런데도 중국 정부는 칭다오(青島)에서 열린 국제 관함식에 군국주의를 상징하는 욱일기를 단 일본 전함을 허용했다. 당시 한국이 제주 국제 관함식에서 욱일기를 떼라고 요구한 것과 대조됐다. 일본은 우리 정부 요구를 거부한 채 결국 관함식에 참가하지 않았다. 일본에 대한 중국 정부의 관대함을 장삿속에 밝은 중국인들 속성이라고 폄하할 일은 아니다. 중국은 G2로서 미국 다음가는 경제력을 자랑한다. 그런데도 국익을 위해서라면 지난 역사는 묻고, 작은 시비는 눈감는 실용주의를 보였다. 이는 비굴이 아니라 자신감에서 비롯된 계산된 행동이라는 점에서 시사점을 던졌다.

한일 관계도 극단적인 배척에서 벗어나 현실을 감안해야 한다. 한일 문제를 정치적 수단으로 활용하기보다 국익의 관점에서 관계 개선을 모색해야 한다. 2019년 한일 양국을 오간 관광객은 1천만 명을 넘었다. 일본에 간 한국인은 754만 명, 한국에 온 일본인은 295만 명에 달했다. 1965년 국교 정상화 당시(1만 명)과 비교하면 무려 1천 배가량 급증했다. 김대중 대통령과 오부치 게이조 총리는 1998년 공동 선언문을 발표했다. 일본은 식민 지배에 대한 통절한 반성과 마음으로부터 사죄를, 한국은 새로운 한일 파트너십을 구축하기로 합의했다. 이후 한국은 일본 대중문화를 개방했고, 활발한 민간교류에도 물꼬가 트였다. 양국 젊은이들은 주말이면 여행 가방을 챙겨 현해탄을 넘나들었다. 그러나 한일 관계는 4년째 꽉 막혀 민간교류조차 급격히 줄었다. 정도 차이는 있지만 양국이 입은 내상이 적지 않을 것으로 추정된다.

외교에서 미움은 줄이고, 이해는 넓혀 나가는 게 합리적이다. 국제 사회에서는 영원한 우방도 영원한 적도 없다는 말은 진실에 가깝다. 기성세대가 미래 세대 발목을 잡아서는 안 된다. 감정에 매몰된 과잉 민족주의를 경계해야 한다. 새로운 시대는 새로운 세대가 열어 가도록 기성세대는 길을 열어 주어야 한다. 일본은 2019년 5월 13일 나루히토 일왕이 즉위하면서 연호를 레이와로 바꾸었다. 새로운 왕, 새로운 연호로 일본 열도는 기대에 부풀었다. 나루히토가 즉위할 때 한일 관계를 개선했으면 좋았겠지만 지금이라도 늦지 않았다. "일본이 망했으면 좋겠다"고 했던 아이는 어느덧 대학생이 됐다. 이제는 일본어 회화도 익히고, 일본에 친구도 있다.

'무대뽀' 대응이
능사는 아니다

2004년 12월, 한일 정상회담 장소를 놓고 국내에서 한바탕 소란이 일었다. 하필 그곳이냐는 비판, 정상회담 장소를 바꿔야 한다는 여론으로 들끓었다. 그해 한일 정상회담 장소는 가고시마 이부스키(指宿)였다. 이부스키는 검은 모래찜질로 유명한 온천 휴양지다. 논란은 가고시마가 갖는 역사적 상징성 때문이었다. 가고시마는 조선을 무력 침략하자는 정한론征韓論이 대두된 곳이다. 정한론은 일제 36년 식민 지배에 이론적 토대를 제공했다. 가고시마는 한국과 최단 거리에 위치한 까닭에 군국주의 색채가 짙다. 이곳 치란(知覽)에는 태평양전쟁 당시 가미카제 특공대가 출격한 기지가 있다. 이런 역사적 사실을 간과한 채 정상회담 장소로 정했으니 국내에서 반대 여론이 불거진 건 당연했다. 굳이 책임을 따지자면 우리 외교부에 실책을 물어야 했다.

논란을 접한 고이즈미 총리는 한국 정부가 원하는 곳으로 변경하겠다는 뜻을 전해 왔다. 그때 노무현 대통령은 이렇게 만류했다고 한다. "마, 그냥 가자. 내가 욕 좀 먹으면 되지." 노 대통령의 결단은 일본 국민들에게 강한 인상을 남겼고, 회담도 성공적으로 끝났다.

당시 일화를 떠올린 이유가 있다. 만일 노무현 대통령이라면 문재인 정부에서 계속되는 한일 갈등을 어떻게 해결했을까 싶어서다. 솔직히 문재인 정부에 제대로 된 한일 외교가 있느냐고 물으면 할 말이 없다. 보수 언론은 우리 정부의 뒷북 대응과 편협한 역사관을 꼬집지만, 일반 국민감정도 별반 다르지 않다. 100퍼센트 공감하지는 않아도 일부 수긍이 간다는 게 대체적인 여론이다. 그런데 일본 수출규제 조치 이후 여론은 극단적으로 흘렀다. SNS에는 연일 반일, 불매운동을 독려하는 글이 올라왔다. "가지 않습니다" "사지 않습니다"는 문구와 붉은 일장기를 이용한 포스터는 선동적이었다. 일본 여행을 취소했다는 인증 샷도 잇달아 올라왔다. 마치 그 대열에 끼지 못하면 친일파로 몰릴까 우려하는 분위기였다. 한편에서는 냉정한 대응을 주문했지만, 이성적인 목소리는 큰 호응을 얻지 못했다. 이후 코로나19 여파로 항공기 운항이 중단되면서 한일 교류는 사실상 전면 중단됐다.

일본이 한국 기업을 상대로 선전포고한 수출규제는 초기에만 해도 치명타로 여겨졌다. 당장 대체가 어려운 핀셋 보복이라는 점에서 한국 경제계는 당황했다. 문제는 여기서 그치지 않고 일본 정부가 추후 100여 개에 달하는 보복 카드를 준비하고 있다는 보도로 이어졌다. 다행히 확전으로 번지지 않았지만 양국 간 긴장감은 최고조에 이르렀다. 당시 '불매운동을 벌이는 게 능사일까, 이겨도 이긴 것일까'라는 생각이 꼬리를 물었다. 정부는 반도체 산업 경쟁력 강화를 위해 매년 1조원씩 투자한다고 발표했다. 더불어민주당도 '소부장대책위원회'를 구성해 대책 마련에 나섰다. 다행히 2년여 만에 일본에 대한 기술 의존도는 낮아졌고, 소부장 분야에서 어느 정도 기술독립을 이뤘다. 그러나 근본적인 대책이라고 단언하기는 어렵다. 한국과 일본은 상호 보완관계에 있다. 또 세계경제는 글로벌 체인망 안에서 잘하는 분야에 특화하는 게 서로에게 이익이 된다. 그러니 기술독립은 반일 감정을 자극하기에는 좋을지 몰라도 현실을 반영하지 못한 허망한 구호였다. 물고 물리는 싸움 끝에 양국은 회복하기 어려운 상처를 입었다.

일본 산업화 역사는 150년을 넘는다. 반면 우리는 50여 년 남짓이다. 그만큼 일본 경제는 뿌리가 깊고 단단하다. 아직도 한국은 많은 분야에서 일본에 기대고 있는 게 현실이다. 당시 문제가 됐던 3개 품목은 90퍼센트 일본에서 수입하고 있었다. 기술독립을 할 수는 있지만 산업 경쟁력이라는 큰 그림에서 생각할 때 효율적인지는 별개 문제다. 일본은 한때 미국과 G2로 어깨를 나란히 했다. 비록 삼성전자와 LG전자에 역전당했지만 일본 전자산업은 아직도 저력 있다. 중소기업 경쟁력은 우리를 앞선다. 히든 챔피언 기업도 우리보다 10배가량 많다. 독일이 1,307개로 가장 많고, 미국 366개, 일본 220개, 우리는 23개에 불과하다. 감정적 대응을 자제하고 현실적 대안을 찾는 게 바람직하다.

한국과 일본에서 함께 쓰는 말로 '무대뽀'가 있다. '무대뽀'는 대책 없이 무턱대고 일을 저지르는 행태를 말한다. 어원은 총도 없이 싸움터에 나서는 무모한 짓이라는 '무뎃포($無鐵砲$)'에서 비롯됐다. 일본은 1543년 철포, 즉 조총을 개발했다. 이로부터 50년 후인 임진년 조선을 침략했다. 조선 군대는 일본 조총 앞에 추풍낙엽이었다. 선조는 한양을 비우고 도망쳤고 국토는 일주일 만에 일본군 손에 넘어갔다. 일본은 조선 침략에 앞서 치밀하게 준비했다. 조총부터 임진왜란, 메이지유신으로 이어지는 역사도 치밀함에 바탕을 두었다. 그들은 메이지유신에 앞서 서구에 200명이 넘는 유학생을 파견했다. 당시 조슈(현 야마구치)와 사쓰마(현 가고시마)는 미국과 영국 등지로 유학생을 보냈다. 이때 자란 인재들은 메이지유신을 주도했고 청일전쟁, 러일전쟁, 태평양전쟁을 통해 일본을 알렸다. 일본 근대화는 치밀한 준비가 맺은 결실이라는 게 일반적인 시각이다.(이광훈,《조선을 탐한 사무라이》)

비록 아베, 스가 내각은 중도 사퇴로 마감했지만, 일본은 언제든 옛 영화로 복귀할 만한 기초 체력을 갖고 있다. 2013년 2기 내각을 시작한 아베는, 그해 2월 미국 국제전략문제연구소(CSIS) 연설에서 자신감을 표출했다. "일본은 결코, 앞으로도, 절대로 2열 국가가 되지 않을 것입니다. 제가 돌아왔습니다. 일본 역시 돌아올 것입니다." 그리고 현실로 옮겼다. 정치적 혼란 속에서 중도 사퇴하기는 했지만 가볍게 봐서는 안 된다.

조선은 1607~1811년까지 200여 년간 열두 차례에 걸쳐 일본에 통신사를 보냈다. 당시 조선통신사는 문화적 우위를 앞세운 친선 사절단이었다. 조선은 한자와 불교 등 선진 문물을 일본에 전했다. 일본은 역사적으로 우리에게 큰 빚을 지고 있다. 그런데도 치졸한 경제보복으로 갚았으니 우리 국민들이 화가 날 만했다. 다시 당하지 않으려면 치밀해야 한다. 감정적인 무대뽀 대응은 또 다른 환란을 초래할 수 있다. 긴 호흡과 폭넓은 현실 인식, 통 큰 결단만이 일본을 이기는 길이다. 그러기 위해서는 상식을 뛰어넘는 상상력이 필요하다. 만약 노무현 대통령이라면 어떻게 갈등을 풀어 갔을까. 관건은 실력이다.

진정한 극일은
냉철한 역사 인식에서

　몇 가지 개인적인 인연 덕에 일본과 일본 국민을 다시 돌아보는 시간을 가졌다. 방학을 이용해 일시 귀국한 육사 생도가 첫 번째다. 그는 대학 2, 3학년 과정을 일본 방위대에서 보내고 있다. 곧 육사 4학년으로 복귀한다. 화제는 단연 한일 갈등이었다. 이런저런 대화 끝에 일본 생도들과 관계를 물었다. 양국 갈등 때문에 불편하지 않으냐고 물으니, 전혀 그렇지 않다고 했다. "일본 동료들은 빠른 시일 내에 양국 관계가 회복되었으면 한다. '일본과 한국은 친구'라는 말을 하고 싶다." 비록 한국과 일본 정치인들은 날선 정치 언어를 주고받지만, 이들은 청춘이구나 싶었다. 결국 정치 셈법은 복잡해도, 젊은 세대는 현 상황을 달갑게 여기지 않는다는 의미로 해석됐다.

　일본 정치인과 만남이 두 번째다. 일본 중의원 세 명과 현의원 세 명, 그리고 주한 일본대사관 참사와 반나절을 동행했다. 그들은 한국 국회 선진화법을 배우러 왔다. 일본 총무성 전자정부 전문위원으로 있는 염종순 박사를 통해서다. 염 박사는 2000년부터 일본에 한국 전자정부를 알리고 있다. 전자정부 시스템은 단연 한국이 일본에 앞서 있다. 일본 방문단은 언론에는 알리지 말아 달라고 당부했다. 꼬일 대로 꼬인 한일 갈등 상황이 부담스럽기 때문이라고 짐작했다. 그들은 국회 선진화법 제정 배경과 시행, 그리고 부작용까지 깊은 관심을 보였다. 나카타니 가즈마(中谷一馬) 의원은 "한일 양국 간 어려운 시기임에도 환대해 줘 감사하다"고 했고, 더불어민주당 박찬대 · 김병욱 의원은 "오히려 우리가 고맙다"며 응대했다. 그리고 한일 관계 정상화를 위해 지혜를 모으자는 데 의견을 같이했다. 살얼음판 상황에서도 한국을 찾는 일본 정치인이 있고, 또 이들을 맞는 한국 정치인이 있다는 게 다행스러웠다. 어쨌든 파국은 면해야 하니까.

주일대사관에서 근무하다 퇴직하고 강남에 우동 가게를 차린 전직 외교관 서상목 대표도 만났다. 그가 운영하는 '기리야마본진'에서다. '기리야마본진'도 당시 격렬한 불매운동을 피해 가진 못했다. 그는 지금도 틈틈이 일본 관련 기고와 저술 활동을 하고 있다. 그가 들려주는 일본 이야기는 깊고 생생하다. 현장에서 익힌 살아 있는 경험이 원천이다. 그는 《학교에서 가르쳐주지 않는 일본사》라는 책을 통해 극일克日을 제시했다. 조선은 선善, 일본은 악惡이라는 이분법적 역사관을 경계하고, 일본을 이기려면 근원을 따져야 한다고 조언했다. 그는 일본 굴기를 메이지유신부터 계산하는 것은 반쪽짜리 역사라고 했다. 그는 우리가 간과한 에도시대 260년에 주목했다. 에도시대부터 축적된 역

진정한 극일은 냉철한 역사 인식에서

량이 메이지유신을 통해 분출됐을 뿐이라는 게 서 대표 해석이다. 그는 우리도 긴 호흡에서 치밀하고 정교해야 한다고 했다.

맹렬했던 불볕더위가 한풀 꺾이고 긴장감이 고조됐던 현해탄에도 어느 정도 이성이 찾아들었다. 지난해 8·15 광복절 경축사가 분기점이었다. 문재인 대통령은 "일본이 대화와 협력의 길로 나온다면 기꺼이 손잡겠다"고 제안했다. 더불어 '아무도 흔들 수 없는 나라'를 만들겠다는 의지도 내비쳤다. 강경하고 자극적인 비판은 피하는 대신 절제된 메시지를 보냈다. 문 대통령은 대결과 반목보다 대화와 협력을 강조했다. 악화일로에 있는 한·일 갈등을 성숙한 자세로 풀어 나가자는 제안이었다. 공은 일본 정부에게 넘어갔다. 단호하되 대화에 필요한 문은 열어 둘 필요가 있다. 나아가 일본 우익 정권과 일본 국민은 분리해 대응해야 한다. 감정적인 민족주의는 분풀이에 불과하다.

역사에서 교훈을 얻지 못하면 불행은 반복된다. 서애 유성룡은 임진왜란을 겪고 난 뒤 경계하는 의미에서 《징비록懲毖錄》을 썼다. 똑같은 재앙을 되풀이하지 말자는 다짐이었다. 그러나 조선 정부는 치욕스런 기록이라며 금서로 낙인찍고 봉인했다. 《징비록》은 오히려 일본과 중국 지식인들 사이에서 베스트셀러가 됐다. 임진왜란과 정유재란 7년 동안 국토는 황폐화됐고 민심은 무너졌는데 새삼 무엇이 부끄러웠을까. 연암 박지원이 쓴 《열하일기熱河日記》도 같은 취급을 받았다. 연암은 1780년 건륭제 70세 생일을 축하하는 사절단으로 북경을 다녀온 뒤 견문록을 썼다. 그는 중원을 지배하는 실질적 세력으로 청나라를 인정했다. 그리고 더 이상 '되놈'이 아닌 본받아야 할 나라로 청나라를 평가했다. 사대주의에 매몰된 당시 사대부들은《열하일기》를 불온서적으로 금지했다. 그들은 중원의 세력 교체는 안중에도 없었다. 망한 지 130년 지났어도 명나라 찬가만 불러 댔다. 실록에 따르면 병자호란(1636~1637) 당시 16만여 명에 달하는 조선 백성이 청나라 심양으로 끌려갔다. 인조는 남한산성으로 숨어들었다가 삼전도에서 청 태종에게 삼궤구고두례 의식을 올리고 항복했다.

문 대통령이 말한 '아무도 흔들 수 없는 나라'는 국민 모두가 바라는 꿈이다. 그 꿈을 이루기 위해서는 냉철한 현실 인식과 치밀한 전략이 전제돼야 한다. 과잉 민족주의에만 기댄다면 결코 이길 수 없다. 무는 개는 짖지 않는다. 일본을 향한 요란한 정치적 선동과 구호는 자제해야 한다. 침묵하되, 치밀하게 준비해야 한다. 치욕을 되풀이하고 싶지 않다면 역사에서 배워야 한다.

"1997년 12월 6일 런던정경대학에서 일본 관계 세미나가 열렸다. 125년 전 이와쿠라(岩倉) 사절단의 영국 빅토리아 여왕 예방을 기념한 세미나였다."《좋은 국가는 어떻게 만들어지는가》(최연혁)에 소개된 글이다. 책은 오늘날 일본이 근대국가로 성장한 과정을 다양한 각도에서 조명했다. 126년 전인 1871년 12월 23일, 일단의 무리들이 일본 요코하마항을 떠났다. 그들은 100여 명으로 구성된 이와쿠라 외교사절단이었다. 일행에는 외교 사절은 물론이고 학생과 학자, 그리고 여성과 일곱 살짜리 어린아이도 포함됐다. 겨울바람은 차갑고 선상에 선 이들의 얼굴 표정은 비장했다.

이후 사절단은 무려 22개월 동안 태평양과 대서양을 건너며 20여 개 국을 촘촘히 살폈다. 목적은 갓 출범한 메이지 정부를 서구 사회에 알리는 한편, 앞선 문물과 제도를 흡수하기 위해서였다. 이들은 당시 세계 최강이었던 영국에 무려 4개월이나 머물며 선진 문명을 익혔다. 사절단은 귀국하자마자 일본을 개혁하는 데 주력했다. 외교, 군사, 교육, 정치 분야에서 혁명에 가까운 변화를 주도했다. 철도를 놓고, 대학을 설립하고, 조선소와 철강회사, 자동차 회사를 세웠다. 또 항공기와 함정, 대포 등 당시로서는 첨단 무기를 제조했다.

행정제도 개혁과 의무교육, 입헌군주제, 여성교육 제도화도 이 시기에 이뤄졌다. 일본이 서구 문명을 흡수해 근대화에 박차를 가하던 시기, 조선은 어땠을까. 이와쿠라 사절단이 떠나던 해 조선은 개항을 요구하는 미국 함대에 맞서다 강화도에서 박살났다(신미양요). 그리고 외국과 교역을 금지하는 척화비를 전국에 세웠다. 한쪽은 세계로 나아갈 때 한쪽은 문을 닫았으니 결과는 불문가지였다. 일본은 당시 동아시아 강자였던 중국과 러시아를 상대로 청일전쟁(1894~1895), 러일전쟁(1904~1905)을 도발했고 잇따라 승리했다. 조선이 부모처럼 떠받들던 중국은 무참히 깨졌고, 러시아제국마저 일본 앞에 무릎 꿇었다.

청일전쟁과 러일전쟁 승리는 이와쿠라 사절단이 귀국한(1873) 뒤, 불과 20년 만의 일이었다. 급기야 일본은 미국을 상대로 태평양에서 맞장을 떴다. 비록 태평양전쟁으로 패망의 길로 들어섰지만, 역사상 이토록 짧은 기간에 급성장한 나라가 몇이나 될까. 이 같은 개방적인 자세는 일본 근대화와 산업화로 이어졌다. 1917년 설립한 이화학연구소가 대표적이다. 이화학연구소는 100년 넘게 일본 기초과학을 다진 산실이다. 탄탄한 기초과학 토대 위에서 일본은 노벨 과학상 수상자만 23명을 배출했다. 일본 산업의 뿌리는 이처럼 깊다.

선반, 밀링, 프레스, 표면처리, 열처리 등 기초 소재 분야에서 일본 강소기업은 세계 최고 수준이다. 우리가 주력으로 삼는 반도체, 휴대전화, TV, 자동차 산업은 상당 부분을 일본에 의존하고 있다. 자존심 상하는 일이지만 부인하기 어렵다. 다행히 2019년 일본 수출규제 조치와 경제보복을 계기로 기술 의존도를 낮춰야 한다는 공감대가 형성되면서 소재를 비롯해 부품, 장비 분야에서 연구개발에 집중하고 있다. 어느 정도 성과를 거둔 것도 사실이다. 하지만 글로벌 체인망 속에 있는 세계경제 특성을 고려할 때 기술독립을 주장하는 건 주술이나 다름없다.

글로벌경제에서 완전한 기술독립이란 허구에 가깝다. 자신이 잘하는 분야에 특화해 비교우위를 확보하는 게 서로에게 남는 장사임은 경제이론을 떠나 현실이다. 반일 감정을 앞세워 감정적으로만 일본을 대하는 건 최선이 아니다. 2019년 7월 이후 일본과 외교 관계는 회복되기는커녕 한층 꼬였다. 이제는 소모적인 치킨 게임을 중단하고 무엇이 국익을 위하는 일인지 냉정하게 돌아봐야 한다. 마침 극우 성향 아베와 스가 내각이 막을 내리고, 기시다 후미오 내각이 들어섰다.

문재인 대통령은 2021년 8월 15일 광복절 축사에서 "우리 정부는 항상 대화의 문을 열어 두고 있다"며 일본 정부와 관계 개선 의지를 내비쳤다. 그러나 이후로도 일본과 관계 진전은 찾아보기 어렵고 오히려 악화일로에 있다. 2020년 스가 내각 출범 즈음, 당시 이낙연 더불어민주당 대표는 "새 내각 출범을 계기로 일본의 국운이 상승하고, 한일 관계가 개선되기를 바란다"는 메시지를 냈다. 그는 "2019년

10월 도쿄에서 당시 관방장관이던 스가 총리와 비공개로 만나 한일 관계 개선을 위해 함께 노력하자는 데 의견을 같이했다."며 개인적인 인연도 언급했다.

외교에서 감정적 대응은 금물이다. 감정적 대응은 한순간 국민들로 부터 지지를 이끌어 내는 수단은 될 수 있지만, 그로 인해 떠안는 외교적 손실은 상상을 초월한다. 일본과 해묵은 감정이 쌓여 있는 우리 국민들 입장에서는 일본에 이성보다는 감정이 앞서는 게 사실이다. 일부 정치인들도 반일 감정에 편승해 정권이 바뀔 때마다 민족감정을 자극해 왔다. 진부한 표현이지만 한국과 일본은 입술이 사라지면 이가 시린 순망치한脣亡齒寒 관계다. 아무리 부정하고 싶어도 한국과 일본의 지정학적 위치를 고려하고 인정해야 한다.

일본과 관계 개선은 집권 세력에게는 중요한 현안이다. 정서적으로 화해하고 굴복하라는 게 아니다. 국익을 위해 전략적으로 대응하라는 여론을 귀담아들어야 한다. 독일과 원한 관계에 있음에도 유대인들은 자녀들에게 "용서하되 잊지는 말라"고 가르친다. 우리가 일본을 이기는 길도 이런 방식이다. 잊지 않되, 일본을 넘어설 수 있는 실력을 갖추는 게 제대로 된 외교다. 126년 전 국익을 위해 앞선 문물을 기꺼이 받아들였던 이와쿠라 사절단이 보여 준 안목과 역량도 우리에겐 좋은 교훈이다. 괜히 목소리 높이고 핏대 올리는 건 아무런 도움이 되지 않는다. 당시 사절단 중에는 우메코라는 여성도 있었다. 그는 훗날 쓰다주쿠 대학을 설립해 인재를 길렀다. 애국은 이렇게 하는 것이다.

역사청산은
마냥 정의로운가

대한제국 평양 → 일본 도쿄 → 미국 필라델피아 → 헝가리 부다페스트 → 독일 베를린 → 스페인 바르셀로나 → 대한민국 서울 → 스페인 마요르카. 애국가 작곡가인 안익태의 궤적이다. 한 사람의 일생이 이토록 다채로울 수 있을까 싶다. 친일 논란에 있는 안익태는 1906년 구한말 평양에서 태어나 1965년 스페인 마요르카 섬에서 생을 마쳤다. 그는 식민 치하 일본과 미국에서 공부했고 헝가리와 독일, 스페인에서 교향악단을 지휘했다. 그리고 1955년 귀국해 해방된 서울에서 '한국환상곡'을 지휘했다.

안익태의 친일 행적은 많이 알려져 있다. 그는 1940년대 '에키타이 안Ekitai Ahn'이란 일본 지휘자로 활동했다. 김원웅 광복회장이 공개한 '만주국 축하 영상' 또한 2016년 이미 공개된 것이다. 안익태는 만주국 건국 10주년을 기념하는 교향곡을 작곡하기도 했다. 또 독일 히틀러 치하에선 제국음악원 회원을 지냈다. 이경분 교수(한국학 중앙연구원)는《잃어버린 시간 1938~1944》에서 당시 회원증을 공개했다. 회원증에는 안익태의 출생지가 평양이 아닌 도쿄로 되어 있다.

이 때문에 안익태는 일본인으로 분류돼 1947년 미국 입국이 거부되기도 했다. 친일 행적으로 도배된 다른 한편에는 상반된 기록도 있다. 그도 한때는 애국자였음을 보여 주는 흔적들이다. 안익태는 1930년대 발행된 미주 한인 신문에서 "사방으로 헤매는 불쌍한 우리 이천만 동포"라며 울분을 토로했다. 3·1운동 후 친일 교사 추방 시위를 벌여 무기정학 처분을 받기도 했다. 허영한 교수(한국예술종합학교)는 일간신문과 인터뷰에서 "같은 사실을 놓고 서로 다른 주장만 반복되고 있다. 애국자로 미화하는 것도, 친일파로 단죄하는 것도 온당하지 않다"고 했다. 어느 한쪽으로만 규정하기엔 36년 식민 지배와 개인사가 간단치 않다는 뜻이다.

과거사 청산을 거론할 때마다 우리는 프랑스 사례를 든다. 프랑스는 나치 부역자를 단죄했지만 우리는 그렇지 못했다는 것이다. 하지만 프랑스 과거사 청산이 마냥 정의로웠는지는 논란거리다. 이용우 박사는《프랑스의 과거사 청산》에서 그 빛과 그늘을 설명하고 있다. 프랑스 역사청산은 두 가지로 진행됐다. 하나는 레지탕스에 의해, 다른 하나는 드골 임시정부에 의해서다. 프랑스에서 부역 혐의로 처형된 사람은 대략 1만여 명인데, 이 가운데 9천 명이 레지스탕스의 즉결 처형으로 목숨을 잃었다. 나머지 1,500여 명은 사법적 판단을 받아 사형이 집행됐다. 결국 90퍼센트 가까운 이들은 법 테두리 밖에서 사적으로 처형됐다.

더 심각한 인권유린은 여성 삭발이었다. 전후 프랑스 여성 2만여 명은 삭발과 함께 조리돌림을 당했다. 대부분 독일 병사와 잠자리를 했다는 이유였다. 물론 독일 여성과 관계했다고 처벌받은 프랑스 남성은 없었다. 훗날 약식 처형과 강제 삭발은 인권유린과 성차별 논란으로 이어졌다. 광기에 의한 고통스런 과거사 청산이었다. 어쨌든 프랑스는 과거사 청산이란 힘든 터널을 통과했다. 9년 동안 무려 12만 명이 재판에 회부됐다. 9만 8천 명이 유죄판결을 받고 이 가운데 3만 8천 명이 수감되면서 프랑스 사회는 진통을 겪었다.

반면 대한민국 반민특위는 활동 기간도 짧고, 그 결과도 미미했다. 1년 만에 해체됐고, 221명을 기소하는 데 그쳤다. 사형은 한 명도 없었다. 오히려 친일파에게 면죄부만 준 꼴이 되었다. 광복 이후 친일파는 우리 사회에 지배 세력으로 뿌리내렸다. 독립운동가 김원봉은 해방된 조국에서 친일 경찰 노덕술에게 치욕스러운 고문을 받고 월북했다. 영화 〈암살〉에서도 친일파 염석진은 무죄판결을 받는다. 독립운동가 안윤옥이 뒤늦게 처형을 집행하지만 그것은 개인적 처단이었다. 광복 76년이 넘도록 대한민국이 친일 논쟁을 거듭하는 것은 이 같은 미진한 역사청산에서 기인한다.

제2차 세계대전 종전 이후인 1949년 여론조사에서 프랑스 국민 60퍼센트는 '부역자 사면에 찬성한다'고 답했다. 그해 정치인 조르주 비도는 "잊을 수 있는 모든 것을 잊자"며 국민 통합을 역설했다. 드골 대통령도 "이 모든 것을 끝내자"고 거들었다. 이후 프랑스는 두 차례에 걸쳐 사면권을 단행했다. 프랑스 과거사 청산에서 우리가 배울 게 있다면 섣부른 단죄는 유예할 것, 그리고 국민 통합을 위한 길이 무엇인지 고민하는 것이다. 프랑스인들은 광기를 뛰어넘어 합리적인 이성으로 부역자를 포용했다.

안익태가 겪은 긴 유랑의 갈피마다 우리가 모르는 사연이 깃들어 있다. 분명한 것은 지금 잣대로 단죄하는 게 정의인가 하는 것이다. '애국가' 폐지는 다른 문제다. 지금껏 '애국가'를 부르며 애국심을 다져온 우리는 누구인지 생각하지 않을 수 없다. '애국가'에는 한 나라가 지향하는 가치관이 담겨야 한다는 주장에는 동의하지만, '애국가'에 이념을 덧칠하는 건 다른 문제다. 역사청산도, 국민 통합도 우리가 짊어져야 하는 숙명이다.

선택적 역사청산이 초래한
후유증

2020년 6월, 조지 폴로이드 사망을 계기로 인종차별에 앞장섰거나 식민지 약탈과 관련된 재평가 작업이 폭넓게 전개됐다. 폴로이드가 숨진 미국 미니애폴리스에서 시작된 기념물과 동상 철거는 미국 전역으로 확산됐다. 이런 가운데 영국과 프랑스 사회에서는 역사 인물 지우기를 놓고 뜨거운 논쟁이 전개됐다. 철거하자는 주장과, 잘못된 역사도 남겨야 한다는 논리가 맞섰다. 조지 폴로이드 사건은 역사란, 역사청산이란 무엇인가를 다시 생각하게 했다. 한때는 당연시됐던 일들이 시간이 흘러 재평가되는 상황에서 우리 사회도 역사청산 논란은 끊이지 않는다.

세계사에서 콜럼버스만큼 유명한 인물도 없다. 그는 오랫동안 신대륙을 발견한 위대한 탐험가로 자리매김해 왔다. 콜럼버스는 1492년 스페인 세빌리아 카디즈항을 출발해 아메리카 대륙에 첫발을 디뎠다.

이후 아메리카 대륙은 약탈과 학살, 그리고 각종 전염병으로 초토화됐다. 누군가에게는 부를 가져다준 신대륙 발견이었지만 누군가에게는 재앙이었다. 이 때문인지 조지 폴로이드 사건 이전에도 서양사에서 콜럼버스는 논쟁 대상이었다. 위대한 탐험가와 학살자라는 빛과 그림자가 함께 따라다녔다.

영화 〈미션〉(1986)은 아메리카 대륙에서 식민 지배자들이 저지른 참혹한 원주민 학살을 다루었다. 영화에서 신부 가브리엘과 멘도사는 원주민들 편에서 싸우다 순교한다. 그러나 이런 이들은 소수에 불과했다. 대부분 신부들도 군인들과 함께 학살과 약탈에 앞장섰다. 교황 바오로 2세는 2000년 가톨릭교회가 인류에게 저지른 5대 과오를 사죄했다. 그 가운데 하나가 '신의 이름을 앞세운 신대륙에서 학살'이었다. 2015년에는 프란치스코 교황이 볼리비아에서 머리를 숙였다. 콜럼버스 신대륙 정복을 필두로 가톨릭교회가 저지른 범죄에 대해 용서를 구했다.

사실 '신대륙 발견'이라는 말도 피해자 입장에선 오만한 용어다. 제국주의를 정당화한 기만적 언어다. 콜럼버스는 없던 땅을 발견한 게 아니라 오랫동안 문명을 간직해 온 땅에 도착했을 뿐이다. 그들이 도착하면서 시작된 재앙과 후유증은 지금까지 남미 대륙을 할퀴고 있다. 스페인은 매년 콜럼버스가 신대륙을 발견했다는 10월 12일을 성대하게 기념한다. 중남미인들 입장에선 축제가 아니라 재앙이 시작된 끔찍한 날이다. 그래서 중남미인들은 '발견'이 아니라 '도착'으로 바꿔 불러야 한다며 줄기차게 목소리를 높이고 있다.

선택적 역사청산이 초래한 후유증

2004년 주 아르헨티나 스페인 영사는 중남미인들의 이런 생각과 반대되는 망언으로 화를 초래했다. 그는 반스페인 시위대를 향해 "스페인과 영국이 아메리카 대륙을 정복하지 않고 마야, 아즈텍, 잉카인이 그대로 지배했다면 중남미 현실은 더욱 비참했을 것"이라며 식민지배를 정당화하는 논리를 폈다. 우리에겐 익숙한 어디서 많이 들어 본 말이다. 틈만 나면 식민 지배를 정당화하는 일본 우익과 판박이다. 승자의 시각은 불변하는 정의가 아니기에 역사는 순환한다는 걸 인정해야 하건만 오만한 발언이었다.

콜럼버스 동상 철거 또한 변화된 역사 인식에 바탕을 두고 있다. 그때는 위대한 발견이었을지 모르지만 피해자 입장에서 돌아봐야 한다. 그로 인한 원주민 학살과 인종차별 죄악을 간과하기 어렵다. 2020년 6월, 외신은 보스턴과 미네소타, 버지니아에 산재한 콜럼버스 동상이 잇따라 훼손됐다고 보도했다. 시위대는 콜럼버스 동상에 밧줄을 걸어 끌어내리고, 동상 머리를 부수고, 호수에 던지기까지 했다. 시위는 버지니아, 앨라배마, 조지아 등 남북전쟁 당시 미국 남부로 번졌다.

이들 지역은 남북전쟁 당시 노예제도를 고집했던 남부연합 근거지다. 그래서 남부연합 기념물만 1,700여 개에 달한다. 남부연합을 이끌었던 제퍼슨 대통령 동상부터 철거됐다. 이어 리치몬드 주지사는 100년 넘은 남부연합군 총사령관 로버트 E. 리 동상도 철거하겠다고 약속했다. 국방부는 남부연합 장군들 이름을 딴 군사기지 명칭을 변경하는 방안을 내놨다. 남부연합기도 퇴출 수순을 밟았다. 남부연합기는 지금도 백인 우월주의자들이 애용하는 깃발이다.

남부전쟁 당시 남부가 노예제도를 옹호한 이유는 산업 특성 때문이었다. 산업화에 성공한 북부와 달리 남부는 농업을 기반으로 했기에 흑인 노동력이 핵심이었다. 남부 애틀랜타 출신 마거릿 미첼이 쓴 《바람과 함께 사라지다》에도 이런 내용이 보인다. 소설은 영화로도 성공했다. HBO맥스는 영화 스트리밍 목록에서 〈바람과 함께 사라지다〉를 삭제했다. 노예제도를 미화했다는 이유에서다. 다른 한편에선 콜럼버스부터 남부연합, 퓰리처상 소설까지 확산되는 미국판 역사청산 작업을 우려하는 시선도 만만치 않았다.

프랑스와 영국 지도층이 이런 대열에 섰다. 프랑스 마크롱 대통령은 "인종차별, 반유대주의와 타협하지 않겠다"면서도 "어떤 동상도 철거하지 않겠다"고 선언했다. 그는 "공화국 역사에서 어떤 흔적, 어떤 이름도 지우지 않겠다. 우리가 누구인지 부정하는 대신 '진실'을 목표로 아프리카와 관계를 살펴보고 우리 역사를 함께 봐야 한다"고 했다. 보리스 존슨 영국 총리도 "영국 역사를 포토샵(조작)하지 말라"며 처칠 동상 철거를 반대했다. 영국과 프랑스는 식민지를 경영한 원죄를 안고 있다. 마크롱과 존슨은 아픈 역사도, 부끄러운 역사도 인정하자는 주장이다.

역사를 선택적으로 편집하다 보면 자칫 왜곡될 수 있다. 우리가 일본을 손가락질하는 이유도 그들이 역사를 분칠하고 왜곡하기 때문이다. 사디크 칸 런던 시장 또한 "누구도 완벽하지 않으며, 있는 그대로 사실을 배울 필요가 있다"며 신중한 목소리를 냈다. 그는 파키스탄 이민자 후손이다. 백인 주류 영국 사회에서 이민자 출신 정치인이 던진

선택적 역사청산이 초래한 후유증

말은 친일청산 논란이 한창인 우리에게도 많은 점을 시사한다. 누구도 완벽하지 않다는 말에 귀를 기울여야 한다.

스페인 세빌리아 대성당에는 콜럼버스 유해가 안치돼 있다. 콜럼버스를 지운다고 세빌리야 대성당을 파헤칠 수는 없는 노릇이다. 미국에서 백인과 흑인을 차별한 '짐 크로 법'이 폐지된 해는 1965년이다. 남북전쟁이 끝난 지 100년이 지난 때다. 지금도 인종차별은 질긴 생명력을 이어 가고 있다. 역사는 이렇듯 간단치 않다. 선택된 정의, 편집된 역사는 또 다른 논쟁을 촉발할 뿐이다. 잘못된 역사를 바로잡는 것은 시대적 책무다. 긴 호흡에서 인내하고, 불편한 역사도 감내할 때 우리 사회는 한 걸음 나아갈 수 있다.

5부

진보와 보수 뛰어넘는
한반도 평화

"형이고 뭐고 다 필요 없어. 결국 우린 적이야."

2000년 가을 개봉한 영화 〈공동경비구역 JSA〉에서 가장 가슴 아팠던 대사로 기억된다. 당시 내 나이 서른다섯. 가수 김광석이 '서른 즈음에'에서 읊조린 서른을 조금 넘긴 나이였다. 심장은 뜨거웠고 피는 따뜻했던 시절이다. 박찬욱 감독은 〈공동경비구역 JSA〉에서 체제와 분단의 아픔을 세밀하게 그려 냈다. 영화는 시종일관 따뜻하지만 차가운 현실을 잊지 않았다. 그래서 비극적이며 슬프다. 남한 이수혁 병장과 남성식 일병, 북한 오경필 중사와 정우진 전사는 쉽게 어울리지만 결국 파국을 맞는다. 이들은 분단 조국을 살아가는 빛나는 청춘들이다. 비록 서로 다른 군복을 입었지만 한민족, 젊음이라는 이유로 이념과 오랜 분단을 훌쩍 뛰어넘어 하나가 된다. 그러나 짧은 만남과 우정은 오래가지 못한다. JSA는 남과 북이 날카롭게 대치하는 최전선이다. 이곳에서 네 사람은 술을 나눠 마시고, 김광석이 부른 '서른 즈음에'를 듣고, 닭싸움을 하며 형과 동생으로 호칭한다. 따뜻한 동화는 죽음과 자살, 파국으로 마무리된다. 이념과 분단이라는 강고한 현실 앞에서 순간의 치기와 순수는 좌절되었다.

영화를 처음 본 때로부터 20여 년이 흘렀다. 이 영화를 떠올린 이유가 있었다. 문재인 정부 출범 이듬해인 2018년, 3차 남북정상회담을 지켜보면서다. 그해 10월 23일 문재인 대통령과 김정은 국방위원장은 평양 순안공항에서 뜨겁게 포옹했다. 그해에만 세 번째 만남이었다. 우리 언론은 파격적인 환대라고 보도했다. 형식을 뛰어넘는 파격 못지않게 서로를 예우하며 배려하는 진실함이 더 큰 감동을 안겼다. 〈공동경비구역 JSA〉에서 느꼈던 감동과 여운이 그대로 전해졌다. 김정은 위원장 부부가 주도한 환대와 의장대 사열, 예포 발사 그리고 오픈카퍼레이드까지 감동적이었다. 문 대통령이 묵은 백화원에서 두 정상이 주고받은 대화는 따뜻했다.

앞선 4 · 27 판문점 만남에서도 남북 정상은 스스럼없이 포옹했다. 남북 정상은 신록이 우거진 봄날, 초록보다 신선한 감동을 한반도 전역에 선물했다. 도보다리에서 이어진 30여 분 환담은 그 어떤 연출된 장면보다 아름다웠다. 김정은 위원장을 지긋이 바라보는 문재인 대통령의 눈길에서는 공감과 안타까움이 스쳤다. 안타까움은 핵무장 완성이 가져올 파국에 대한 염려 때문이었다. 공감은 비핵화와 국제사회로 나오려는 의지를 확인하는 기대감이었다. 비록 국제사회와 대북 압박에는 공조하고 있지만 파국을 막아야 하는 무거운 책임감을 외면하기 어려웠다. 세 차례 남북 정상 만남은 영화가 비현실적인 동화만은 아님을 환기시켜 줬다. 김정은 위원장은 "하나의 언어, 하나의 전통, 하나의 핏줄"이라는 말로 남과 북이 하나임을 강조했다. 체제와 이념을 한 꺼풀만 벗겨 내면 언제든 가슴을 풀어 헤치고 만날 수 있는 게 남과 북이다.

〈공동경비구역 JSA〉에서 연합국 사령관은 한반도 상황을 이렇게 규정했다. "한반도는 마치 바싹 마른 겨울 숲Winter Forest과 같다. 조그만 불씨 하나라도 큰 화재가 될 수 있는 곳 말이야." 남북 대치 국면이 강대 강일 때는 이 말이 틀리지 않았다. 이명박 박근혜 정권에서는 전쟁 위기감이 한껏 고조됐다. 철책선과 NLL을 두고 팽팽한 긴장감이 가시질 않았다. 연평도 포격, 금강산 관광객 피살, 개성공단 폐쇄 그리고 문재인 정부 초기 전쟁 위기까지 한껏 부풀었다. 남북은 언제든 작은 성냥불 하나로도 온 산을 태워 버릴 바싹 마른 겨울 산을 실감케 했다. 여기에 어디로 튈지 모르는 럭비공 같은 트럼프 대통령과 김정은 위원장은 한반도 전쟁위기설의 좋은 소재였다.

베트남 하노이 북미 회담 결렬 이후 남북 관계도 원점으로 돌아갔다. 이후 북한은 대남 공세를 강화하고 있다. 문재인 대통령을 "삶은 소대가리"라고 비난하는가 하면 남북연락사무소 폭파, 남북 통신선을 일방적으로 끊었다. 또 최근에는 순항 미사일을 시험 발사하고 핵실험 재개 움직임까지 포착되는 지경에 이르렀다. 표류하던 해수부 공무원도 서해상에서 피살됐다. 보수 언론과 야당은 문재인 정부가 비굴할 정도로 북한에 침묵하고 있다며 공세 수위를 높였다. 남북대화재개라는 이벤트에 목은 멘 나머지 안보를 위태롭게 하고 있다는 비판이 주를 이룬다.

〈공동경비구역 JSA〉에서 남한 군인 이수혁 병장은 명사수다. 그는 북한 정우진 전사에게 사격술을 설파한다. "실전에서는 말이야, 뽑는 속도 같은 건 중요치 않아. 얼마나 침착한가! 얼마나 빨리 판단하고 대담하게 행동하는가! 이게 다야"라고 한다. 결국 이수혁 병장의 총에 북한군 정우진은 숨을 거둔다. 남과 북 앞에는 비핵화, 종전 선언, 항구적인 평화 정착, 공동번영이란 숙제가 놓였다. 항구적인 평화를 위해 남과 북이 얼마나 담대하게 행동하느냐에 답이 있다. 물론 디테일을 소홀히 해서는 안 된다. 통 큰 결단은 미국과 김정은 위원장에게만 요구되는 게 아니다. 한반도 평화와 공동번영이란 명제 앞에서 사소한 감정은 내려놓고 통 크게 결단해야 한다.

여당과 야당, 진보와 보수라는 이념을 뛰어넘는 과감한 결단이 있을 때 한반도 평화도, 경제발전도 가능하다. 통일을 바라보는 풍부한 정치적 상상력이 어느 때보다 필요하다. "자, 우리, 광석일 위해서 딱 한 잔만 하자우." 영화에서 북한군 오경필 중사가 던진 엣지 있는 대사다. 진보와 보수를 뛰어넘어 딱 한 잔만 하는 열린 자세, 성공적인 정상회담 재개와 항구적인 비핵화, 한반도 평화를 위해 과감한 발상이 요구된다. "이념이고 체제고 다 필요 없어. 결국 우리는 하나야"라는 영화 대사가 현실로 바뀔 그날을 위해.

"눈빛은 반짝반짝하여 담과 지략이 있는 듯했습니다.""눈은 쥐와 같았는데 두려워할 위인이 못 됩니다." 도요토미 히데요시를 만나고 온 조선 사신들은 이렇게 정반대되는 인물평을 내놓았다. 조선 선조 당시 정사正使 황윤길黃允吉과 부사副使 김성일金誠一은 일본을 돌아보고 도요토미를 만났다. 1591년, 선조는 두 사람을 일본에 파견했다. 침략 가능성이 있는지 알아보라는 명령을 내렸다. 임진왜란이 일어나기 불과 1년 전이었다. 균형을 맞추기 위해 서인 황윤길과 동인 김성일로 사절단을 꾸렸다. 그러나 당리당략에 매몰된 보고는 오히려 선조의 판단을 흐리게 했다. 선조는 도요토미를 얕잡아 본 김성일에게 힘을 실어 줬다. 결과적으로 임진왜란과 정유재란 7년 동안 조선반도는 처참하게 유린됐다. 황윤길과 김성일의 일화는 외교사를 언급할 때마다 거론된다. 외교에서 사소한 실수나 오판은 치명적인 결과를 낳는다는 교훈이다.

외교관들에게 요구되는 덕목은 균형과 기밀 유지다. 편향된 시각에 머물러서도 안 되지만 기밀 유지는 기본이다. 유출될 경우 예기치 못한 상황으로 이어지기 때문이다. 나아가 상대할 수 없는 대상으로 인식된다. 정상끼리 전화 통화도 가볍게 여겨서는 안 되는 이유가 여기에 있다. 그런데 2019년 5월 이 같은 상식을 깨는 발언 때문에 국회가 소란스러웠다. 불을 지핀 당사자는 자유한국당과 강효상 전 의원이었다. 보수 야당은 궁색한 논리로 본질을 흐렸다. 그들은 국민 알 권리와 공익 제보를 앞세웠지만 설득력이 떨어지는 변명에 지나지 않았다. 외교 전문가들도 한목소리로 자유한국당과 강효상을 비난했다. 반기문 전 UN사무총장은 "정상 간 통화 내용 보장은 기본이며, 있어서는 안 되는 일"이라고 꼬집었다. 김숙 전 UN대사는 "자기합리화를 위해 알 권리라고 이야기하는 것은 잘못이다. 다른 나라 같으면 실형", 천영우 전 외교안보수석 또한 "책임 있는 정당이라면 출당할 일"이라고 비판 목소리를 높였다. 강 전 의원과 같은 당인 윤상현 국회 외교통일위원장조차 "국익을 해치는 무책임한 행동"이라고 비판 대열에 가세함으로써 간단치 않은 사안임을 확인시켰다.

강효상은 2019년 5월 22일 JTBC 뉴스룸 보도에서 고교 후배이자 주미 대사관 참사관인 K씨를 익명으로 인용하며 3급 비밀인 한미 정상회담을 포함해 외교 정상 간 전화 내용을 폭로했다. 정상 간 통화 내용은 3급 비밀에 해당된다. 외교부는 강효상이 외교상 기밀 누설죄를 위반한 소지가 있다며 K 참사관을 고발했다. 그런데도 자유한국당은 물타기로 일관했다. 더불어민주당 정청래를 끌어들이고, 서훈 국정원장과 양정철 민주연구원장 간 만남을 공격했다. 정청래는 당시 "로데이터(원자료)를 갖고 있다"며 자기과시 발언으로 논란을 초래했다. 설령 그렇다 해도 강효상의 잘못이 상쇄되는 건 아니었다. 당시 언론은 정청래는 정청래대로, 강효상은 강효상대로 시시비비를 가리는 게 바람직하다는 논조가 주를 이뤘다. 잘못이 있다면 합당한 책임을 묻는 건 당연했다. 서훈과 양정철 만남 또한 국정원이 국내 정치에 개입하는 건 원천 봉쇄됐다고는 하지만 불필요한 오해를 사기에 충분했다. 그렇다 해도 한국당 억지는 국민들 눈을 가리려는 후안무치한 행동이었다.

당시 사태를 통해 돌아봐야 할 사안은 오히려 다른 데 있었다. 공직사회에 만연한 뿌리 깊은 연고주의와 공직 기강 해이다. 학연, 혈연, 지연은 어느 정권, 어느 조직에나 있다. 같은 고향, 같은 학교라면 아무래도 정서적으로 공유할 게 많은 건 분명하다. 친교나 친목 차원에서 만남까지 나무랄 일은 아니다. 문제는 공적 영역에까지 연고를 끌어들여 근본을 망각하는 행태다. 고교 선후배끼리 외교 기밀을 주고받은 행태는 어떤 이유로든 용납하기 어렵다. 공직사회를 고교 동문회쯤으로 여긴 몰지각한 행태는 비난받아 마땅하다. 적어도 공직자라면 자신이 처한 위치를 망각해서는 안 된다. 어떤 경우라도 동문 선후배라는 연고주의가 공적 책임을 앞설 순 없다.

생명보험회사 직원이었던 하인리히가 발견한 법칙(1대 29대 300)이 있다. 큰 사건이 발생하기 전까지 사소한 잘못이 쌓여 폭발한다는 것이다. 예를 들면 이렇다. 큰 사건 1건에 앞서 작은 사건 29건이 있고, 300건에 달하는 조짐이 있었다는 것이다. 외교 기밀 누설도 이 같은 연장선상에서 비롯됐다. 그동안 외교부에는 크고 작은 일들이 끊이지 않았다. 정상회담에 구겨진 태극기를 설치하고, 발틱을 발칸으로, 또 슬로바키아를 체코슬로바키아로 오기誤記하기도 했다. 의전 실수도 잇 달았다. 말레이시아를 방문한 문재인 대통령이 인도네시아 언어로 인 사말을 했다. 또 성추문은 물론 비위 때문에 강제 소환된 고위직 외교 관도 적지 않았다. 당시 강경화 외교부 장관은 "온정주의를 베풀지 않 겠다"며 목소리를 높였지만 이후로도 유사한 행태는 계속됐다.

자유한국당은 진솔한 사과와 합당한 조치를 취해야 했지만 변명으 로 일관했다. 유출은 어떤 경우로든 합리화하기 어렵다. 정상끼리 주 고받은 대화가 공개된다면 어느 나라가 상대할 것인가. 기밀을 필요 로 하는 외교에서 연고주의가 사사로이 통용된다는 건 아무리 생각해 도 용인하기 어렵다.

임진왜란이 끝나고 300여 년 후 일이다. 조선을 강제 병합한 일본 통감부 자작 데라우치 마사타케는 조선을 깔보는 글을 썼다. "예부터 조선인은 서로 어긋나고 이익만을 위해 싸운다. 한 당이 득세하면 다 른 정파를 해치고, 한 정파가 세력을 거두면 다른 당을 번번이 넘어뜨 린다. 서로 맞서고 배척하는 그 끝을 알 수 없다. 그러다 마침내 파산 한다." 언제까지 이런 비아냥을 들어야 하나.

오랜 친구
이란을 대하는 법

지난해 1월, 미군이 이란 혁명수비대 솔레이마니 사령관을 비롯해 장성 5명을 살해하면서 미국과 이란 간 긴장은 풍선처럼 부풀었다. 이란 내 반미 감정은 최고조에 달했다. 전시도 아닌 평시에 군 수뇌부를 잃은 이란 국민들은 피의 복수를 다짐했다. 이란은 이라크 미군기지에 대한 미사일 공격으로 맞섰다. "누가 아버지 죽음을 복수해 주느냐"는 이란 국민들의 절규에 화답한 행동이었다. 로하니 이란 대통령도 "우리 모두가 할 것"이라며 결의를 다졌다. 최고지도자 하메네이가 공개 석상에서 보인 눈물 또한 같은 맥락으로 읽혔다.

파장은 상당했고, 국제사회도 미국의 무력 사용에 부정적인 반응을 보였다. 심지어 미국 내부에서조차 부정적인 목소리가 흘러나왔다. 존 바이든은 야당 정치인 자격으로 "타고 있는 불에 다이너마이트를 던졌다"는 말로 트럼프 행정부의 무모함을 질타했다. 미국이 후속 대응에 나설 경우 사태는 한층 악화될 게 빤했다. 국제 유가는 급격하게 치솟았고, 주식시장은 폭락했다. 우리나라도 영향권에 들어갔다. 호르무즈 파병 요청에 어떻게 대응해야 하느냐를 놓고 여론은 양분됐다. 미국 요구를 받아들여 파병할 경우 이란과 험악한 관계를 각오해야했다. 그동안 이란과 우호적인 관계를 유지해 왔기에 쉬운 결정은 아니었다.

10여 년 전 이란 현지 취재를 다녀온 경험이 있어, 미군 공습 소식을 듣고 여러 생각이 스쳤다. 미군의 드론 공습 소식을 전하는 외신에서 언급한 콤Qom을 비롯해 테헤란, 이스파한은 낯익은 도시다. 당시 체류 기간 동안 다녀온 곳이었다. 콤은 테헤란에서 남쪽으로 160킬로미터 떨어진 보수적인 종교도시다. 콤은 시아파 교도들에게는 성지다. 종교적 색채가 짙게 배어 있어 도시 분위기가 무겁다. 무엇보다 여성들 옷차림에서 수도 테헤란과 확연하게 구분된다. 테헤란에서는 얼굴을 드러낸 화려한 '히잡'으로 한껏 멋을 부린 멋쟁이 여성들을 흔하게 볼 수 있다. 반면 콤은 머리부터 발끝까지 검은 '차도르'로 감싼 여성들 일색이다. 같은 나라라고 믿기지 않을 정도로 두 도시 분위기는 전혀 다르다. 미군 공습으로 솔레이마니 사령관을 비롯해 장성 5명이 숨진 뒤 이곳 이슬람 사원에 붉은 깃발이 게양됐다.

작은 도시에 지나지 않는데도 콤이 이란에서 중요한 위치를 차지하며 종교적 색채가 짙은 이유가 있다. 최고 종교지도자를 연이어 배출한 게 첫 번째다. 이란인들이 존경하는 이란혁명을 주도한 호메이니와 현 하메네이 최고지도자가 이곳 출신이다. 두 번째는 이슬람 사원과 신학교가 이곳에 집중돼 있다. '호제예 엘미예'와 '페이지예', '버게 롤 울름' 신학교는 이슬람권에서 최고 권위를 자랑한다. 이곳에서 공부한 이들은 권력 핵심부에 들어간다. 신정일치 제도를 택한 이란에서 최고 종교지도자는 대통령보다 권력 서열이 높다. 하메네이도 대통령을 지내고 나서야 최고지도자에 올랐다. 1979년 미국에 맞선 이란혁명 열기는 콤을 중심으로 퍼져 나갔다. 다행히 추가 대응 없이 진정되기는 했지만, 콤의 붉은 깃발에서 피바람을 예감한 건 이 때문이었다.

미국과 이란이 마찰을 빚을 때마다 우리 정부는 곤혹스럽다. 미국과는 동맹이지만 이란과도 못지않은 경제적·정치적 관계를 맺고 있기 때문이다. 앞서 사드 배치를 놓고도 중국과 사이에서 한차례 곤욕을 치렀기에 이란 문제를 대할 때도 신중할 필요가 있다. 중국 정부는 사드 배치를 이유로 아직까지 '한한령韓限令'을 풀지 않고 있다. 만일 미국과 이란 갈등 와중에 무작정 미국 편에 선다면 이란과 마찰은 피할 수 없다. 이란 정부는 미국에 우호적인 국가도 공격을 마다하지 않겠다고 선전포고했다. 당시 미국과 이란 사이에서 우리 외교는 시험대에 올랐다. 미국과 동맹관계를 고려할 때 파병 요구를 외면하기 어려웠다. 그렇다고 우리에게 우호적인 이란을 적으로 돌릴 수도 없었다. 한국과 이란은 경제적 실익은 물론이고 역사적으로도 오랜 인연을 맺고 있다. K팝을 비롯해 이란에서 한류 열풍도 거셌다.

10여 년 전, 취재 당시 이란에는 드라마 〈대장금〉 열풍이 한창이었다. 〈대장금〉을 방영하는 금요일 저녁이면 테헤란 시가지는 적막한 절간으로 변했다. 〈대장금〉을 보기 위해 서둘러 귀가한 탓이었다. 버스와 택시 운행마저 끊일 정도였다. 당시 〈대장금〉 시청률은 믿기지 않겠지만 90퍼센트 수준을 웃돌았다. 하셈 레지야 이란 국영방송국 관계자는 "나머지 10퍼센트는 TV 수상기가 없거나 아예 TV를 시청하지 않는 사람이다. 사실상 이란 국민 전체가 〈대장금〉을 봤다고 해도 틀리지 않다"고 단언했다. 그래서인지 체류 기간 동안 만나는 이란인들마다 내게 "양금이"를 연발하며 엄지손가락을 치켜세웠다. '양금이'는 현지 이란인들이 '대장금'을 부르는 말이다. 이란사회문화연구소 알리하니 소장은 "대장금에서 보여 준 가족 중심 가치관과 정서가 이란과 비슷해 파급효과가 컸다"고 분석했다.

드라마 〈대장금〉에서 촉발된 한류 열기는 한국 제품으로 불붙어 날개 돋친 듯 팔렸다. 한국산 자동차와 가전제품은 이란 국민들에게 필수 아이템이었다. 당시 테헤란 거리에서 1분마다 마주친 프라이드 베타는 국민차나 다름없었다. 경제적 여유가 있는 중산층과 부유층은 현대 소나타와 그랜저TG를 몰고 다니며 부를 과시했다. 이란에서 한국 자동차 시장점유율은 무려 40퍼센트대였다. 진출한 지 2년 만에 일본 도요타를 눌렀으니 이란에서 한류가 얼마나 폭발적이었는지 가늠할 수 있다. 가전제품 시장점유율은 무려 70퍼센트를 차지했다. 집집마다 LG 에어컨, 삼성 파브 TV, 냉장고를 소유했다. 테헤란 거리를 지나다 보면 건물 외벽에 설치된 에어컨 실외기는 온통 LG 제품이었다. 이 때문에 한국 제품을 쓰지 않는 주부들은 소외감을 느낄 정도였다. LG전자 김종훈 테헤란 지사장은 "세 집 중 두 집 꼴로 한국 가전제품을 사용하고 있다. 품질, 디자인, 가격 면에서 한국 제품은 압도적

인기를 누리고 있다"고 했다. 이렇게 이란은 우리와 밀접한 경제적 동반자 관계에 있다.

정서적으로도 이란과 한국은 공감대역이 넓다. 두 나라 모두 인정 많고 가족을 소중히 여기는 가치를 공유하고 있다. 이란 영화가 우리에게 거부감 없이 다가오는 이유도 여기에 있다. 이란인 압바스 키아로스타미는 내가 가장 좋아하는 영화감독 중 한 명이다. 그가 제작한 〈올리브 나무 사이로〉와 〈내 친구의 집은 어디인가〉는 수차례 볼 정도로 훌륭했다. 그가 풀어내는 잔잔한 줄거리는 화학조미료를 뺀 음식처럼 담백하다. 우리 정서와 꼭 맞는다. 이란과 우리는 1,300년 역사를 공유한다. 신라 향가 〈처용가〉와 〈쌍화점〉에서 이란을 만날 수 있다. 처용은 페르시아에서 건너온 이란인으로 추정된다. 페르시아 제국과 신라는 1천 년 전부터 문물을 주고받았다. 당시 신라 울산 개운포는 국제 무역항이었고, 페르시아는 제국이었다.

실크로드 끝자락에 위치한 신라에 도착한 페르시아인들은 경주 거리를 활보했다. 그 흔적은 여러 곳에서 발견된다. 신라인들은 페르시아인들을 무인상으로 조각해 무덤 앞에 신장神將으로 세웠다. 경주~울산 국도변에 위치한 신라 괘릉을 지키는 무인상이 그 증거다. 무인상은 영락없는 페르시아 사람이다. 깊숙한 눈매, 우뚝 솟은 코, 귀 밑에서 턱으로 흐르는 수염까지 오늘날 이란인과 다르지 않다. 게다가 헐렁한 윗옷과 아랍식 터번은 이런 심증을 한층 뒷받침한다. 처음 이란 사람을 만났을 때 쉽게 끌렸던 것도 오랜 역사적 인연 때문은 아닌지 모르겠다. 먼저 순박한 눈빛에 젖었다. 이어 오랜 교류에서 형성된 공

오랜 친구 이란을 대하는 법

감대가 유전자를 타고 그들을 받아들였다.

이란과 인연은 오늘날에도 계속되고 있다. 한국 서울 강남에는 '테헤란로', 이란 수도 테헤란에는 '서울로'가 있다. 두 도시는 1977년 6월, 자매결연과 함께 명칭 교환을 합의했다. 강남 한복판을 가로지르는 테헤란로는 경제부국 대한민국을 상징한다. 길이 4킬로미터 왕복 10차로에는 금융기관과 IT벤처기업이 즐비하다. 이란 테헤란에 있는 '서울로'는 외곽에 있다. 서울 강남만큼 화려하지는 않지만 이곳에도 변화의 바람이 불고 있다. 테헤란시는 서울로 외에 서울광장(2002)과 서울공원(2003)을 지정하며 한국에 대한 지속적인 애정을 표시하고 있다. 이런데도 미국을 편들어 일방적으로 이란을 외면한다면 상당한 손실을 감수해야 한다.

깊은 정서적 유대감, 한국 제품에 대한 높은 충성도, 그리고 한류 열풍을 감안하면 이란은 좋은 친구다. 우리는 중국과 대만 사이에서 중국 눈치를 보느라 대만과 단교함으로써 좋은 친구를 잃은 경험이 있다. 그래서 호르무즈 해협 파병은 간단치 않은 사안이었다. 이란인들은 페르시아 제국 후예로서 자긍심이 강한 민족이다. 만약 우리가 신의를 저버린다면 적지 않은 후폭풍을 감수해야 한다. 압바스 키아로스타미 감독의 〈내 친구의 집은 어디인가〉는 우정을 그린 영화다. 영화 속에서 주인공 아마드는 친구 집을 찾아 나선다. 숙제 노트를 전해 주기 위해서다. 그 순수함을 기억하기에 미국이 촉발한 긴장은 달갑지 않다.

이란 군대는 정규군 35만 명, 이란혁명수비대(IRGC) 15만 명 등

52만 명 규모에 달한다. 이란혁명수비대는 호르무즈 해협을 봉쇄할 해군과 무장 경비정도 보유하고 있다. 숨진 솔레이마니가 지휘한 쿠드스군은 5천 명 정도다. 쿠드스군은 시리아와 레바논, 이라크, 예멘 등 '시아파 벨트'를 구축한 강군이다. 이란은 미사일과 드론, 사이버 공격 등 비대칭 전력도 막강하다. 미국 정보 당국은 이란이 보유한 미사일 전력을 중동 최대 규모로 평가하고 있다. 이란이 미국에 비해 군사적으로 객관적 열세인 건 분명하지만, 싸움판이 벌어지면 미국도 피해를 각오해야 하기에 섣부른 전면전은 자제할 수밖에 없다. 미국과 이란 사이에서 우리가 설 곳은 어딜까.

오랜 친구 이란을 대하는 법

베트남은
우리에게 어떤 존재인가

수년 전, 베트남 호찌민에서 꾸찌터널을 체험했다. 꾸찌터널은 베트남전쟁 당시 미군에 맞선 베트콩들이 게릴라전을 펼치기 위해 팠다. 맛보기로 만든 길이 100미터짜리 '벤딘'터널은 관광객들에게 체험 상품으로 인기였다. 터널은 입구를 찾기도 어려웠지만 내부는 상상을 초월했다. 터널 입구가 어딘지 찾아보라는 가이드 말에 눈을 씻고 찾아봤지만 허사였다. 터널 입구는 체구가 작은 성인이 겨우 들어갈 정도로 좁았다. 내부 또한 벌레처럼 기어 다니거나 오리걸음을 해야 할 정도로 협소했다. 드문드문 불을 밝힌 백열전구 없이는 공포 때문에 조금도 나아가기 힘들었다. 이 때문에 고작 30미터 남짓 기어 다니다 나오고 말았다. 칠흑 같은 어둠, 다시 나올 수 없다는 공포감이 짓눌렀다. 그런데 베트콩들은 수십 킬로미터가 넘는 개미굴과 같은 터널에서 수년 동안 미군과 싸웠으니 경이롭다. 때로는 폭격으로 터널이 무너져 생매장되기도 했다. 기록에 의하면, 터널에서 생활한 베트콩 1만 6천 명 가운데 1만 명이 숨졌다. 살기 위해 판 지옥 같은 개미굴은 목숨과 맞바꾼 비극의 현장이었다.

꾸찌터널에서 확인됐듯 베트남 국민성은 강인하다. 수많은 강대국을 상대로 싸워 이긴 역사가 이를 증명한다. 멀리 중국부터 가깝게는 미국, 프랑스, 포르투갈, 독일을 상대로 이겼다. 모두 베트남과는 비교하기 어려운 강대국들이다. 해외에 나가 보면 베트남 갱단을 중국 삼합회보다 높이 치는 이들을 흔하게 만난다. 베트남인들의 독하고 끈질긴 민족성은 강대국을 상대로 싸워 승리한 굴곡진 역사에서 배태됐다. 900여 차례 외부 침략을 받은 한민족과 상통하는 면도 있다. 이런 베트남 민족을 떨게 한 게 바로 코로나19다. 베트남 정부는 중국 우한 폐렴 초기부터 국경 봉쇄와 항공기 운항을 전면 중단시켰다. 경제적으로 중국 의존도가 높은데도 불구하고 과감하게 움직였다. 한국에 대해서도 대응 수위를 높였다. 2021년에도 7월 이후 두 달 넘게 하노이와 호찌민에 전면 봉쇄령이 지속되었다.

베트남 정부는 2020년 대구 경북에서 코로나19가 확산되자 규제를 강화했다. 당시 세계 78개국은 한국에서 출발한 입국자를 받지 않았다. 이 가운데 35개국은 가장 높은 단계인 전면 '입국금지' 조치를 취했다. 베트남과 터키도 여기에 가세했다. 베트남은 감염증 발생 지역(대구, 경북)에서 입국하는 외국인에 대한 임시 입국 중단 조치를 취했다. 2020년 2월 26일부터다. 또 한국인 무비자 입국도 중단했다. 이 때문에 한국에서 출발한 여객기가 하노이공항에 내리지 못한 채 되돌

베트남은 우리에게 어떤 존재인가

아가는 사태가 벌어졌다. 당시 한국 정부는 사전 통보 없는 조치라며 강하게 항의했다. 청년세대를 중심으로 반反베트남 정서도 고조됐다.

한국은 베트남 최대 투자국이자 제2위 교역국이다. 베트남 역시 한국에서 제4위 교역국이라는 지위를 갖고 있다. 베트남에 진출한 한국 기업만 9천 개에 달한다. 한국 교민도 20만 명을 넘어섰다. 그런데도 베트남이 한국에 대해 강경한 조치를 취한 건 외교적 · 경제적 이익보다 자국민 안전이 우선이라는 판단에서다. 감정을 가라앉히고 입장을 바꿔 생각하면 베트남 정부 조치를 이해할 만하다. 국민 생명보다 우선하는 이익은 없기 때문이다. 방역을 최우선하는 추세는 국제사회 보편적 기조이기도 하다. 감정적 대응을 자제하고 냉정해야 하는 이유는 차고 넘쳤다. 입장을 바꿔 우리라면 어땠을지 '역지사지'가 필요하다.

베트남은 우리와 비교할 때 의료 수준이 열악하다. 간단한 진단 키트조차 없는 의료 후진국이다. 베트남 정부와 국민들이 코로나19 바이러스에 공포감을 갖는 이유이다. 이 같은 취약한 환경을 고려하지 않은 채 우리 입장만 앞세운다면 '갑질'이나 다름없다. 당시 베트남 내 코로나19 확진 환자는 0명이었다. 방역에 실패할 경우 걷잡을 수 없는 상황을 우려하지 않을 수 없었다. 우려는 현실로 나타났다. 2021년 4차 대유행(4월 27일) 이후 베트남에서 발생한 확진 환자는 무려 68만여 명에 달한다. 마른 숲을 태우듯 확진자는 급속히 증가했다. 당시 우리 정부는 베트남 정부의 입국조치 강화에 항의 서한을 보냈는데 지금 생각하면 졸속 행정이다. 만일 미국이나 독일이어도 그렇게 대응했을까 싶다.

앞서 언급했듯이 베트남은 세계 제1강대국과도 전쟁을 마다하지 않은 나라다. 또 경제적 불이익을 예상하면서도 중국에도 강경한 조치를 취했다. 물론 우리 국민 입국금지와 항공기를 돌려보내는 과정이 매끄럽지 못했을 수 있다. 그러나 외교와 방역은 구분해 대응할 필요가 있다. 감정적이며 불필요한 대응은 후유증을 초래할 수 있기 때문이다. 언론 또한 말초신경을 자극하는 보도를 자제해야 함에도 국민 정서를 자극했다. 베트남 때리기가 여론을 돌리는 수단으로 악용된 건 아닌지 아쉬움이 남는다. 미국, 중국에 대한 어정쩡한 대응 과정에서 악화된 여론을 돌리기 위한 방편으로 베트남을 때렸다는 비판적 시각이 제기됐다.

사실이라면 위험하며 안일한 발상이다. 우리에게 베트남은 매우 중요한 국가다. 베트남전쟁 당시 우리 정부는 미국 다음으로 가장 많은 전투 병력을 파병했다. 그 과정에서 무고한 양민을 학살하기도 했다. 다행히 박항서 베트남 축구 대표팀 감독의 활약에 힘입어 양국에 우호적 환경이 조성됐다. 또 베트남은 문재인 정부가 추진 중인 신남방정책의 핵심 국가다. 무리하게 압박할 경우 양국 관계는 악화될 수밖에 없다. 당시 베트남 젊은이들은 한국 정부와 한국 언론의 베트남 때리기에 강하게 반발했다. 이 때문에 베트남연합한인회장은 교민들에게 협조를 구하는 서한을 보내기도 했다. "일부에서 한국인에 대한 경계심이 나타나고 있으며, 자칫 집단감정으로 불거져 반한 감정으로 이어질 수 있다"며 자극적인 언행을 자제해 달라는 내용이었다.

정부 차원에서 공개적인 압박은 불필요한 외교적 긴장을 촉발한다는 점에서 현지 대사관을 통한 조용한 대응이 바람직했다. 방역은 조치가 끝나면 해결되는 일시적 현상인 반면, 외교는 한 번 손상되면 회복하기까지 오랜 시간이 걸리는 사안이다. 당시 주한 베트남 대사관은 현지 교민 안전 대책을 마련하느라 수일째 뜬눈으로 밤을 샜다. 베트남 현지에 강제 격리된 한국인의 조속한 입국 절차 진행을 위해 모든 외교적 노력을 기울였다. 이날 미국은 대구에 대해 최고 단계인 '여행금지', 나머지 지역은 '여행재고' 경보를 유지했다. 이 때문에 미국에는 변변한 목소리를 내지 못하면서 베트남에만 으름장을 놓은 건 아닌지 돌아봐야 한다는 자성론이 제기됐다. 다행히 베트남 정부는 강제 격리했던 한국인들을 자가 격리로 완화했다.

박노완 베트남 주재 한국대사는 "방역과 외교는 분리해서 대응해야 한다. 한국과 베트남 정부가 공동 대응하도록 차분하게 지혜를 모을 때"라면서 "주권국가로서 베트남 국민 정서를 자극하는 언행을 자제해야 한다"고 당부했다. 베트남은 전쟁의 참화를 이겨 내고 1986년 '도이모이(변화)' 정책을 도입한 이후 급속한 경제성장 가도를 달리고 있다. 또 한류 열풍도 한창이다. 베트남과 좋은 관계를 유지하는 건 우리에게 달려 있다.

용기 있는 사과 있을 때
가능한 미래

지금 다소 열기가 수그러들었지만 베트남 축구 전성기를 연 박항서 감독에게 쏟아지는 찬사에는 분명한 이유가 있다. 그는 겸손과 헌신을 바탕으로 친근한 리더십으로 베트남 축구를 상위 랭크에 올려놓았다. 베트남 국민들의 찬사는 그런 리더십에 공감한 결과였다. 그가 걷는 길은 베트남 축구 역사가 됐다. 박항서 감독은 베트남 국가대표 지휘봉을 맡은 뒤 놀라운 성적을 올렸다. 2018년에만 아시아축구연맹(AFC) U-23 챔피언십 준우승, 자카르타-팔렘방 아시안게임 4위, 동남아시아축구연맹(AFF) 챔피언십 우승으로 베트남 스포츠에 길이 남을 업적을 세웠다. 당시 A매치 16경기 연승이라는 경이적인 기록을 수립하기도 했다.

2019 동남아시아경기대회(SEA게임) 남자축구 금메달은 베트남 통일 이후 최초였다. 박항서 감독은 코로나19 때문에 2020년을 허비하

고도 2021년 베트남 사상 첫 월드컵 최종예선 진출에 성공했다. 그가 축구 역사를 새롭게 쓸 때마다 베트남은 잠들지 못했다. 베트남 국민들은 국가 대항 경기가 열릴 때마다 박항서 감독과 대한민국을 연호했다. 2018년 스즈키컵에서 우승한 베트남 선수가 태극기를 두른 채 경기장을 달리는 모습은 인상적이었다. 박항서 매직에서 시작된 여러 상징적인 장면 가운데 압권으로 기억됐다.

박항서 신드롬은 한국과 베트남에 새로운 다리를 놓았다. 박항서 감독은 2017년 베트남 국가대표팀 감독에 취임한 뒤 한국과 베트남 사이에 놀라운 변화를 가져왔다. 베트남에서 영웅으로 불리는 박항서 감독에 대한 애정은 한국으로 옮겨 붙었다. 한국도 여기에 화답해 베트남을 새롭게 인식하고 있다. 국가 대항전에 참가한 베트남 대표팀을 한국인들은 한마음으로 응원했다. 2018년 12월 스즈키컵 경기를 방송한 SBS 시청률은 18.1퍼센트를 기록했다. 같은 시간대 방송 3사 시청률을 합한 것보다 높았다. 당시 언론은 "외교관 100명보다 많은 일을 했다"며 박항서 신드롬을 칭찬했다.

박항서 감독이 이룬 성취는 단지 운이 좋아서가 아니다. 따뜻한 품성과 지도자로서 뛰어난 자질이 밑바탕이 됐다. 그는 베트남 선수들과 진심으로 소통했다. 그들과 눈높이를 맞추고 경청함으로써 잠재능력을 끌어냈다. 박항서 감독은 "나도 키가 작아 그 심정을 이해한다"며 평균 신장이 작은 베트남 선수들과 공감했다. 결국 '파파(아빠) 리더십'은 결속력을 다진 원천이 됐다. 덕분에 두 나라는 가까워졌고 서로를 새롭게 인식하게 됐다. 생산적이며 지속적인 우호 관계를 만드는 일은 이제 양국 국민들에게 달려 있다.

그런 면에서 양국의 과거사는 언제가 풀어야 할 해묵은 숙제다. 베트남 유력 일간지 《뚜오이째》는 2016년 9월 11~17일까지 7차례 기획보도를 통해 베트남전쟁 당시 한국 군인들이 저지른 민간인 학살을 집중 보도했다. 기사에는 생생한 생존자 증언이 담겼다. 박항서 열풍 와중에 과거를 소환하는 것이 뜬금없다며 불편해할 수 있다. 하지만 스포츠는 스포츠고 역사는 역사다. 지난 과거를 제대로 정리함으로써 진정한 화해를 토대로 새로운 관계를 만들어 갈 책임이 있다. 한국은 1964~1973년까지 32만 5천여 명에 달하는 지상군을 파병했다. 미국(55만 명)에 이은 두 번째 규모였다. 공산화를 막는다는 명분 아래 베트콩(남베트남민족해방전선)과 싸웠지만 이 과정에서 무고한 민간인 피해가 뒤따랐다.

국제사회는 베트남전쟁을 '추악한 전쟁'으로 규정하고 있다. 한국군 참전 역시 같은 선상에서 바라본다. 한국군은 용병用兵에 다름 아니라는 인식이다. 베트남전쟁 기간 중 5천여 명에 이르는 한국군이 숨졌고 아직도 많은 참전군인들이 후유증에 시달리고 있다. 참전군인도 피해자이지만 그렇다고 민간인 학살이라는 팩트까지 덮을 수는 없다. 베트남 정부에 따르면 한국군에게 학살된 민간인은 80여 건 9천여 명에 달한다. 꽝남성을 비롯해 베트남 곳곳에 세워진 한국군 증오비는 이러한 참상을 기록하고 있다.

김대중과 노무현으로 이어지는 민주정부는 재임 기간 중 과거사에 대해 부분적으로 사과했다. 반면 보수 정권은 줄기차게 외면했다. 전쟁 중 민간인 학살은 불가피하다는 이유다. 그러면서 베트남전쟁 기간 중 한국 군인에 의한 식량 지원과 도로 건설을 앞세웠다. 일본 우익들이 한국 식민 지배를 정당화할 때 끌어다 쓰는 논리와 다르지 않다. 민간인 학살은 민감한 사안이라서 양국이 정부 차원에서는 외면하고 있지만 언제든 터질 수 있는 뇌관이다. 1945년 해방 이후 80여 년째 우리가 위안부와 강제징용 문제를 제기하고 있듯, 베트남 민간인 학살도 마찬가지다. 용기 있는 사과만이 미래로 건널 수 있는 디딤돌이다. 독일 수상 빌리 브란트는 이런 면에서 용기란 무엇인지 보여줬다. 그는 1970년 12월 폴란드 유대인 추모비 앞에 무릎 꿇었다. 그리고 차가운 겨울비를 맞으며 제2차 세계대전 중 폴란드 유대인 학살을 진심으로 사죄했다. 폴란드인은 감동했고, 국제사회는 독일을 성숙한 나라로 인식했다. 당시 언론은 "빌리 브란트가 무릎을 꿇음으로써 독일이 일어섰다"고 의미를 부여했다.

베트남은 우리에게 매력적인 나라다. 문재인 정부가 추진하는 신남방정책 선상에 놓인 핵심 국가이기도 하다. '도이머이(쇄신)' 정책 이후 베트남은 6~7퍼센트대 높은 경제성장률을 기록하고 있다. 근면하고 성실한 민족성에다 높은 교육열과 젊은 인구가 강점이다. 베트남은 전체 인구 9,600여 만 명 가운데 10~24세가 40퍼센트, 20~30대가 35퍼센트에 달한다. 전체 인구의 75퍼센트가 30대 미만 청년세대로 구성됐으니 그만큼 역동적이다. 평균 연령 30.8세, 스마트폰 보급률 55퍼센트로 성장 잠재력은 무궁하다. 2020년 한국과 베트남 교역액은 960억 달러에 달했다. 문재인 대통령은 2021년 7월 응웬 푸쫑 베트남 당서기장과 전화 통화를 갖고 "2023년까지 양국 교역액 1천억 달러 달성을 위해 긴밀히 협력해 나가자"고 했다. 한국은 베트남 1위 투자국이며, 베트남은 한국의 4대 교역국이다. 베트남 현지에 9천여 개 한국 기업이 진출해 있고 양국에 각각 20만 명에 달하는 교민이 거주할 만큼 특수한 관계다. 베트남 수입시장에서 한국은 1위 중국을 바짝 뒤쫓고 있다.

2017년 국회의장을 수행해 방문한 삼성전자 하노이 공장은 이러한 양국 관계를 보여 주는 상징적 현장이었다. 하노이 공장은 역동적인 베트남 경제를 확인시켜 주었다. 공장 규모는 60만 평으로 광활하다. 베트남 전체 수출 물량 가운데 25퍼센트를 하노이 공장에서 담당하고 있다. 직접고용 12만 명, 협력업체를 포함하면 18만여 명에 달하는 근로자들이 삼성전자 하노이 공장을 중심으로 생계를 꾸리고 있다. 공장 앞 야외 주차장에 늘어선 820대에 달하는 통근 버스만으로도 그 규모를 짐작할 수 있다. 출퇴근 시간이면 공장 주변은 오토바이 행렬로 바다를 이룬다. 대학을 졸업한 베트남인이 가장 선호하는 직장이 삼성전자이며, 그들은 삼성전자 사원임을 자랑으로 여긴다. 낮은 인건비와 우수한 인력은 앞으로도 베트남 경제성장을 견인할 경쟁력 있는 자산임이 분명하다.

"나를 사랑하는 만큼 대한민국도 사랑해 달라." 박항서 감독은 언젠가 기자회견에서 베트남 국민들에게 이렇게 당부했다. 그가 바라는 대로 한국과 베트남 사이 우호적인 관계가 지속되려면 어떻게 해야 할까. 시혜를 베푼다고 생각하는 순간, 멀어지게 된다. 오만은 사람을 멀리하고 겸손은 사람을 부른다.

나는 이스라엘이 불편하다. 그들이 팔레스타인인에게 가하는 잔인한 폭력이 싫고, 국제사회의 거센 비난에도 아랑곳하지 않는 오만함에 넌덜머리가 난다. 이런 이스라엘을 두둔하는 미국도 마찬가지다. 때리는 시어머니보다 말리는 시누이가 더 밉다고, 미국의 일방적인 편들기가 오늘날 이·팔 분쟁을 낳았다. 2021년 초 팔레스타인 가자 지구에 대한 공습이 보름 가까이 이어졌다. 공습으로 누적 사망자만 213명, 부상자도 1,422명에 달했다. 10여 일 만에 벌어진 기막힌 현실이었다. 더욱 참담한 건 사망자 가운데 아동 61명과 여성 36명이 포함됐다는 것이다.

무력 충돌은 이스라엘 경찰이 팔레스타인인을 강경 진압하면서 시작됐다. 팔레스타인인들은 이슬람 사원에 들어온 이스라엘 경찰에게 철수를 요구했다. 자신들의 지성소에 침입한 이스라엘 경찰에 반발한 건 어쩌면 당연했다. 명동성당이나 조계사를 휘젓고 다니는 일본 경찰에게 철수를 요구한 것과 다르지 않다. 그런데 이스라엘군은 철수 요구에 강경 진압으로 대응했다. 시간을 거슬러 올라가면 이 땅에 피가 흐르기 시작한 건 1948년 이스라엘 건국부터다. 이스라엘은 2천 년 넘게 이 땅에 뿌리내리고 살아온 팔레스타인인들을 몰아냈다. 불편한 동거는 그 결과다. 침략자 신분임에도 겸손함 대신 폭력을 정당화했다.

지난 70여 년 동안 이 땅에서는 팔레스타인인에 대한 폭력이 일상화됐다. 2008년 12월에도 이스라엘군 공습으로 팔레스타인인 1,380명이 숨지고 5,380명이 부상을 입었다. 2018년 4월에도 이스라엘군에 의해 62명이 사망하고, 1,300여 명이 부상을 입었다. 이외에도 크고 작은 유혈 사태가 계속돼 왔다. 2021년 초 공습에서는 사망자만 213명을 넘겼다. 이스라엘군은 10일 동안 최신예 전투기를 동원해 가자지구에 1,180차례에 걸쳐 폭탄을 퍼부었다. 분쟁이라기보다 최첨단 무기를 앞세운 일방적인 살육이었다.

사실 이스라엘에게 팔레스타인은 애초부터 적수가 안 된다. 성인과 유치원생 싸움이나 다름없다. 구약시대 다윗에게는 돌팔매라도 있었지만, 현재 팔레스타인 군사력은 조악하기 이를 데 없다. 기껏해야 돌멩이를 날리거나 원시적인 로켓포탄이 전부다. 당시 외신에는 돌팔매질하는 팔레스타인인 사진이 실렸다. 반면 이스라엘은 핵과 아이언 돔, 최신예 전투기로 무장했다. 아이언 돔으로 가자지구에서 날아오는 로켓포탄 90퍼센트 이상을 공중에서 요격했다. 팔레스타인 무기

이스라엘과 미국이 불편한 이유

체계를 감안하면 요격이란 말이 무색하다.

이스라엘 군사력은 중동에서 압도적 1위(세계 11위)다. 여기에 세계 최강 미군이 뒷배를 지켜 주고 있으니 거칠게 없다. 오늘날 비극은 이스라엘이 자신들이 당했던 홀로코스트를 그대로 팔레스타인인들에게 돌려 주면서 비롯됐다. 이스라엘은 팔레스타인인 자존심도 깔아뭉갰다. 예루살렘에는 이슬람교, 기독교, 유대교 3대 성전이 공존해 왔다. 그동안 이스라엘 수도는 텔아비브였다. 그런데 이스라엘은 2017년 예루살렘으로 수도를 옮겼다. 수도 이전은 불구덩이 속에 폭탄을 던진 것과 같았고, 팔레스타인인들은 격렬하게 반발했다. 예루살렘은 언제 터질지 모르는 화약고로 변했다.

그 사이에 팔레스타인인들이 거주할 수 있는 땅은 가자지구, 요르단 강 서안, 동예루살렘 3곳으로 축소되었다. 면적으로 따지면 이스라엘 전체에서 10퍼센트에 불과하다. 그나마 이스라엘 정부는 팔레스타인 거주지역으로 이주시키고 정착촌을 건설하면서 이곳을 갈기갈기 찢었다. 팔레스타인인들이 정착촌을 점령촌으로 부르는 이유가 여기에 있다. 이스라엘 정부는 정착촌을 건설한 뒤 팔레스타인인 거주지 사이에 콘크리트 분리장벽을 세웠다. 분쟁을 막기 위해서라지만, 실상은 땅을 빼앗고 팔레스타인인을 압박하려는 목적이다.

이스라엘 현지 취재 당시 높이 8미터에 달하는 분리장벽을 흔하게 봤다. 인간이 인간을 상대로 한 가장 잔인한 만행이었다. 팔레스타인인들이 사는 라말라와 베들레헴, 가자지구를 둘러싼 분리장벽은 길이만 800킬로미터에 이른다. 가자지구는 아예 길이 41킬로미터, 폭

5~8킬로미터로 봉쇄했다. 이것도 부족해 2019년에는 바다장벽까지 쌓았다. 결국 가자지구는 하늘과 바다로만 뚫린 지상 최대 규모 교도소로 변했다. 이스라엘군 봉쇄로 식수와 의료품, 식량 조달이 막혔고 만성적인 전력난에 시달리고 있다.

인구밀도도 세계 최고 수준이다. 면적은 세종시보다 작은데 인구는 200만 명으로 6배나 많다. 실업률은 50퍼센트를 넘고, 1인당 연간 소득은 1,826달러(206만 원)에 불과하다. 한 마디로, 사람이 살 수 없는 지상지옥이다. 가자지구가 봉쇄된 15년은 인권이 말살된 척박한 땅으로 변했다. 팔레스타인자치정부(PA)의 양대 정파인 하마스와 파타가 가자지구와 요르단강 서안을 각각 지배한다. 파타와 하마스는 모두 합법적인 선거로 집권한 정당이다. 다른 게 있다면 파타는 이스라엘 지배 체제를 인정하는 반면, 하마스는 불법점령 상태를 끝내야 한다 입장이다.

이 때문에 이스라엘 정부는 2006년 집권한 '하마스(용기)' 정당을 무장 테러조직으로 여긴다. 하지만 하마스가 무장하고 대응하는 건 자위권 차원에서 당연한 일이다. 이스라엘이 군사력을 갖추는 것과 별반 다르지 않다. 이렇게 이스라엘과 팔레스타인 하마스는 서로 인정하지 않고 적대감을 드러내면서 분노와 증오를 쌓아 왔다. 미국의 이스라엘 편들기는 트럼프에서 바이든 행정부로 바뀐 후에도 계속되고 있다. 조 바이든 행정부는 "휴전을 지지한다"고 했지만, 이스라엘에 8천억 원어치 무기를 판매하기로 한 이중적 행태가 드러났다. 당시 에르도안 터키 대통령은 "미국이 피 묻은 손으로 역사를 쓰고 있다"고

이스라엘과 미국이 불편한 이유

비난했다.

이 · 팔 분쟁을 끝내는 길은 강자인 이스라엘에 달려 있다. 팔레스타인에 공존을 허용하고 피 묻는 역사를 물려주지 않겠다는 역지사지가 절실하다. 이스라엘 정치 지도자들은 제2차 세계대전 당시 조상이 겪었던 피와 눈물을 기억해야 한다. 미국 또한 일방적인 편들기에서 벗어나 중국에게 요구하는 인권 잣대를 이스라엘에도 동일하게 들이대야 한다. 지금과 같은 이중적 잣대라면 미국의 도덕적 권위는 설 자리가 없다. 그것만이 이스라엘과 미국을 불편한 시각으로 바라보는 지구촌을 설득할 방법이다. 애꿎은 아이들이 더는 희생되어서 안 된다.

중국에 "아니오" 할 수 있는 나라

병자호란(1636)은 조선 역사상 가장 치욕스런 전쟁이었다. 무능한 인조는 청나라 군대에 쫓겨 남한산성으로 숨어들었다. 40여 일 농성 끝에 삼전도에서 청 태종에게 항복했다. 청과 화친을 주장했다는 이유로 최명길은 오랫동안 온갖 비난에 시달렸다. 훗날 정민시(1745~1800)는 "최명길이 없었다면 국가와 사직은 존재하지 않았다"고 재평가했다. 박세당(1629~1703)도 "조선 사람들이 편히 잠자리에 들고 자손을 보존한 것은 모두 최명길 덕분"이라고 단언했다.

병자호란 당시 명나라는 지는 해, 청나라는 뜨는 해였다. 그런데도 사대주의에 매몰된 조선 사대부들은 명나라와 의리를 고집했다. 조선은 사대친명 정책을 펼쳐 청을 자극했고, 급기야 병자호란을 자초했다. 나라가 풍전등화에 처했어도 인조 정권은 명을 떠받드는 데 급급했다. 반면에 최명길은 현실을 우선했다. 나라가 보전된 다음에야 와 신상담도 가능하다는 생각이었다. 당시 명은 조선에 절대적 우방도 아니었다. 반정에 성공한 인조의 책봉을 2년 반 이상 미루며 그들은 조선을 길들였다.

380여 년이 흐른 지금은 얼마나 달라졌을까. 중국이 한국을 대하는 행태는 여전하다. 중국은 동북공정을 앞세워 한반도 역사를 자신들 역사로 날조하고 있다. 또 사드 배치를 이유로 치졸하게 보복했다. 중국에서 한국 연예인을 몰아냈고, 한국 기업의 숨통을 조였다. 롯데는 천문학적인 손해를 입고 중국 시장을 접었다. '한한령限韓令'은 6년째 계속되고 있다. 동네 깡패만도 못한 G2 중국의 얼굴이다. 한국을 속국으로 여기는 오만한 태도는 380년을 지나도 극성이다.

최근에는 김치 분쟁까지 촉발했다. 김치 종주국은 누가 뭐래도 한국이다. 그런데 중국 정부는 네티즌과 함께 김치가 자신들 것이라며 억지 주장을 늘어놓았다. 유엔 주재 중국 대사는 김치 논쟁에 불을 지폈다. 그는 중국인 유명 음식 블로거와 함께 김치 담그는 영상을 트위터에 올리고 중국이 김치 종주국이라고 호도했다. 이를 둘러싸고 한국과 중국 누리꾼들은 온라인상에서 격돌했다. 중국이 한국 문화를 존중했다면 있을 수 없는 일이다.

중국 정부 횡포에도 불구하고 우리 정부 대응은 소극적이다. 동북공정, 사드 보복 당시에도 한국 정부는 말을 아꼈다. 김치전쟁도 관망 중이다. 이유를 모르는 바 아니다. 안보는 미국, 경제는 중국이라는 외교정책 때문이다. 경제적 불이익을 우려해 가급적 중국과 충돌을 피하려는 의도에서 저자세로 일관하고 있다. 한데 정작 중국은 우리 입장을 헤아려 주지 않는다. 한한령에서 확인됐듯 오만방자하며 주권국가로서 인내하기 힘들 지경에 이르렀다.

이와 달리 우리 정부는 미얀마 군부에는 단호한 태도를 보였다. 미얀마 쿠데타 직후 한국 외교부 대변인 명의로 "충격적인 소식에 매우 심각한 우려를 표한다"며 군부를 비판했다. 문재인 대통령도 2021년 3월 6일 SNS에 "미얀마군과 폭력적인 진압을 규탄하며 아웅산 수지 국가고문을 비롯해 구금된 인사들 석방을 강력히 촉구한다"고 올렸다. 아시아 국가 정상으로는 처음이었다. 제3국 문제에 대해 정부가 단호한 메시지를 낸 것은 이례적이었다. 중국 정부에 대한 대응과 비교된다.

2021년 8월 18일 기준 미얀마 쿠데타로 인한 사망자는 1,006명, 구금된 사람은 5,730명을 넘어섰다. 국제사회는 한목소리로 군부를 비난했다. 5·18을 경험한 우리 국민들은 폭넓게 공감했다. 우리 정부가 미얀마 사태에 강경 메시지를 낸 것은 다행이다. 하지만 홍콩 시위, 신장·위구르 인권유린 당시와 비교하면 형평성을 잃었다는 비판을 피하기 어렵다. 두 곳 모두 중국 정부의 폭력 진압으로 수많은 희생자가 발생했고 국제사회의 비난을 받았다. 하지만 우리 정부는 중국 눈치를 보느라 외면하고 침묵했다.

인권과 민주주의 가치를 생각한다면 중국과 미얀마에 같은 잣대를 대야 맞다. 그런데 중국은 두려운 상대, 미얀마는 만만하다는 인식 아래 다른 잣대를 댔다. 인권을 대하는 한국 정부의 이중 잣대라는 점에서 부끄러운 태도였다. 바이든 취임 이후 미국은 가치 중심으로 국제

　　　　　　　　　　　중국에 "아니오" 할 수 있는 나라

사회와 연대를 촉구하고 있다. 트럼프 시대에 훼손된 외교를 복원하면서도 대중국 정책 기조는 승계했다. 바이든은 취임 이후 시진핑과의 첫 통화에서 "중국이 홍콩 인권 활동가를 탄압하고 신장·위구르에서 인권을 유린하고 있다"고 직격탄을 날렸다.

2020년 10월, 유엔은 홍콩 국가보안법을 비판하는 성명서를 채택했다. 당시 39개국이 참여했지만 한국은 불참했다. 역시 중국을 의식해서다. 오늘날 대한민국은 380년 전의 허약한 조선이 아니다. 교역 규모 세계 10위, 성숙한 민주주의를 자랑하며 국제사회에서 찬사를 받는 국가로 성장했다. 그런데도 스스로를 허약한 나라로 규정한 채 중국 눈치 보기로 일관하고 있으니 한심하다. 지금까지 우리 정부는 전략적 모호함을 앞세워 미국과 중국 사이에서 줄타기 외교를 해 왔다. 바이든 정부에서도 이 같은 기조가 통할 것이라고 생각하면 착각이다.

분명한 가치를 기준으로 외교를 펼칠 때 그 누구도 우리를 함부로 대하지 못한다. 아직도 사대주의에 찌들어 중국의 심기를 먼저 걱정한다면 주권국가로서 자존심마저 내팽개친 행태이다. 2021년 6월 영국에서 열린 주요 7개국 G7정상회의에 한국은 호주, 인도와 함께 초대 받았다. 당시 정상회의에서는 민주주의라는 핵심 가치를 공유했다. 이제 우리도 국격에 걸맞게 인권을 유린하고 주변 국가를 속국으로 여기는 중국에 대해 "아니오"라고 할 수 있어야 한다. 주권국가라면 응당 자기 목소리가 있어야 한다.

중국 앞에만 서면
왜 작아지는가

한국은 미중 갈등 속에서 어느 편에 서야 할까. 인도·태평양에서 미국과 중국 간 패권전쟁이 갈수록 격화되고 있다. 한국은 지금까지 안보는 미국, 경제는 중국이라는 '안미경중安美經中' 스탠스를 취하며 균형을 유지해 왔다. 그러나 문재인 정부 출범 이후 중국 쪽으로 기운 징후가 곳곳에서 감지된다. 미국과는 거리를 두는 한편 중국과 관계를 강화하면서 나타난 결과다. 최근에도 정의용 외교부 장관은 중국 편을 드는 발언으로 논란을 촉발했다. 그는 유엔총회 참석차 뉴욕을 방문한 자리에서 중국의 공세적 외교를 "당연한 일"이라고 두둔했다. 또 "중국은 경제적으로 강해지고 있다. 우리는 그들이 하려는 이야기에 귀 기울여야 한다"고 했다.

미국과 중국이 가파르게 대치하는 상황에서 적절한 발언인지 의문이다. 당장 "중국 대변인이냐"는 비판이 나왔다. 정의용은 발끈했지만,

중국 외교가 공세적으로 변하던 2019년에 나온 중국 대변인 논리와 똑같다는 점에서 궁색했다. 당시 화춘잉 중국 대변인은 "중국이 세계 무대에 진입했지만 마이크를 완전히 장악하지 못했다. 주도적으로 발언권을 쟁취해 당당하게 중국 공산당의 이야기를 해야 한다"고 했다. 나아가 "발언권의 핵심은 국가 이데올로그이고 국가 가치관 이념을 구현하는 것"이라고 강조했다. 우리 외교부 장관이 중국 대변인이냐는 비판이 나올 수밖에 없는 배경이다.

결정적인 건 "여러 나라가 중국을 강압적이라고 우려하지만 우리나라에는 그렇게 하고 있지 않다"는 발언이다. 순간 귀를 의심했다. 지금까지 중국 정부가 우리를 상대로 취한 강압적 행태를 몰라서 하는 말인지, 알고도 저자세를 취하는 것인지 이해하기 어려웠다. 의도적 회피라는 점에서 굴욕적이다. 문재인 정부 출범 이후 중국 정부가 취한 몇 가지 사례만 떠올려 봐도 동의할 수 없다. 중국 정부는 사드를 이유로 한국 기업과 한류를 초토화시켰다. 롯데는 사드 기지를 내주었다는 이유로 강도 높은 세무조사와 위생검사 그리고 불매운동에 시달린 끝에 수조 원대 손실을 입고 중국 시장에서 철수했다.

또, 한한령限韓令을 앞세워 우리 연예인들의 중국 내 활동도 전면 금지했다. 한때 중국은 K팝 시장으로 주목받았지만 삭막한 땅으로 변한 지 오래다. 한국 드라마와 영화, 게임 영상물까지 모든 동영상 플랫폼도 차단됐다. 연예기획사들은 중국 의존도를 낮추고 다른 나라로 저변을 확대하고 있다. 중국은 역사 왜곡도 서슴지 않는다. 발해사를 중국사에 편입한 것도 모자라, 이제는 고구려도 중국 역사라고 주장하고 있다. 이미 오래전부터 한국 역사학자들은 고구려 집안 유적지를 비롯해 우리 선조들의 발자취를 더듬을 수 있는 유적지를 방문하지 못한다. 나아가 그들은 윤동주를 조선족으로, 김치를 중국 음식이라며 우기고 있다. 역사 왜곡 프로젝트인 동북공정은 지금 이 시간에도 진행 중이다.

그런데도 정의용은 "우리나라에는 그렇게 하고 있지 않다"고 했으니 어떤 근거에서 비롯된 자신감인지 묻지 않을 수 없다. 중국 편향 정책은 역사관마저 의심케 한다. 6·25전쟁 당시 중공군을 미화했다는 논란 끝에 국내 상영이 취소된 〈1953 금성 대전투〉가 그렇다. 이 영화는 1953년 7월 강원도 금성군에서 국군과 중공군이 충돌했던 금성전투를 다뤘다. 우리에게는 가슴 아픈 기억이다. 영화는 중공군 입장을 반영했다. 결국 수입사가 "〈1953 금성 대전투〉로 인해 국민들께 크나큰 심려를 끼쳐 드려 깊이 사과 드린다. 수백만 목숨을 앗아간 비극적인 한국전쟁을 배경으로 하고, 특히 적군의 영웅담을 담은 내용에 대한 충분한 고민 없이 해당 영화를 수입한 것에 대해 무거운 책임을 느끼며 깊이 반성한다"며 판권 계약 파기를 알렸다. 문체부 산하 영상물등급심의위원회의 역사 인식에 의문을 품지 않을 수 없다.

수출 다변화에 힘입어 다행히 K팝 시장은 낙관적이다. 2017~2020년 음반 수출 현황(국세청)에 따르면 중국 점유율은 36.1퍼센트(2017)에서 12.6퍼센트(2020)로 3분의 1가량 급감했다. 일본 정부의 수출규제 조치 이후 기술 의존도를 낮추고 소재와 부품, 장비 수입을 줄였듯, 한한령은 오히려 K팝 시장에 약이 됐다. 미국은 2020년 처음으로 중국을 제치고 한국 음반 수출국 2위로 올라섰다.

　우리 정부의 저자세는 호주 정부의 처신과 대비된다. 호주 역시 우리와 마찬가지로 중국은 무시하기 어려운 경제시장이지만 주권국가로서 당당한 외교를 펼치고 있다. 호주 정부는 중국 신장 위구르와 홍콩 인권 문제를 거론하고, 2020년에는 코로나19 발원지를 따져 봐야 한다며 중국 정부를 겨냥했다. 중국은 즉각 무역보복에 나섰다. 철강석과 와인, 소고기, 보리, 랍스터에 고율 관세를 부과함으로써 호주 산업에 타격을 입혔다. 대중국 수출에서 호주 철강석이 차지하는 비중은 67퍼센트, 와인은 40퍼센트로 호주 산업에 미치는 영향은 막대하다. 그런데도 호주는 미국, 영국과 함께하는 새로운 안보동맹 오커스(AUKUS), 또 미국, 일본, 인도와 함께하는 쿼드(QUAD), 그리고 미국, 영국, 캐나다와 정보동맹 '파이브아이즈'를 맺는 등 중국 위협에 공동대응하고 있다. 앞서 5G사업에서 중국 기업 화웨이 참여를 배제하기도 했다.

　우리와 처지는 비슷해도 다르게 대응하는 건 어떤 가치를 우선하느냐에 달렸다. 우리 입장에서 전체주의 중국보다 개인과 언론 자유를 존중하는 미국의 민주주의 가치가 바람직한 건 불문가지다. 10년 전 마틴 자크는《중국이 세계를 지배하면》에서 17가지 시나리오를 전망했다. 그는 국제관계에서 새로운 형태의 조공제도, 권위주의적 통치, 발달한 IT 기술을 활용한 사회적 통제, 그리고 역사왜곡을 거론했다. 지금 중국 정부가 자국민과 국제사회를 상대로 벌이는 행태를 볼 때 예상은 모두 현실이 됐다. 그렇다면 미국과 중국 사이에서 우리가 향할 곳도 분명하지 않을까.

영화 〈모가디슈〉와
아프간인 이송 작전

　실화를 바탕으로 한 영화 〈모가디슈〉는 탈레반 반군에 의해 붕괴된 아프가니스탄 사태와 절묘하게 맞아떨어졌다. 그래서인지 코로나19 4단계 상황에도 불구하고 제법 많은 관객이 영화관을 찾았다. 현장감 넘치는 영상은 당시 상황 속으로 빠져들게 하는 한편, 많은 것을 생각하게 했다. 단순한 흥미를 뛰어넘어 국가란 무엇인가, 위기 상황에서 지도자는 어떠해야 하나, 그리고 우리에게 이념은 무엇인가까지 간단치 않은 메시지를 던졌다.

　영화 줄거리는 남한과 북한 외교관의 힘을 합친 분쟁지역 탈출기다. 한국은 1988년 올림픽 직후 UN 가입을 위해 아프리카 대륙에서 북한과 함께 치열한 외교전을 펼쳤다. 그런데 1990년 12월 반군이 수도 모가디슈를 장악하면서 둘 다 고립됐다. 반군은 각국 대사관에게 반군과 정부군 사이에서 선택을 강요했다. 정부군을 선택한 대가는 추방과 죽음이었다. 본국과 통신은 두절되고 대사관은 반군에게 약탈당하는 상황에서 남북한 외교관과 가족 20명은 탈출을 감행했다.

당시 남북은 이념을 놓고 대치 중이었다. 그런 남한과 북한이 협력해 사지를 벗어났다는 것은 그 사실만으로도 충분히 감동적이다. 영화 속에서 남한과 북한 대사는 이념을 떠나 인도적 관점에서 손을 잡았다. 리더의 판단력이 돋보이는 장면이다. 한국 대사관에서 가진 첫 저녁 식사 자리에서 깻잎 장아찌를 나누는 장면은 한국인만 이해할 수 있는 정서적 코드다. 김치나 깻잎 장아찌는 상대가 젓가락으로 잡아 주면 찢거나 나누기 수월하다. 감독의 상상력일 수 있지만 남북을 이어 주는 훌륭한 소재였다.

〈모가디슈〉에서 아프간을 떠올린 건 최근 상황과 흡사하기 때문이다. 카불에 고립된 아프간인들 처지에 자연스럽게 감정이입이 된다. 2021년 8월 26일 아프가니스탄인 391명은 한국 정부 도움을 받아 인천공항에 도착했다. 반군이 장악한 현지에서 400여 명에 달하는 사람을 빼낸 건 작전명 '미라클miracle'처럼 기적이었다. 우리 정부가 분쟁지역에 있는 외국인을 대규모로 국내에 이송한 건 처음으로, 국제사회는 한국 정부에 찬사를 보냈다.

탈레반 점령 이후 아프간 현지 상황은 극심한 혼돈과 공포가 지배했다. 수많은 이들이 탈레반을 피해 국외로 탈출하고 살해 위협에 직면했다. 급기야 카불공항 폭탄테러로 미군을 포함해 150여 명이 숨지는 참사가 발생했다. 한국에 도착한 아프간인들은 하루 차이로 참화를 피할 수 있었다. 아프간인 이송 작전은 30년 전의 남북한 외교관

모가디슈 탈출과 오버랩되면서 극적인 드라마를 연출했다.

카불 함락 이후 아프간 사태를 바라보는 국제사회 우려는 깊다. 20년 동안 공들여 쌓은 탑이 하루아침에 무너지는 허탈함에 더해, 다시 야만 사회로 돌아갈 위기에 처했다는 점에서 황당했다. 무엇보다 여성과 아동의 인권이 우려됐다. 특히 한국은 정규군 파병을 통해 아프간 재건에 주력했기에 상실감은 각별했다. 아프가니스탄 파병 경험이 있는 전역 장교 임경식 씨(소령 예편)도 당시 만났던 현지인 사진을 보여 주며 그들의 안전을 기원했다.

우리 정부가 아프간인을 신속하게 이송한 건 자랑할 만하다. 한국에 도움을 준 현지인을 구출함으로써 인도적 책무에 부응한 것은 물론이고 국제사회에 긍정적 메시지를 던졌다. 6 · 25 당시 원조 받았던 나라가 군 수송기를 띄워 분쟁지역 주민을 이송할 정도로 국력이 신장됐다는 사실을 알리는 동시에 주권국가로서 품격도 높아졌다. 무엇보다 이번 이송 작전은 우리 사회 저변에 깔린 이슬람에 대한 편견을 바로잡고, 난민을 바라보는 인식 전환에도 긍정적 영향을 미쳤다.

불과 4년 전 제주도 예멘 난민 당시와 비교해도 우리 사회가 얼마나 성숙했는지 알 수 있다. 2018년 예멘인 5백 명이 난민을 신청하자 우리 사회는 거센 논쟁에 휩싸였다. 많은 이들은 '이슬람포비아(이슬람을 두려워하는 심리)'를 앞세워 난민 수용을 강하게 반대했다. 심지어 수용을 반대하는 청와대 국민청원에 삽시간에 75만 명이 찬성할 정도였다. 당시 우리 정부는 2명만 받 는데 그쳤고, 국제사회는 비인도적 처사라며 강하게 비난했다.

영화 <모가디슈>와 아프간인 이송 작전

이 같은 결정은 2015년 시리아 사태 당시 유럽 사회와 대비됐다. 당시 유럽 국가 대부분은 2만 명 안팎에서 시리아 난민을 수용했다. 놀라운 건 독일 정부였다. 메르켈 수상은 100만 명을 받겠다고 선언했고, 최종 117만 명을 받아들였다. 중앙대학교 김누리 교수는 "유럽 국가들도 난민 문제 때문에 극우 세력이 득세하여 몸살을 앓았다. 하지만 독일은 다음해 메르켈을 재선출할 정도로 성숙한 시민의식을 보여 줬다"며 진전된 인권 의식과 성찰을 강조했다.

충북 진천 군민이 보여 준 의식 변화도 놀라웠다. 아프간인들이 머무는 국가공무원인재개발원이 소재한 진천군은 코로나19 때도 주목받았다. 당시도 진천 군민들은 확진 환자를 수용함으로써 성숙한 시민의식을 보여 줬는데, 아프간인들 수용 과정에서도 따뜻하게 맞았다. 우리 정부는 취업까지 가능한 거주비자를 발급하기로 했다.

베트남 패망 직후에도 한국 외교관들은 비슷한 일을 겪었다. 당시도 〈모가디슈〉 탈출 못지않게 긴박했다. 호치민 함락 직후 현지는 패닉에 빠졌고, 이 과정에서 교민 100여 명과 외교관 3명이 고립됐다. 미국 정부는 잔류 인원에 대한 구출을 포기했다. 이대용 공사와 안희완 영사, 서병호 총경은 5년 동안 현지 정치범 수용소에 억류됐다 1980년 4월 11일에야 극적으로 풀려났다. 이대용 공사는 언론 인터뷰에서 "'그래도 정부가 나를 데려가는구나'라고 안도했다"며 당시 심정을 피력했다. 언젠가는 베트남 탈출기도 영화로 제작될 수 있다. 모가디슈와 베트남에서 위기에 처했던 우리 국민을 생각하며 국가란 무엇인지를 다시 돌아본다.

6부

공정한 기회가
상식이 되는 사회

적어도
기회는 공정해야

　　조선 세종 당시 정갑손(1396~1451)은 전라도와 함경도 관찰사, 대사헌을 지냈다. 그는 자신이 부재중에 치러진 향시鄉試에서 아들이 합격한 것을 알고 대로했다. 정갑손은 "내 아들이 아직 공부가 부족한 것을 잘 안다. 그런데 내게 아부하기 위해 합격자 명단에 이름을 올렸다"며 해당 관리를 파면했다. 그리고 아들 이름을 삭제했다. 아들은 합당한 실력을 갖췄지만 정갑손은 받아들이지 않았다. 아들도 흔연히 아버지 결정에 따랐다. 서울교통공사 고용세습 의혹으로 시끄러운 와중에 정갑손의 일화는 우리에게 부끄러움을 일깨운다. 나아가 사회지도층이라면 어떻게 처신해야 하는지 일깨운다.

　　2018년 10월 자유한국당, 바른미래당, 민주평화당은 서울교통공사 고용세습 의혹과 관련해 국정조사 요구서를 국회에 제출했다. 서울교통공사 고용세습 비리는 현대판 '음서제'라는 비난 여론으로 들끓을 때였다. 당시 정규직으로 전환된 1,285명 가운데 108명이 재직 중인 직원 자녀와 친인척으로 파악됐다. 이 가운데 3급 이상 고위직 자녀와 친인척 비율은 24퍼센트에 달했다. 다른 공공기관에서도 유사한 사례가 적발됐다. 거론된 기관만 가스공사, 도로공사, 국립공원관리공단, 인천국제공항공사 등 13곳에 달했다. 국민들 공분은 극에 달했다. 드러나지 않았지만 이 같은 관행이 일반화된 기관도 적지 않을 것으로 추정됐다.

서울 구의역에서 지하철 스크린도어를 고치다 숨진 김 군은 당시 열아홉 살이었다. 힘 있는 부모나 친인척을 두지 못한 탓에 비정규직으로 일했다. 꽃다운 청년의 죽음에서 촉발된 서울교통공사 정규직 전환은 기득권 탐욕으로 변질됐다. 비정규직은 영원히 흙수저로 살아야 하는 절망만 쌓인다. 누군가는 힘 안 들이고 정규직으로 신분을 바꿀 때 누군가는 바늘구멍을 통과하기 위해 피눈물을 흘려야 한다. 대한민국은 정의로운지 묻지 않을 수 없다. 문재인 대통령은 "기회는 평등하고 과정은 공정하며 결과는 정의로울 것"이라고 했다. 청년세대는 그 말에 환호하고 감동했다. 대통령 메시지는 노력하면 올라갈 수 있는 희망 사다리였다. 그러나 현실에서는 금수저와 흙수저 사이에 넘을 수 없는 견고한 벽만 확인할 뿐이다.

대기업에 다니는 선후배들과 만날 때마다 빼놓지 않는 이야기가 있다. 소외와 차별이다. 직장에서 살아남기 위해 겪어야 했던 서러운 개인사다. 특정 지역 출신, 또는 SKY 대학 출신이 아니라는 이유로 겪은 경험담이다. 부당한 차별과 인사 불이익이 주를 이룬다. 나와 동년

배들은 60년대 태어나 80년대 학교를 다녔다. 80년대 대학가는 연일 매캐한 최루가스가 교정을 덮고 깨진 벽돌이 날아다녔다. 강의실은 텅 비고 결강은 일상이었다. 그래도 취업시장은 호황이었다. 지금처럼 청년실업이 심각하지 않았다. 3저低(유가, 환율, 금리) 덕분이었다.

무엇보다 공기업 입사 과정은 공정했다. 지방대학 졸업자도 노력하면 기회가 주어졌다. 당시에도 대기업은 입사 희망 1순위였다. 그러나 지방대생에게는 먼 길이었다. 대기업 추천장이 배정되지 않거나 극소수였기 때문이다. 대기업을 우회한 돌파구가 공기업이었다. 대기업과 달리 공기업은 100퍼센트 필기시험 성적으로 뽑았기에 차별이 없었다. 그래서 학벌에 기대지 않더라도 실력만 있으면 입사할 수 있었다. 결과적으로 지방대생들은 대기업보다 '신의 직장'으로 불리는 공기업에 더 많이 들어갔다. 상당수는 임원까지 올랐다. 공정한 경쟁만 보장된다면 학벌도, 배경도 걸림돌이 되지 않던 시절이었다. 서울교통공사 고용세습 의혹은 이런 공기업마저 희망 사다리가 무너졌음을 방증했다.

어떤 복지보다 앞서는 게 일자리다. 한창 일해야 할 청년들이 그늘진 얼굴로 거리를 배회하는 사회는 우울하다. 그런데도 더불어민주당 인식은 안일했다. 홍영표 당시 민주당 원내대표는 "아니면 말고식 보도를 갖고 국정조사를 할 수 없다. 구체적인 사실관계를 확인한 다음 필요하다면 응하겠다"며 국정조사 요구를 회피했다. 박원순 시장도 "을과 을 싸움을 조장하고 있다"며 야당 요구를 반박했다. 무책임하며 국민 정서와 동떨어졌다는 비판 여론이 비등했다. 당시 고용 승계 사

적어도 기회는 공정해야

례는 봇물처럼 쏟아졌다. 오히려 선제적으로 나서는 게 책임 있는 자세였다. 국정조사는 물론이고 전수조사 대상을 공공기관 전반으로 넓히는 게 타당했지만 여당은 외면했다. 공정과 정의를 지향하는 집권여당의 모습과는 멀었다.

국정조사를 정치 선전 도구로 인식하는 야당도 문제는 있었다. 한국당은 '약탈' '탈취'라는 자극적인 단어를 사용하며 정권 차원 비리로 몰아갔다. 자신들이 집권할 때부터 누적된 적폐를 간과한 염치없는 행태였다. 장외 시위를 벌이고 남 탓하기에만 열을 올렸으니 국민들 눈에는 '내로남불'이었다. 청년세대가 직면한 좌절과 분노, 절망을 정쟁에 악용한다는 비판에서 자유로울 수 없었다. 여야를 떠나 부끄러움을 알고 공정한 경쟁 마당을 만들기 위해 고민하는 자세가 아쉽다. 적어도 힘없는 부모를 뒀다는 이유로 경쟁 기회조차 갖지 못하는 설움은 없애야 한다. 흙수저든 금수저든 공정한 기회가 상식이 되어야 한다. 그것이 평등이고 공정이다. 우리는 그런 사회를 정의라고 부른다.

쌍둥이에게만
책임을 돌리는 사회

서울 숙명여고 답안 유출 사건 당시 언론은 연일 그 소식을 비중 있게 다뤘다. 중요한 사안이라서 언론이 주목한 것인지, 언론보도가 잦다 보니 비중 있는 사안으로 여겨진 것인지 헷갈릴 정도였다. 마이클 셔드슨은《뉴스의 사회학》에서 뉴스는 사회적 산물이라고 정의한 바 있다. 사회적 관심사가 모여 뉴스가 되기도 하지만, 언론이 비중 있게 보도하면 사회적 관심사가 된다는 이론이다. 쌍둥이 자매는 후자 쪽에 가까웠다. 흥미를 좇는 언론이 뉴스를 키웠다고 해야 맞다.

대부분 언론은 답안 유출을 기정사실화한 채 관련 보도를 쏟아 냈다. '아버지 파면, 쌍둥이는 퇴학', '암기장엔 정답이 빼곡', '아버지와 쌍둥이 모두 기소의견 송치'. 보도 내용대로라면 답안 유출과 부정시험은 움직일 수 없는 사실이었다. 아닐 수 있다는 작은 가능성이라도 남겨 놓은 언론은 찾아보기 어려웠다. 자식을 키우는 부모로서 착잡했다. 사건이 발생할 당시 여고 2학년이면 열일곱 살이다. 쌍둥이 자매는 예민한 나이에 감당하기 힘든 일을 겪었다. 아버지 현씨는 업무방해 혐의로 상고심에서 실형을 받았다. 쌍둥이 자매 또한 퇴학 처분과 함께 2021년 11월 19일 항소심에서 징역 2년이 구형돼 재판 중에 있다.

재판은 최종 결론을 내지 못한 채 4년째 계속되고 있다. 2021년 6월 9일 항소심 2차 공판에서 변호사는 무죄를 주장했다. 그는 "검찰 주장은 의심을 나열한 것에 불과하며 법원은 추정에 기대어 유죄를 판결했다"고 주장했다. 현씨가 금고를 열 수 있었다는 가능성만 제시했을 뿐 실제 열었다는 사실을 입증하지 못했음에도 법원이 이를 전제로 판결했다는 것이다. 법리 다툼 중이라 섣부른 예단은 경계해야 한다. 그런데 우리 언론은 이미 쌍둥이 자매에게 유죄판결을 내린 상태다. 재판 과정을 보면서 쌍둥이 자매의 앞날이 염려됐다. 지난 3년여 동안 이들은 지옥 같은 나날을 보냈을 것이다. 웃음은 사라졌고, 수런대는 비난 때문에 집 밖으로 나서는 것도 쉽지 않았을 게 분명하다. 조심스럽지만 사건은 단순하다. 교무부장인 아버지가 시험지를 빼돌려 두 딸 성적을 조작했다는 것이다. 사실이라면 잘못된 부정父情이다.

이런 일을 접할 때마다 우리 언론은 왜 그렇게 그악스럽고, 사법기관 수사는 거친지 못마땅하다. 사회적 분노에 편승한 수사와 경마식 언론보도가 되풀이된다. 여론몰이 앞에선 헌법이 규정한 무죄추정원칙은 무용지물이다. 이슈가 터질 때마다 사람에게만 문제를 찾을 뿐, 근본 원인을 살피는 데 소홀하다. '아빠 없는 쌍둥이 자매 성적 뚝'. 당시 언론은 사건이 발행한 뒤 치러진 2학기 시험 성적 결과를 이렇게 보도했다. 또 다른 언론은 자퇴서 제출을 징계를 피하려는 '꼼수'로 단정했다. 이렇게까지 조롱하고 난도질을 해야만 사회정의에 부합할까. 잘못을 두둔하자는 게 아니라, 당사자에게만 화살을 돌리는 손쉬운 분노를 경계하자는 것이다. 근본적인 원인을 살펴 함께 고민하고 대안을 모색하는 대신 마녀사냥에 매몰된 언론은 한없이 가볍기만 하다.

답안 유출 사건은 대학 서열화와 성적 지상주의가 빚은 단면이다. 일류 대학-좋은 직장-행복한 삶으로 이어지는 학벌지상주의가 빚은 참사다. 우리 사회는 단 한 차례 시험으로 나머지 삶이 좌우되는 폭력적인 사회다. 특정 대학 출신이라는 사회적 신분은 평생을 먹고사는 라이센스(면허증)로 굳어진 지 오래다. 명문 대학 진학은 첫 번째 관문이다. 'SKY 서성한 중경외시'로 이어지는 대학 서열화는 그 정점에 있다. 수도권과 지방으로 구분하고, 서열화함으로써 견고한 학벌이란 성을 쌓았다. 누구나 알고 있는 사회적 병폐이지만 누구도 바로잡으려 하지 않는다. 학벌 기득권에 적당히 눈감고, 문제를 제기하는 사람을 학력 콤플렉스로 몰아붙인다. 이런 분위기 속에서 그릇된 부정父情은 부정不正한 유혹을 이겨 내기 쉽지 않다.

미국 보스턴, 영국 옥스퍼드, 독일 하이델베르크는 우리에게도 친숙한 도시다. 또 유럽인들 사이에 스웨덴 웁살라와 핀란드 오울루도 꽤 이름 높다. 보스턴, 옥스퍼드, 하이델베르크, 웁살라, 오울루는 이들 나라의 수도가 아니다. 특성화된 대학 때문에 이름이 알려진 지방 소도시다. 우리 귀에 익숙하고 특별하게 회자되는 이유는 대학 자체에 있다. 반면 우리는 수도권에 있다는 이유만으로 좋은 대학으로 분류된다. 천편일률적인 교과과정으로 학위장사를 하고 있다는 비판이 적지 않지만, 수도권 대학은 입지적 우위를 누린다. 지방은 황폐화되고 수도권은 몸살을 앓는다. 기형적인 국가 발전은 그 결과물이다.

지방대학을 육성하고 대학 서열화를 바로잡겠다는 다짐은 정권이 바뀔 때마다 나온다. 그러나 정책은 번번이 길을 잃는다. 예산과 정책은 수도권 대학에 집중된다. 그것도 이른바 명문 대학 독식이 심각하다. 최근 5년간(2013~2017) 재정 지원 실태가 이를 방증한다. 서울 지역 사립대 9곳이 지방 거점국립대 9곳보다 더 많은 예산을 가져갔다. 9개 사립대학에는 5년 동안 4천억 원이 집중됐다. 반면 지방 거점국립대는 2,900억 원에 그쳤다. 특히 'SKY'는 전체 교육재정 가운데 10퍼센트를 독식했다. 서울대, 연대, 고대는 5년 동안 무려 6조 1,161억 원을 쓸어 담았다. 학생 비율은 3.5퍼센트에 불과한데, 국가 예산은 3배 이상 집중됐다. 과도한 SKY 사랑이다. 정부가 나서서 대학 서열화를 심화시켰다는 비난은 괜한 말이 아니다.

"벚꽃 피는 순서대로 없어질 것"이라는 벚꽃 엔딩이 지방대학에 나돈 지 오래다. 학령 감소가 본격화된 2021년 대학입시에서 상당수 지방대학은 정원을 채우지 못했다. 우려가 현실화됐고, 대학 서열화가 계속되는 한 문을 닫는 학교는 더욱 늘어날 것이다. 문재인 정부는 부동산 폭등으로 4년 내내 홍역을 앓았다. 강남과 수도권 집값이 비싼 이유는 주거 환경이 특별히 뛰어나서가 아니다. 명문 대학에 들어갈 확률이 높고, 교육 환경이 좋다는 이유에서다. 성적지상주의와 대학 서열화를 바로잡지 않는 한 강남과 수도권 부동산 불패신화는 계속될 수밖에 없다. 그러는 사이 지방은 갈수록 말라 간다.

《한국의 학벌, 또 하나의 카스트인가》(김동훈)라는 책은 대학 서열화를 변형된 신분사회로 규정했다. 저자는 인도 카스트 제도와 다른 게 무엇이냐고 반문한다. 크게 다른 점을 찾기 힘들다는 점에서 학벌사회는 우울한 현실이다. 출신 대학 졸업장이 신분을 결정하는 사회는 비정상적이다. 기능화·특성화를 통해 인재를 육성하는 대신에 대학 간판 장사에 나선 대학들도 여기에 동조하고 있다. 대학 서열화를 바로잡지 않으면 한국 사회는 더 이상 도약을 꿈꾸기 어렵다. 나아가 제2, 제3의 시험지 유출은 계속될 수밖에 없다. 농촌진흥청이 소재한 전북대학은 농업 분야에서, 예술인을 양성하는 한국예술종합학교는 예술 분야에서, 유교 이념을 구현하는 성균관대학은 유교철학 분야에서, 연구소가 밀집된 KAIST는 기초과학 분야에서 국내 최고 대학으로 자리매김할 수 있도록 교육정책을 전면 개편하고 지원하는 게 합리적이다.

다시 쌍둥이 자매를 생각한다. 비난과 분노를 멈추고 제도 개선을 고민할 때 우리 사회는 한 걸음 나아간다. 설령 유죄판결을 받더라도 실패에서 일어설 수 있도록 배려하는 사회라야 성숙하다. 집단적인 분노를 넘어설 때 대학 서열화에 찌든 우리 아이들의 미래가 보인다.

두 죽음을 대하는
불편한 시선

조선시대를 대표하는 여성 시인 허난설헌은 생전에 불운했다. 그가 남긴 '죽은 자식을 위해 운다(곡자哭子)'는 시만 보더라도 절절한 불운이 감지된다. "지난해는 귀여운 딸을 잃었고, 올해는 또 사랑하는 아들을 떠나보냈다. 슬프고도 슬픈 광릉 땅이여. 두 무덤 나란히 마주 보고 있구나. (중략) 하염없이 슬픈 노래 부르며, 피눈물 슬픈 울음 혼자 삼킨다."

허난설헌은 짧은 시에 먼저 떠나보낸 자식에 대한 사무친 그리움을 담았다. 자식 잃은 모든 부모가 이와 같겠지만 〈곡자〉는 한층 애틋하다. 2021년 5월 비슷한 시기에 두 청년이 불운한 죽음을 맞았다. 그런데 우리 사회는 두 죽음을 다르게 바라봤다. 한쪽 죽음에는 언론과 사회적 관심이 집중된 반면, 다른 한쪽은 상대적으로 소외됐다. 우리 사회가 죽음에서조차 객관적 균형을 잃어버린 건 아닌지 불편해하는 이들이 적지 않았다. 두 청년은 나이와 사망 시기가 비슷했다. 경기 평택항에서 숨진 이선호 군은 23세, 서울 한강공원에서 숨진 손정민 군은 22세.

둘 다 꽃다운 나이였다. 숨진 시점도 4월 22일과 25일로 사흘 거리였다. 이 군은 평택항 부두에서 화물 컨테이너를 쌓다 숨졌고, 술자리 도중 실종된 손 군은 변사체로 발견됐다. 두 사람 사이에 다른 게 있다면 두 청년과 아버지의 사회적 신분이었다. 이 군은 복학을 앞둔 비정규직 아르바이트생이었으며, 손군은 서울 소재 의과대학 재학생이었다. 또 이 군 아버지는 부두 노동자인 반면, 손군 아버지는 대기업 간부로 알려졌다. 두 아버지 모두 억울함을 호소했다. 하지만 언론과 사회적 관심은 확연한 차이를 보였다.

손 군은 실종 신고 초기부터 언론의 집중 조명을 받았다. 연일 손 군 관련 소식은 신문과 방송을 달궜다. 유튜브 방송을 비롯한 1인 미디어도 여기에 가세했다. 심지어 손 군의 휴대전화를 찾는 데 수많은 경찰과 해군까지 동원됐다. 급기야 비가 내린 5월 16일에는 손군을 추모하는 집회가 한강공원에서 열렸다. 이 자리에 참석한 시민 300여 명은 '정민이 죽음의 진상을 규명하라'라는 피켓을 들고 경찰 수사를 촉구했다. 사망한 지 2주일 만에 뒤늦게 여론화되고, 문재인 대통령이 21일 만에 빈소를 찾았던 이 군의 죽음과는 확연한 대조를 보였다.

이 군 사연은 친구들의 SNS를 통해 뒤늦게 알려졌다. 장례식도 진상규명 때문에 2주 정도 지연됐다. 그때까지 한 청년 노동자의 죽음은 사회적 관심사에서 밀려나 있었다. 문재인 대통령은 빈소를 찾아 "국가시설 안에서 일어난 사고임에도 안전관리나 사후 조치에 미흡한 점이 많았다"며 유족들을 위로했다. 아버지 이재훈 씨는 "제발 이제는

두 죽음을 대하는 불편한 시선

이런 사고를 끝내야 한다"며 통곡했다. 불과 2년 전 비슷한 사고로 숨진 김용균 씨 어머니가 했던 절규와 흡사했다.

문 대통령은 취임 초기 "노동자들이 안전한 나라를 만들겠다"고 약속했다. 2022년까지 산재 사망사고를 절반으로 줄이겠다는 다짐도 곁들였다. 그러나 원시적인 산재 사망사고는 좀처럼 줄지 않았다. 문재인 정부 출범 이후에도 매년 2천여 명의 근로자들이 일터에서 일하다 숨졌다. 2018년 12월 태안화력발전소에서 숨진 김용균 씨는 대표적이다. 또 2020년 4월에는 경기 이천 물류창고 건설 현장 화재로 38명이 숨졌다. 앞선 2008년 냉동물류창고 화재(사망 40명)와 판박이다. 우리 사회는 12년 전, 2년 전 사고에서도 여전히 교훈을 얻지 못한 채 원시적인 사고를 반복했다.

2021년 1월 국회를 통과한 '중대재해기업처벌법'은 2022년 1월 27일부터 시행된다. 노동계는 중대재해기업처벌법에서 느슨한 법 적용을 문제 삼았다. 산재 사망사고에서 대부분을 차지하는 50인 미만 사업장(81퍼센트)을 3년 유예하고, 5인 미만(35퍼센트) 사업장은 제외한 것을 비판했다. 반면 산업계는 경영주에 대한 지나친 처벌은 기업 활동을 위축시킬 수 있다면 완화를 주장했다.

우리나라 산업재해 사망률은 OECD 회원국 가운데 24년째 1위다. 매일 6명씩, 한 해 2천여 명이 산업재해로 목숨을 잃고 있다. 2000년부터 2020년까지 무려 4만여 명이 사망했다. 전쟁도 아닌 평시에 일터로 나선 사람들이 돌아오지 못하는 어처구니없는 현실이 반복되고 있다. 우리 사회가 양적 성장에만 매몰된 나머지 근로자 생명을 돌보는 데 소홀했다는 반증이다.

'중대재해기업처벌법'은 산업재해 사망자가 발생할 경우 사업주에 대해서 1년 이상 징역, 10억 원 이하 벌금형에 처하도록 규정했다. 영국은 2007년 '기업살인법'을 제정해 산업재해에 강하게 대처하고 있다. 이로 인해 인구 10만 명당 사망률이 급감했다. 한때 EU 회원국 중 산업재해 사망률은 최고 수준이었지만, 법 시행 이후 최저로 떨어졌다.

강의 도중 한 학생이 두 청년의 죽음에 대해 이렇게 반문했다. "손정민 군에 비해 이선호 군을 가볍게 취급하는 언론의 균형감각에 문제가 있지 않나요?" 아마 많은 이들도 이 같은 문제의식을 공유했을 것이다. 모든 생명은 같은 무게를 지닌다. 그런데 유독 한쪽에만 편중된 관심은 불편하다. 정상적인 사회라면 오히려 이 군의 죽음에서 고질적이며 구조적인 산업재해 실태를 돌아보았어야 한다. 우리 사회가 죽음마저 표피화한 채 균형감을 상실했다는 반성이 제기된 건 이 때문이다.

이른 아침, 집을 나선 가족이 싸늘한 주검으로 돌아오는 사회는 야만적이다. '정민이 죽음을 규명하라'는 피켓 시위와 함께 '선호가 죽은 원인도 밝히라'고 외쳐야 맞다. 두 청년의 죽음을 대하는 우리 사회 시선이 불편한 건 이 때문이다.

정쟁에 휘말린
부끄러운 대법원장

한옥마을로 유명한 전주 덕진공원에는 '법조삼성法曹三聖' 동상이란 또 다른 볼거리가 있다. 우리나라 사법부 기틀을 다진 법조인 세 분을 기린 동상이다. 사법부 독립과 위상을 확립한 초대 대법원장 '가인 김병로', 대쪽 검사로 불리며 검찰의 위상을 높인 '화강 최대교', 죄수들에 대한 헌신적 사랑을 펼쳐 법복 입은 성직자로 불린 '사도 법관 김홍섭'. 이들은 법조인들이 가장 존경하는 분들이다. 이를 기리기 위해 김대중 정부 시절, 1999년 11월 동상을 세웠다. 공교롭게도 세 분 모두 전북 출신이다. 법조인이라면 이들이 걸어온 행적에서 존경과 부끄러움을 느낄 수밖에 없다.

문재인 정부에서 법조계 신뢰는 실추됐고 혼란스러웠다. 추미애와 윤석열 갈등 와중에서 사법부 신뢰는 땅에 떨어졌다. 극단적 불신은 서초동 대검과 과천 법무부 청사 앞에 놓인 화환정치에서 확인됐다.

지지자들은 대검찰청과 법무부 청사에 경쟁적으로 화환을 실어 날랐다. 화환에는 자신들 입맛대로 쓴 글로 휘장을 둘러 지지층을 자극했다. 대검찰청에서 시작된 화환은 법무부를 지나 급기야 대법원 마당에까지 등장했다. 김명수 대법원장 사퇴를 촉구하는 근조화환이었다. "입만 열면 거짓말, 오죽하면 녹음"이라는 문구가 눈길을 붙잡았다.

김명수 대법원장을 조롱하는 글귀다. 어쩌다 사법부 최고 기관인 대법원까지 정치적 소용돌이에 휘말리게 됐는지 한심했다. 대법원장 사퇴 논란은 탄핵으로까지 번졌다. 사태를 촉발한 당사자는 김명수 대법원장 자신이었다. 그는 임성근 부장판사 사직서를 반려하는 과정에서 여당에서 추진 중인 탄핵 때문에 어렵다는 이유를 댔다. 그는 이같은 사실을 부인했다가 하루 만에 거짓으로 드러나 체면을 구겼다. 이 때문에 거짓말 논란에 휩싸였다. 녹취록에 의하면, 김명수 대법원장은 여당이 주도하는 탄핵을 의식해 사직서를 수리하지 않은 것으로 확인됐다.

당시 사법연수원 17기 판사 140여 명은 "김명수 대법원장 탄핵이 선행돼야 한다"는 성명서를 발표했다. 현직 판사들이 대법원장을 상대로 탄핵 성명서를 발표한 건 사법부 사상 초유였다. 이들은 "대법원장이 정치권 눈치를 보는 데 급급해 법관이 부당한 정치적 탄핵의 소용돌이에 휘말리도록 내팽개쳤다. 심지어 대화 내용을 부인하는 거짓말까지 했다"며 강하게 비판했다. 법정에서 가장 엄하게 다루는 범죄가 위증죄와 무고죄다. 그런데 사법부 수장인 대법원장이 국민을 상대로 거짓말했으니 할 말이 없게 됐다.

김명수 대법원장은 "9개월 전 일이라 기억이 정확하지 않았다"고 변명함으로써 또 다른 거짓말 논란을 촉발했다. 거짓이 거짓을 부르는 형국이었다. 일부에서는 녹취를 문제 삼았다. 상대 허락을 구하지 않은 녹취는 불법이다. 그렇다 하더라도 대법원장의 거짓말이 정당화되는 건 아니다. 녹취는 불법이지만, 거짓말은 거짓말대로 남았다. 성명서는 "이런 행동은 법원의 권위를 실추시켰고, 법관으로 하여금 치욕과 자괴감을 느끼게 했다"고 대법원장의 부적절한 처신과 거짓말을 비난했다.

앞서 2019년 1월, 헌정 사상 처음으로 양승태 대법원장이 구속됐다. 그로부터 2년 만에 대법원은 다시 기로에 섰다. 김명수 대법원장은 문재인 정부 인사들의 거짓말 릴레이 바통을 이어받았다는 비난을 자초했다. 재판부는 문재인 정부에서 논란이 됐던 조국, 정경심, 최강욱에 대해 유죄를 심판했다. 이들은 하나같이 아니라고 부인했지만 재판부는 거짓을 인정했다. 또 문재인 정부에서 어용 지식인을 자처했던 유시민 또한 거짓말 논란에 대해 사과했다. 이 밖에 더불어민주당 남인순 의원도 박원순 시장 피소 사실 유출과 관련 거짓 해명 논란에 휩싸였다. 연이어 위장된 위선이 드러난 셈이다. 우리 사회는 지난 4년 동안 이들이 내뱉은 거짓말을 뒤치다꺼리하느라 커다란 혼란을 겪었다.

이들은 서로 지지하는 진영에 기대어 증오와 갈등을 키워 왔다. 여기에 대법원장까지 합류했으니 한심하다. 사법부가 권력에 굴종할 때 인권은 설 자리가 없다. 군사정권 시절, 인혁당 재판부가 권력에 굴복해 무고한 시민 8명을 형장으로 보낸 게 1975년이다. 그 뒤로 47년이 흘렀다. 이승만 독재정권, 박정희·전두환 군사정권을 지나 민주정부가 들어선 지 오래다. 그런데 아직도 사법부가 권력으로부터 스스로 독립을 유예한 채 머뭇거린다고 생각하면 씁쓸하다.

2015년 한국은 OECD 회원 국가 중 사법부 신뢰도에서 꼴찌 언저리를 맴돌았다. 2020년도 크게 다르지 않았다. 김명수 대법원장 거짓말은 사법부 신뢰도 하락을 가속화시켰다. 앞서 언급한 '법조삼성'은 험난한 시절에도 법관과 검사로서 양심을 지켰고 당당했다. 권력의 눈치를 살피기보다 국민을 섬겼다. 재판 결과에 불만을 표시하는 이승만 대통령을 향해 김병로 대법원장은 "이의 있으면 항소하라"며 맞받아치는 결기를 보였다.

우리 사회가 결기 있는 판사, 대쪽 같은 검사, 약자를 보듬는 법관을 기대하는 게 욕심일까. 권력과 진영 논리에 편승해 오락가락하는 법관과 검사들로 인해 어지러운 사법부를 지켜보는 건 참담하다.

전북 순창에는 김병로 대법관 호를 딴 '대법원 가인연수원'이 있다. 이곳에서 초임 판사들은 법관으로서 소양 교육을 받는다. 김병로는 "법관이 국민으로부터 의심을 받게 된다면 최대 명예손상이 될 것이다"라고 경고했다. 논란에 휩싸인 김명수 대법관은 이 말을 어떻게 받아들일지 궁금하다. 마키아벨리는 "정치는 도덕과 아무런 관계가 없다"고 했다. 정치인에게 도덕을 기대하지 말라는 뜻이다. 정치를 폄하하는 이 말이 법관들에게도 해당된다면 수치스럽게 여겨야 한다.

정쟁에 휘말린 부끄러운 대법원장

"주거의 평온과 안정을 위해 기각한다." 2018년 10월 사법농단 정점에 있는 양승태 전 대법원장에 대한 압수수색 영장 청구를 기각하면서 법원이 밝힌 사유다. 법원에서 기각이 네 차례나 이어졌다. 갖가지 이유로 네 번이나 기각하고, 또 주거 안정까지 배려할 만큼 우리 사법부는 자신들에겐 유독 친절했다. 국민을 졸卒로 보는, 자신들 논리에 무조건 수긍할 것이라고 믿는 오만에 지나지 않았다. 유해용 전 대법원 수석재판연구관에게 들이댄 잣대도 마찬가지였다. 그는 무단 반출한 재판 자료를 분쇄, 파기했다. 영장 발부를 미루는 동안 법관으로서 지식을 동원해 증거물을 완벽하게 없앴다. 그런데도 압수수색 영장은 물론이고 증거인멸 이후 청구된 구속영장마저 기각됐다. 그와 대법원에서 함께 근무했던 영장 전담 판사는 "증거 인멸 염려가 있다고 할 수 없다"며 어설픈 논리를 들먹였다. 값싼 의리이자 자신들에게

만 자상한 재판부였다.

　실제로 우리 재판부가 얼마나 친절한지 살펴보자. 사법농단 관련 압수수색 영장 기각률은 90퍼센트였다. 전체 208건 가운데 185건이 기각됐다. 특히 의혹이 집중된 법원행정처에 대한 압수수색 영장 50건은 모두 기각됐다.(2018년 9월 11일 기준) 수사 초기 단계에서 증거물 확보를 위한 압수수색 영장 발부율은 통상 90퍼센트대다. 일반 사건에 대한 압수수색 영장 발부율은 90퍼센트인 반면 사법부를 상대로 한 발부율은 10퍼센트에 그쳤다. 국민들이 납득할 수 있을까. 9대 1과 1대 9 사이에는 어떤 논리가 작용했을까. 그것은 자기 식구 감싸기라는 천박한 의리로밖에 해석되지 않는다. 압수수색 영장을 남발하라는 게 아니다. 신중하되, 동일한 잣대를 대라는 것이다. 일반 국민도 압수수색을 당하면 평온이 깨진다. 판사들 가정만 평온이 깨지는 게 아니다.

　2018년 10월 국감장에서 이 같은 사법부 행태는 조롱거리였다. 더불어민주당 이춘석 의원은 "방탄소년단이 들으면 불쾌하겠지만 국민들은 사법부를 '방탄 판사단'이라고 부른다"며 직격탄을 날렸다. 제 식구를 감싸는 행태를 방탄에 빗댔다. 경기도 고양시 저유소 화재와 관련 외국인 노동자 사건 처리도 도마에 올랐다. 민주당 백혜련 의원은 "풍등 하나 날렸다고 힘없는 외국인 노동자에게 모든 것을 덮어씌우는 게 온당하느냐"고 질책했다. 풍등과 저유소 화재 사이에 인과관계가 확실치 않은 상황에서 성급한 구속영장 청구를 비판한 것이다. 전형적인 희생양 찾기였다. 사법부는 대형 사건이 터질 때마다 희생양을 찾는다. 외국인 노동자는 유용한 타깃이다. 만일 그가 잘나가는 검사, 판사였어도 구속영장을 청구했을지 의문이다.

　전북 익산 약촌오거리 택시기사 살인사건은 사법부 오판을 보여 준 생생한 사례다. 2000년 8월, 당시 열여섯 살 소년은 살인 용의자로 구속됐다. 택시 기사를 살해했다는 혐의였다. 무죄를 주장했지만 재판부는 징역 10년을 선고했다. 수감 생활 3년 만에 진범이 나타났지만 경찰도, 검찰도, 재판부도 귀를 닫았다. 덕분에 10년 만기를 채우고 출소했다. 부실 수사, 기계적인 구속, 형식적인 재판으로 소년은 소중한 시절을 철창 안에서 보냈다. 다행히 사건 발생 18년 만인 2017년 재심에서 무죄판결을 받았다. 뒤늦은 무죄판결로 재판부는 소명을 다한 것일까. 이미 소년과 가정은 철저히 망가졌다. 20대 대부분을 교도소에서 보낸 세월은 무엇으로도 보상할 수 없다. 또 살인범 아들을 두었다며 손가락질 받아야 했던 가족이 겪은 고통도 치유하기 힘들다. 유전무죄 무전유죄有錢無罪 無錢有罪는 사법부 불신이 빚어낸 부끄러운 결과다.

　2018년 9월 13일은 사법부 70주년을 기념하는 날이었지만, 대법원은 초상집 분위기였다. 대법원장을 비롯해 사법농단 의혹으로 사법부에 대한 불신은 극에 달했다. 축하 대신 참회와 반성을 촉구하는 목소리가 거셌다. 사표師表로 존경받는 법관이 있다. 초대 대법원장을 지낸 가인街人 김병로다. 그는 민족 정기를 바로세우고 사법부 초석을 다졌다. 일제강점기에는 항일 독립운동가들 무료 변론을 맡았고, 대법원장 시절에는 정권에 맞섰다. 그는 흰색 두루마기와 고무신을 신고 다니며 법관들에게 청렴을 강조했다. 친일 부역자를 심판할 목적에서 설치된 반민특위가 이승만 정권에 의해 해체되자 내무차관을 비롯해 관련자들을 검찰에 고발했다. 그는 정권에 눈엣가시였다. 이승만 대통령이 불만을 표시하자, 김병로는 "억울하면 절차를 밟아 항소하라"며 맞받아쳤다. 이런 결기와 청렴함이 대한민국 사법부를 만들었다. 그런데 후배 법관들은 선배들이 쌓은 탑을 허물고 있다.

김병로는 "정의를 위해 굶어죽는 것이 부정을 범하는 것보다 수만 배 명예롭다. 또 법관이 국민으로부터 의심을 받게 된다면 최대 명예 손상이 될 것이다"는 말로 후배 법관들을 일깨웠다. 그러나 양승태 전 대법원장 아래서 법관이 지녀야 할 청렴과 명예는 철저하게 망가졌다. 정권 입맛에 맞는 재판거래와 비자금 조성 의혹은 부끄러움으로 남았다. 가인 김병로가 보여 준 추상같은 결기를 생각하면 참담하다. 전북 순창에 있는 그를 기린 대법원 가인연수관에 들어서면 "법관은 최후까지 오직 정의의 변호사가 되어야 한다"는 글귀를 만나게 된다. 그 말에 부끄럽지 않은 법관이 몇이나 될지 묻고 싶다.

국민 갈라치기한
조국 사태

안동 병산서원은 서애西厓 유성룡을 모신 곳이다. 서애는 당쟁과 사화로 얼룩진 시대를 살았다. 아슬아슬한 정국에도 그는 소신을 견지하고 스스로를 성찰했다. 또 인재를 발탁하고, 충언을 아끼지 않았으며, 잘못을 경계하는 글을 남긴 전인격자였다. 무엇보다 이순신을 천거한 건 신의 한 수였다. 서애의 추천에 힘입어 이순신은 종6품에서 정3품 전라좌수사로 승진했다. 지금도 그렇지만 조선시대 7계급 특진은 당시에도 흔치 않은 파격이었다. 서애의 믿음대로 이순신은 모래성처럼 허물어져 가던 풍전등화 조선을 왜적으로부터 구해 냈다.

서애는 임금에게 충언해야 할 때도 망설이지 않았다. 임진왜란 초기 선조가 압록강을 건너 중국으로 도망가려 할 때 서애는 "대가大駕(임금이 타는 수레)가 우리 땅 밖으로 한 걸음이라도 나가면 조선 땅은 우리 것이 되지 않는다"며 강하게 반대했다. 모두가 숨죽이며 선조의 눈치를 볼 때 그는 직언을 서슴지 않았다. 전쟁이 끝난 뒤에는 경계하자면서 《징비록懲毖錄》을 남겼다. 《징비록》은 스스로 허물을 징계하고 훗날을 경계하자는 성찰의 기록이었다. 서애는 노블레스 오블리주를 실행에 옮긴 참다운 지식인이었다.

조국 사태 초기인 2019년 9월 우리 사회는 극단적인 갈등과 대립으로 들끓었다. 대한민국이란 공동체는 진보와 보수로 갈려 진영 싸움으로 날을 샜다. 상식과 합리는 실종된 채 내 편 네 편만 남았다. 첨예한 진영 대결 끝에 서로 비난만을 퍼부었다. 자기편에는 한없는 아량과 관용을, 상대에게는 날 선 비난과 조롱을 퍼붓는 극단적 혐오가 이어졌다. 이 때문에 국민과 나라는 두 동강 났다. 그런데도 한쪽에서는 철없이 환호했고, 그 후유증과 여진은 지금도 계속되고 있다.

당시 여론조사는 조국 사태를 대하는 국민 정서를 잘 보여 준다. KBS 여론조사(2019년 9월 10~11일) 결과, 조국 장관 임명에 대해 '잘못했다'는 51퍼센트, '잘했다'는 38.9퍼센트였다. 또 문재인 대통령 국정 운영에 대한 부정 평가도 53.3퍼센트로 긍정(44.8퍼센트)을 앞질렀다. SBS 여론조사(9~11일) 또한 비슷한 흐름을 나타냈다. 조국 장관 임명 반대는 53퍼센트, 찬성은 43.1퍼센트였다. 조국 장관 임명에 대해 국민 여론은 우호적이라는 청와대와 더불어민주당의 주장과 달리, 실제 여론은 냉랭했다. 그런데도 집권 여당은 민심을 제멋대로 해석하며 합리화하기에 급급했다. 부정적인 여론을 소모적인 정쟁으로 축소한 채 임명을 강행했다. 전형적인 확증편향이자 지지층 환호에 기댄 오만이었다.

조국 사태를 대하는 야당 또한 관성적이며 안일했다는 비판에서 자유롭지 못하다. 그들은 조국 해임 건의안, 특검, 국정조사 카드를 주장하며 공세에 나섰다. 자신들 허물은 눈감은 채 조국 사태를 정쟁에 도움이 되는 호재로만 인식했다. 밑바닥 여론을 무시하는 여당과 조국 사태를 정쟁 수단으로 활용하려는 야당 사이에서 국민들은 만신창이가 됐다. 조국 사태는 국정 혼란을 가중시켰고, 20대 마지막 정기국회도 조국 공방으로 공전됐다. 450년 전 혼란한 정국에서 바른길을 제시했던 서애가 떠오른 이유다. 우리 정치에 서애와 같은 인물은 없을까. 권력만 탐할 뿐 국가와 국민을 위하는 정치인은 찾아보기 어려운 현실이 안타깝다.

돌아보면 문재인 대통령은 조국 사태에서 납득하기 어려운 결정을 했다. 그는 조국을 장관으로 임명하면서 "명백한 위법행위가 확인되지 않았는데도 의혹만으로 임명하지 않는다면 나쁜 선례가 된다"며 합리화했다. 국민 정서를 무시한 채 자기 세계에 갇힌 공허한 말이었다. 이후에도 문 대통령은 "조국 장관에게 마음의 빚이 있다"는 말로 상처 입은 국민들 가슴에 소금을 뿌렸다. 여러 여론조사에서 확인됐듯이, 조국 임명을 바라보는 국민 정서는 부정적이었다. 임명 제청권을 가진 국무총리 또한 침묵했다. 국가와 국민을 위한다면 직을 건 직언이 필요했지만 외면했다. 경고음이 사라진 침묵하는 집권 여당은 결국 확증편향에 빠졌다.

그나마 김해영·금태섭·박용진 정도가 쓴소리를 했지만 청와대 담장을 넘지 못했다. 대신 친문 진영으로부터 거센 돌팔매가 날아왔다. 무조건적인 옹호는 민주당에 위험한 신호였다. 반대 의견을 거부하고 침묵을 강요하는 조직은 몰락할 수밖에 없다. 건강한 조직이라면 활발한 내부 비판을 허용해야 한다. 그런데 청와대와 집권 여당은 내부 비판을 차단한 채 스스로에게 정당성을 부여하고 합리화했다. 지난 집권 기간 동안 내 편은 괜찮다는 진영 논리에 빠져 무딘 잣대를 들이댄 건 아닌지 돌아볼 일이다.

청년세대가 분노하는 이유도 이 때문이다. 그들은 조국으로 대표되는 현 정부 인사들의 이중적 태도와 내로남불, 위선에 질겁했다. 또 정의와 공정을 내팽개친 편법과 특혜에 분노했다. 청년세대는 기울어진 운동장은커녕 아예 자신들은 모르는 운동장이 있었다는 사실에 절망했다. 조국과 같은 시대를 헤쳐 온 평범한 586세대들이 느끼는 정서도 마찬가지다. 자신들이 믿어 온 상식이 한꺼번에 와르르 무너졌다는 무력감을 경험했다. 청와대와 집권 여당이 핵심 지지층의 환호만을 밑천 삼아 자위하는 동안 민심은 떠나갔다. 국민들은 문재인 대통령의 조국 장관 임명 강행을 자기 세계에 갇힌 나머지 국민들과 소통하는 데 실패한 결과로 받아들였다.

국민들은 조국 사태에서 비롯된 국정 혼란에 대해 대통령의 책임 있는 사과를 기대했지만 허사였다. 대통령은 2020년 신년 기자회견에서 "조국 장관에게 마음의 빚이 있다"며 다시 한 번 국민들 가슴에 대못을 박았다. 대통령이란 자리가 사적 친분을 나누는 자리가 아님에도 대통령의 새해 발언은 생뚱했다. 늦었지만 진솔한 사과는 문재인 정부와 민주당을 지지했던 국민들에 대한 예의다. 핵심 지지층만 겨냥한 정치는 편협하다. 조국은 후유증을 남긴 채 3개월여 만에 쫓기듯 물러났다. 후임 추미애 장관 또한 재임 기간 내내 무리한 권한을 행사하면서 분열을 키웠다. 상식을 벗어난 인사와 지휘권 남용은 청와대와 여당에도 부담이 됐다. 결국 윤석열을 야당 대권 후보로 만들었다. 국민들이 침묵한다고 해서 생각까지 없는 건 아니다. 국민들은 지켜보고 있을 뿐이다. "우리 편은 옳다"는 확증편향은 자각 증세가 없는 당뇨병과 같다.

조선은 임진왜란 이후 30년 만에 또 전쟁(정묘호란)을 겪는다. 이어 병자호란으로 국토는 유린됐고 왕은 도망가다 삼전도에서 무릎을 꿇었다. 1905년에는 아예 통째로 일본에 나라를 빼앗겼다. 치욕스런 역사 이면에는 느슨한 내부 시스템과 반복되는 자기합리화가 있었음을 기억해야 한다. 문재인 대통령과 집권 여당에 필요한 것은 통렬한 자기성찰과 치열한 내부 비판이다. 나아가 서애 유성룡이 그랬듯 직언하는 인재를 구하고, 스스로 허물을 경계해야 한다. 무엇보다 민심을 헤아리는 공감 능력이 절실하다. 공감 능력을 상실한 자리에서 독단과 독선이란 독버섯이 자란다.

'쓴소리 공무원' 있어야
나라다운 나라

이명박 정부 때 일이다. 청와대는 이전 정부와 차별화를 이유로 노무현 정책 지우기를 독려했다. 획일적인 권위주의 통치에 대한 반발은 공직사회 전반으로 확산됐다. 상명하복이 엄격한 군과 감사원도 예외는 아니었다. 2008년 10월 군법무관 7명은 헌법소원을 제기했다. 국방부가 《나쁜 사마리아인들》등 23권을 불온서적으로 규정하고 소지를 금지한 것에 대한 저항이었다. 이들은 "헌법에서 정한 사전검열 금지 원칙에 반하는 위헌"이라고 주장했다. 감사원 실무자협의회도 "국민만 바라봐야 할 감사원이 권력에 휘둘리고 있다"며 집단 성명을 발표했다. 노무현 정부와 반대되는 'ABR Anything But Roh', 즉 '정책 뒤집기'에 대한 집단 저항은 영혼 있는 공무원들의 소신 있는 외침이었다.

공직자들 입장에서 바뀐 게 있다면, 민주당 노무현 정부에서 한나라당 이명박 정부로 바뀐 것뿐이다. 그러나 급격한 선회 때문에 공직사회는 극심한 혼란에 빠졌다. 정부 부처마다 멀쩡한 정책을 폐기하고, 이전 정부에서 인정받았던 공직자가 밀려나는 등 인사 칼바람이 불었다. 현대판 사화±禍였다. 내부 반발은 빠르게 확산됐다. 기획재정부 직원은 공무원노조 게시판에 "우리 작업량은 따로 없다. 당과 수령이 정하면 그것이 목표"라며 북한식 사회주의에 이명박 정권을 빗댔다. 양심선언도 잇따랐다. 농림수산식품부 사무관은 "쇠고기 수입 협상은 졸속이고 굴욕적이다"며 재협상과 고시 연기를 주장했다. 지식경제부 산하 한국산업기술연구원 책임연구원도 "4대강 정비계획은 사실상 운하 건설이다"며 이명박 정부에 반기를 들었다.

흔히 공무원은 영혼이 없다고 한다. 복지부동과 무소신을 조롱하는 말이다. 박근혜 정부에서도 영혼 없는 공직자는 넘쳐났다. 공직자들은 소신을 버리고 줄서기를 강요당했다. 문제는 영혼 없는 공직자들이 국가와 조직을 좀먹는다 사실이다. 그래서 어느 시대를 막론하고 쓴소리는 귀하다. 앞서 언급한 이들은 고위직 공무원이 아니다. 그럼에도 바른말을 아끼지 않았다. 반면 고위직에 속하는 청와대 참모와 중앙 부처 각료들은 입을 닫았다. 그 결과는 문고리 3인방과 최순실에 의한 국정농단으로 곪아 터졌다. 돌아보면, 국가는 영혼 없는 고위관료에 의해서가 아니라 밥그릇을 각오하고 쓴소리를 마다하지 않은 공직자들로 인해 존속해 왔다.

트럼프 재임 당시 '미국의 위기'를 논하는 이들이 많았다. 트럼피즘으로 대표되는 즉흥적인 정책 뒤집기와 자기과시형 언행, 졸속 인사, 장사꾼 외교 때문이었다. 뜻있는 미국 지식인들은 트럼프 행정부를 줄곧 불안한 눈길로 바라봤다. 《워싱턴포스트》는 트럼프 취임 이후 1만 3천 개 이상 거짓 주장이 있었다고 보도했다. 그럼에도 강대국 미국의 지위를 의심하는 이는 많지 않았다. 그 배경에 소신 있는 공직자들이 있었기 때문이다. 그들은 양심에 기대어 트럼프 행정부에 반기를 들고 저항했다. 그들은 야당 정치인이 아니다. 트럼프 행정부 전·현직 고위 공직자들로서 밥그릇을 걸고 민주주의 가치를 실현했다.

트럼프 탄핵 조사가 시작되자 결정적인 증언이 공직자들 입에서 쏟아졌다. 모두 트럼프에게 불리한 증언이었다. 이 때문에 트럼프는 궁지에 몰렸다. 자신을 임명해 준 현직 대통령에게 반기를 드는 건 민주주의 역사가 오래된 미국이라도 쉬운 일은 아니다. 당시 주한 미국대사를 지낸 캐슬린 스티븐스는 그런 공직자들에게 경의를 표했다. 그는 "민주주의를 지탱하는 데 공직자가 얼마나 중요한지 알았다"고 격찬했다. 그가 거론한 인사는 마리 요바노비치 전 주 우크라이나 대사와 윌리엄 테일러 대사 대행이었다. 이들 외에도 많은 백악관 관료와 공직자들이 진실을 향한 저항을 이어 나갔다.

우크라이나 스캔들은 간단하다. 민주당 유력 대선 주자인 조 바이든을 쳐내기 위해 트럼프가 우크라이나 정부에 뒷조사를 부탁한 것이다. 트럼프는 우크라이나에 대한 군사원조 중단을 빌미로 우크라이나를 압박했다. 요바노비치 전 대사는 트럼프 지시를 거부하다 경질됐다. 그는 하원에 출석해 트럼프가 자신을 축출하기 위해 국무부를 압박했다고 증언했다. 직업 외교관인 크리스토퍼 앤더슨 또한 트럼프 비선인 줄리아니가 핵심 인물이라고 폭로했다. 또 다른 외교관 캐서린 크로포트는 트럼프 측근이 요바노비치 대사를 자르라고 했다며 증언을 뒷받침했다.

백악관 관료들뿐 아니다. 군에서도 치명적인 증언이 나왔다. 육군 중령 빈드먼은 "미국 대통령이 외국 지도자에게 미국 시민 뒷조사를 해 달라고 요구하는 상황은 부적절했다"고 비판했다. 그는 문제가 된 트럼프와 우크라이나 대통령 간 전화 통화를 들은 당사자였다. 이 같은 증언들이 이어지면서 탄핵 기류도 급변했다. 트럼프가 탄핵 정국에서 빠져나오기는 했지만 부도덕성을 확인하기엔 충분했다. 공화당이 다수 의석을 차지한 탓에 상원에서 트럼프 탄핵은 결국 부결됐다. 미국 공직사회가 보여 준 단순한 정책 비판을 넘어선 내부고발 문화는 우리에겐 생경하다. 그렇다고 마냥 부러워만 하기엔 우리가 처한 현실이 녹록치 않다.

조국 사태를 복기하면 쉽게 이해된다. 2019년 8월 9일 조국 장관 내정 이후 한국 사회에서 갈등은 일상화됐다. 지금도 진영으로 나뉘어 후유증이 심각하다. 그러나 조국 내정부터 퇴진까지 청와대와 관료사회는 침묵했다. 나아가 민주당과 민주당을 지지하는 진보 논객들은 궁색한 논리를 들어 조국을 두둔하기에 급급했다. 결과는 대통령과 민주당 정부에 치명적인 부담이 됐다. 조국 임명 과정에서 국민을 바보로 안다는 비판이 비등했지만 공직사회와 정치권 누구도 직언을 하지 않았다.

이제 국민 통합과 경제 활성화에 역량을 쏟아야 한다. 이를 위해 공직사회 일신이 절대적이다. 치열한 내부 비판과 권위에 주눅 들지 않는 공직 풍토가 두고두고 아쉽다. 소신을 굽히지 않고 쓴소리하는 공직자가 많을수록 나라다운 나라가 된다. '해현경장解弦更張', 느슨한 거문고 줄을 다시 죌 때다.

'싸가지 있는' 정치가
남는 장사

유시민은 말과 글이 현란하다. 그 화려함을 무기로 오랫동안 여론 형성에 폭넓은 영향을 미쳐 왔다. 그에게 진보 진영은 우호적 텃밭이다. 진보 진영은 유시민이 발신하는 메시지를 수용하는 데 그치지 않고 확대 재생산하는 메신저 역할을 해 왔다. 이런 유통 구조 아래서 유시민은 인플루언서로 자리매김했고 '싸가지 없다'는 이미지까지 얻었다. 타고난 언변에다 영향력이 결합되면서 한때 대선 주자로 거론되기도 했다. 한데 싸가지 없음이 자기 발목을 잡았다.

유시민은 2019년 12월, 검찰이 자신과 노무현재단 계좌를 사찰했다고 주장했다. 그는 자신이 운영하는 유튜브 채널 '유시민의 알릴레오'에서 "검찰이 노무현재단 은행 계좌를 들여다본 것을 확인했다"고 했다. 추정도 아닌 "확인했다"라는 단정적 표현을 동원한 발언은 진보 진영을 충동하기에 충분했다. 당시는 '검찰개혁'이 들끓던 와중이라

파장은 컸다. 더불어민주당과 추미애 법무부 장관은 이를 '검찰개혁' 당위성으로 활용했다. 지지층과 김어준, 유튜버가 가세하면서 논란은 확산됐다. 그런데 1년 만에 거짓으로 드러났다.

2021년 1월 유시민은 사과와 함께 고개를 숙였다. 스스로 거짓임을 자인하는 '싸가지 없는' 논객은 초라했다. 후폭풍은 만만치 않다. 셀프 면죄부로 그치지 않고 법적 책임까지 뒤따를 전망이다. 거짓말로 인한 피해 당사자인 한동훈 검사장은 "거짓 선동으로 큰 피해를 입었다. 필요한 조치를 검토하겠다"고 했다. 유시민에서 출발한 사찰 의혹으로 우리 사회는 극심한 대립과 진영 갈등을 겪었다. 검찰에는 부정적 이미지가 덧씌워졌다. 어용 지식인으로서 유시민의 과잉 상상력이 초래한 폐해는 적지 않았다.

그는 "사실이 아닌 의혹을 제기해 검찰이 저를 사찰했을 것이라는 의심을 불러일으킨 점에 대해 검찰 관계자들께 사과 드린다. 어떤 책임 추궁도 받겠다"고 했다. 또 "입증하지 못할 의혹을 제기함으로써 노무현재단을 정치적 소용돌이에 끌어들였다. 재단 후원 회원 여러분께도 사과 드린다"고 했다. 선동은 공동체를 파괴하는 흉기다. 정치적 상상력이 만들어 낸 선동은 소모적인 갈등을 양산한다. 무엇보다 영향력이 큰 지식인이면 그 폐해가 더 크다.

역사상 숱한 선동가가 있었지만 특히 히틀러는 선동 정치에 뛰어났다. 그는 독일 국민을 꾀어 제2차 세계대전을 일으켰다. 유대인들이 일자리와 먹을 것을 빼앗아 간다며 증오심을 부채질했다. 그 결과 홀로코스트라는 재앙은 수많은 사상자와 재산 피해를 낳았다. 전쟁 기간 동안 러시아인 2천만 명, 유대인 6백만 명이 숨졌다. 전쟁 후 독일 사회에 다시는 선동으로 인한 참극이 없어야 한다는 자성이 일었다. 이런 각성에서 독일 교육은 선동가 판별에 초점을 맞추고 있다. 끊임없이 회의하고 반문함으로써 선동에 휘둘리지 않도록 교육한다.

유시민에게는 확증편향에 사로잡힌 '싸가지 없는' 진보 인사라는 딱지가 붙어 있다. '싸가지 없음'은 집권 세력인 586정치인들 전반에 나타나는 특성이다. 전북대 강준만 교수는 2014년《싸가지 없는 진보》에서 이런 행태를 날카롭게 비판했다. 그는 "싸가지 없는 진보는 단기적으론 남는 장사일망정 장기적으론 자해自害"라고 경고했다. 진영 결속을 꾀하려는 싸가지 없는 선동이 결국은 진영을 파괴한다는 것이다. 강준만은 2021년《싸가지 없는 정치》를 다시 들고 나왔다. '진보는 어떻게 독선과 오만에 빠졌는가'라는 부제가 달렸다.

강준만은 "더불어민주당 집권 이후 '싸가지 없는 정치'가 계속되고 있다"며 '대화와 타협' 부재를 우려했다. 그는 '싸가지 없는 정치'로 인해 민주당은 물론이고 우리 사회가 위기에 처할 가능성이 높아졌다며 걱정했다. 진보를 '완장'으로 여기는 '싸가지 없는 정치'가 극단적인 진영 대립과 갈등을 초래했다는 분석이다. 강준만은 '싸가지 없는' 정치가 발원한 배경으로 내재화된 이분법적인 진영 논리를 지목했다. '내로남불'에 기초한 격렬한 투쟁 일변도 정치 행태에서 비롯됐다는 것이다.

홍세화 장발장은행장은 이 같은 특성을 보이는 586정치인들을 '민주건달'로 규정했다. 민주화운동 전력을 팔아 평생을 건달처럼 지내며 다른 진영을 공격하는 행태를 의미한다. 1987년생 정의당 장혜영 의원은 "1987년 민주화운동 주역이었던 현 집권 세력은 우리 사회 기득권자이자 변화를 가로막는 존재가 됐다"면서 "더 나쁜 놈들도 있다고, 나 정도면 양반이라고 손쉬운 자기합리화 뒤에 숨어 시대적 과제를 외면하는 것을 멈춰 달라"고 했다. '민주건달'과 상통하는 비판이다. 되새겨야 할 뼈아픈 지적이다.

조 바이든 미국 대통령은 취임사에서 "상대방을 적으로 여기는 것을 멈춰야 한다. 그들은 우리의 적이 아니라 미국인"이라며 통합을 강조했다. 우리 정치가 나아가야 할 지점도 여기에 있다. 진영 논리로 편을 가를 게 아니라 포용을 통해 통합으로 나가야 한다. 문재인 대통령도 취임사에서 "지지하지 않았던 국민 한 분 한 분도 저의 국민이고, 우리의 국민으로 섬기겠다"고 했다. 과연 그 약속을 지켰는지 돌아봐야 한다.

강준만은 "'정말 나라가 이렇게 가면 안 된다'는 비장한 각오로 《싸가지 없는 정치》를 썼다"고 했다. 《김대중 죽이기》를 집필할 때 강준만은 서른아홉 살이었다. 그가 《김대중 죽이기》를 쓸 때만 해도 진보진영이 이처럼 각박하지는 않았다. 60대 중반이 된 강준만이 우리 정치에 다시 던지는 메시지는 간곡하다. '싸가지 없는' 적대정치를 멈출때 우리 사회가 한 걸음 나아간다는 평범한 상식이다. 겸손하며 상대를 배려할 때 왜곡된 우리 정치도 정상 복원을 기대할 수 있다. 자신만 옳다는 선민의식, 상대는 악이라는 적화의식에서 벗어나야 한다. 유시민과 더불어민주당 586정치인들에게 '싸가지 있는' 정치를 기대하는 건 과욕인가.

7부

우리는 지금 어디에
서 있는가

발렌베리 가문과
이건희 컬렉션

제주공항에 내리자마자 찾아간 곳은 성산포 인근 '빛의 벙커'였다. '빛의 벙커'는 인상파 화가들의 작품을 색다르게 만날 수 있는 공간이다. 벙커는 오랫동안 통신시설로 사용되다 문화 공간으로 복원됐다. 실내에 들어서면 인상파 그림이 음악을 배경으로 강물처럼 흘러 다닌다. 공연장 바닥에 앉아 한 시간여 감상하노라면 저절로 힐링된다. 두 번째 방문임에도 만족감은 최고였다. 〈모네, 르누아르, 샤갈/지중해의 화가들〉을 주제로 한 전시는 기대 이상이었다.

코로나19 이전, 해외에 나가면 예외 없이 미술관에 들르곤 했다. 미술에 조예가 깊어서가 아니라 그림을 대하면 그저 좋았다. 미술관에서만 접할 수 있는 공간적 아늑함에다 정서적 위안 때문이다. 위대한 작품을 마주하면 흥분 상태에 빠지거나 호흡곤란, 현기증 등 이상 증세를 느끼는 '스탕달 신드롬'까지는 아니더라도 미술관을 다녀오면 항상 치유되는 느낌을 받는다. 수년 전 네덜란드 암스테르담에 있는 고흐 미술관에서 '해바라기'를 마주하고 비슷한 정서를 체험했다.

삼성 이건희 회장 컬렉션이 화제다. 삼성 일가가 기증한 미술품은 무려 2만 3천 점에 달한다. 국보 14점과 보물 46점, 감정가만 3조 원 대로 추산된다. 이건희 컬렉션은 작품 수와 수준에서 압도적이다. 제주 '빛의 벙커'에서 만난 모네, 르누아르, 샤갈은 물론이고 피카소, 고갱, 달리, 그리고 이중섭, 박수근, 김기환까지 동서양 작품을 망라한다. 일부에서는 기증 의도를 폄하하는 시각도 있지만 기증 사실만큼은 제대로 평가하는 게 바람직해 보인다.

무엇보다 개인 수장고에 있던 예술 작품을 대중도 접할 수 있다는 점에서 긍정적이다. 이탈리아 피렌체를 다녀온 이들은 흔히 메디치 가문과 메디치 가문이 문화예술을 지원했던 '메세나'를 입에 올린다. 이건희 컬렉션이 어떤 의도에서 결정됐는지는 몰라도, 메세나 차원에서만 생각한다면 고마운 일이다. 그 사실마저 깎아내릴 필요는 없어 보인다. 상속세는 상속세대로 징수하고, 이재용 부회장 문제도 법대로 처리하면 된다.

2005년 스웨덴에서 발렌베리 재단을 취재하다 이건희 회장 뒷이야기를 접했다. 2003년 이건희 회장이 이재용 부회장을 비롯해 주요 인사들과 함께 발렌베리 재단을 다녀갔다는 것이다. 당시 스웨덴에서 귀국한 뒤 '발렌베리 재단과 삼성'이라는 제목으로 칼럼을 썼다. 칼럼은 "발렌베리 재단에서 삼성은 무엇을 배웠나, 바뀌지 않는 삼성을 볼 때 발렌베리 재단 방문은 보여 주기에 지나지 않았다"는 내용이었다.

지난해 5월, 삼성 가*의 사상 최고 상속세 납부와 미술품 기증을 보면서 '그동안 다 계획이 있었구나' 생각했다. 스웨덴에서 발렌베리 그룹의 시장 지배력은 한국에서 삼성보다 훨씬 크다. 발렌베리 그룹은 우리에게는 '아제백신'으로 친숙한 코로나19 백신을 생산한 '아스트라제네카'사를 비롯해 에릭슨, ABB, SEB를 비롯해 27개 기업을 거느리고 있다. 이들 그룹에서 올리는 수익은 스웨덴 GDP 30퍼센트 이상을 점유한다. 시가 총액은 스웨덴 주식시장 절반을 차지할 정도다. 그런데도 스웨덴 국민들은 발렌베리 가문을 존경하고 지지한다. 스톡홀름 시청사 앞 '크누트 발렌베리' 동상은 스웨덴 국민들의 발렌베리 사랑을 상징적으로 보여 준다.

　　발렌베리 가문에 대한 폭넓은 국민적 지지는 어디에서 비롯됐을까. 또 삼성과 발렌베리는 어떤 차이가 있으며, 어떤 정서를 공유하고 있을까. 대기업 집단이라는 점에서 두 기업은 닮았다. 하지만 사회적 책임을 실현하는 방법에서는 차이를 보이고 있다. 발렌베리는 1856년 창립해 2021년 기준 165년, 5대째 오너 경영을 이어 오고 있다. 쉽게 말하면 스웨덴판 삼성이다. 삼성과 다른 점이 있다면, 사회적 책임과 노블레스 오블리주를 실천하는 가문의 경영철학이다. 발렌베리 가문은 전문경영인에게 경영을 일임함으로써 건강한 지배구조를 실현하고 있다. 개별 기업마다 발생한 수익이 재단으로 모여 사회에 환원되는 구조다. 전체 이익의 80퍼센트를 사회에 환원하고 있다. 그래서 발렌베리 가문은 세계 10대 부자는커녕 100대 부자도 없다. 2003년 방문 당시 이건희 회장은 발렌베리 모델에서 깊은 인상을 받았다고 한다.

발렌베리 가문 경영진도 2012년 한국을 방문해 삼성전자와 삼성 리움미술관을 돌아봤다. 이건희 회장은 생전에 가족과 임원들에게 기부를 독려했다고 한다. 고인이 세상을 떠난 뒤 유족들은 상속세 12조 원 납세와 미술 작품 2만 3천 점 기증을 결정했다. 상속세를 납부하기 위해 대출도 받는다고 밝혔다. 이건희 회장이 고위 경영진을 대동해 발렌베리를 방문했던 건 사회적 책임 실현과 노블레스 오블리주를 실행하는 발렌베리를 벤치마킹하기 위해서였다.

삼성은 국내 1류 기업을 뛰어넘어 세계 1류 기업으로 성장했다. 해외에 나갈 때마다 마주치는 삼성 제품에서 긍지를 느꼈다는 국민들도 적지 않다. 물론 삼성은 아직 오너 일가 중심 지배구조에서 벗어나지 못하고 있다. 또 경영권 승계 과정에서 드러난 불법적인 행태 때문에 사회적 시선도 곱지 않다. 여기에 무노조 경영, 삼성전자 반도체 공장 산재 근로자에 대한 미흡한 처리도 부정적인 이미지를 더하고 있다.

삼성을 비롯해 현대, SK, LG는 한국 경제에 필요한 기둥이다. 이들 기업은 해외에서는 1류 기업으로 인정받는다. 그런데 국내에서는 그러질 못하다. 이건희 컬렉션을 계기로 우리 사회에도 사회적 책임을 다하는 기업문화를 기대한다. 더불어 삼성 디스카운트가 개선되고 국격도 올라간다면 이건희 컬렉션이 가져온 또 다른 긍정적 효과가 아닐까 싶다. 부자와 기업인이 존경받는 사회는 희망이 있다.

"이 산 저 산 꽃이 피니 분명코 봄이로구나. 봄은 찾아왔건마는 세상사 쓸쓸허드라."

봄이면 듣게 되는 〈사철가〉 첫 대목이다. 2019년 국회에도 봄은 왔건만 황량했다. 어렵게 문을 연 3월 국회도 살얼음판이었다. 상생과 협치는 실종된 지 오래였다. 오로지 상대를 짓밟아 이기겠다는 전의戰意만 팽팽했다. 그 즈음 한양대학교 갈등문제연구소가 주관한 전주·군산 워크숍에서 오랜만에 판소리 공연을 접했다. 공연 내내 상생을 떠올렸다. 우리 정치가 판소리 철학을 이해한다면 지금보다는 한층 성숙해질 수 있지 않을까.

공연에 앞서 젊은 소리꾼은 추임새를 가르쳤다. "얼쑤! 좋다! 지화자! 잘한다!" 그러면서 중간중간 추임새를 당부했다. 추임새는 소리꾼이 창唱을 할 때 흥을 돋우는 양념이다. 신명을 불러내는 묘약이다. 우리 판소리는 소리꾼과 관객이 함께 만든다. 소리꾼만 소리를 하는 게 아니라 관객도 함께한다. 공연 중에는 절대 침묵해야 하는 서양 공연 과는 판이하게 다르다. 오히려 판소리는 시끌벅적해야 제 맛이다. 흥 이 오르면 관객들은 "잘한다! 얼씨구! 좋지!" 하며 소리꾼을 치켜세운 다. 우리 정치도 이래야 한다.

우리 국회는 독설과 비난을 주된 무기로 삼는다. 원내대표 연설과 대정부 질문은 싸움터나 다름없다. 서로에 대한 존경은커녕 최소한 예의조차 없다. 총만 들지 않았지 서로를 향해 독설을 난사하는 자리 다. 상대 원내대표 연설을 가로막고 야유를 퍼붓고 끝내는 집단 퇴장 하는 광경이 일상이 됐다. 자신들끼리만 박수 치며 스스로 만족해하 는 '봉숭아 학당'을 방불케 한다. 부끄러운 국회, 미숙한 정치문화다.

국회 원내대표 연설은 국민을 상대로 하는 것이다. 자신들이 추구 하는 정책 방향을 알리고 공감대를 이끌어 내는 자리다. 여당이라면 정책을 설명하고 국민들에게 이해를 구해야 한다. 때로는 야당을 설 득해 협조를 이끌어 내야 한다. 야당도 무조건적인 비판과 견제를 넘 어 대안을 제시할 책무가 있다. 정부 정책이 옳다면 힘을 실어 주고, 잘못됐다면 바로잡아야 한다. 그러나 합리적인 대안과 생산적인 토 론, 건강한 견제는 찾아보기 어렵다. 대신 편협한 일방통행과 무조건 비판, 맹목적 비난만 판친다.

2019년 자유한국당 나경원 원내대표는 "문재인 대통령은 김정은 수석대변인"이라는 말로 국회를 뒤집어 놓았다. 외신 보도를 인용했 을 뿐이라며 피해 갔지만 궁색했다. 한반도 평화를 위해 노력하는 대통령에 대한 의도적 낙인찍기였다. 한국당은 문재인 정부 출범 이후 사사건건 발목을 잡았다. 비핵화와 평화 정착에 훼방을 놓았다는 게 일반적 시각이다. 판문점 회담 비준 동의 반대, 북미회담 성공 결의안 채택 거부까지 헤아릴 수 없다. 게다가 국민이 뽑은 지도자를 이런 식으로 욕보이는 것은 온당하지 않다.

자유한국당은 나경원 원내대표의 연설을 방해한 민주당을 거칠게 비난했다. 민주주의 국가에서 야당 원내대표 연설을 방해한 것은 있을 수 없다고 성토했다. 그런 한국당이 윤소하 정의당 원내대표 연설에서 똑같은 행태를 보였다. 윤소하는 선거제 개편을 반대하는 자유한국당을 비판했다. 자유한국당 의원들은 거친 항의 끝에 집단 퇴장했다. 특정 사안(선거제도)과 특정 정당 비판에만 집중한 연설이라고 비난할 수는 있어도, 불과 이틀 전 자신들이 더불어민주당을 비난했던 행태를 그대로 보였다는 점에서 설득력을 잃었다.

국민들 눈에는 더불어민주당 대응도 사려 깊지 못했다. 홍영표 원내대표는 나경원 원내대표 연설을 중단시키고 문희상 의장에게 거칠게 항의했다. 이해찬 대표는 '국가원수모독죄' 운운하며 국회 윤리위원회 제소를 강행했다. 이해식 대변인은 블룸버그 통신 기자의 실명을 거론하며 "외신이란 외피를 쓴 매국에 가까운 행태"라고 공격했다. 1988년 '국가모독죄' 폐지는 민주화 결과물이다. 민주주의를 위해 헌신했다는 이해찬 대표와 민주당이 '국가원수 모독죄'를 들고 나온 건 이율배반적이었다.

판소리 정치는 이상에 불과한 걸까. 상대 당일지라도 잘하면 "좋다!

잘한다! 얼씨구!" 추임새를 넣는 상생정치는 어려울까. 더불어민주당 원내대표 연설에 자유한국당 의원들이 박수 치고, 자유한국당 원내대표의 대정부 질문에 더불어민주당 의원들이 호응하는 그런 정치는 불가능할까. 생각은 꼬리를 물었다.

〈사철가〉에 이런 대목이 나온다. "어화 세상 벗님네들. 이네 한 말 들어보소. 인생이 모두가 백년을 산다고 해도 병든 날과 잠든 날, 걱정 근심 다 제하면 단 사십도 못 사는 인생." 우리에게 주어진 시간은 생각보다 많지 않다. 국민들 인내심도 한계에 달했다.

성 소피아 성당에서 배우는 공존

터키 이스탄불에 있는 성 소피아 성당(아야 소피아)은 관용과 공존을 상징하는 건축물이다. 그러나 에르도안 정부 아래서 1,500년 역사를 자랑하는 성 소피아 성당이 정치에 휘둘리게 되었다. 2020년 7월 24일, 터키 정부는 성 소피아 성당을 박물관에서 이슬람 예배당인 모스크로 바꾸었다. 이곳에서 이슬람 예배가 열리자 예상대로 다양한 반응이 나왔다. 이슬람 신자 수천 명은 예배 첫날 "알라후 아크바르(신은 위대하다)"를 외쳤다. 터키공화국 수립 이후 86년간 박물관으로 사용돼 온 성 소피아 성당에서 이슬람 예배는 공존과 관용이란 가치에 균열을 냈다.

2020년 7월 초, 터키 최고행정법원은 성 소피아 성당은 더 이상 박물관이 아니라고 판결했다. 지난 1,500년 동안 성당의 명칭과 기능은 여러 차례 바뀌었다. 그리스정교회 성당(537), 이슬람 사원(1453), 박물관(1935), 그리고 다시 이슬람 사원(2020)이 되었다. 인류 공동의 유산으로서 사랑받아 온 성 소피아 성당은 기로에 섰다.

세계인이 이 성당에 주목하는 이유는 '공존共存'이라는 가치 때문이다. 성 소피아 성당은 기독교 문화와 이슬람 문화가 공존하는 독특한 건축양식과 내부 조형물로 유명하다. 성당 내부에는 이슬람 문자 조형물과 기독교 흔적인 아기 예수와 성모 마리아 모자이크 성화聖畵가 뒤섞여 있다. 한 공간에 이질적인 종교와 문화가 공존하는 살아 있는 역사 현장이다. 이 때문에 성 소피아 성당은 종교 간 공존과 화해를 이야기할 때마다 언급된다.

터키는 지리적으로는 유럽과 아시아, 문화사적으로는 유럽 문명과 아시아 문명, 종교적으로는 기독교와 이슬람이 뒤섞인 공존의 땅이다. 성 소피아 성당은 두 대륙과 여러 문화가 만나는 접점에 있다. 그런데 다시 모스크로 개조함으로써 적대하고 불화하는 공간으로 바뀌었다. 터키와 앙숙인 그리스는 "문명 세계에 대한 공개적 도발"이라며 발끈했다. 터키 정부는 이슬람 신자가 아니더라도 모든 사람에게 모스크를 개방하고, 기독교 조형물도 예배 시간에만 가리겠다고 했지만 공존이라는 가치는 이미 훼손됐다.

이 때문에 불순한 정치적 의도를 의심하는 시선이 비등했다. 터키 야당은 실정을 만회하고 지지 기반을 강화하려는 집권 여당 꼼수라고 공격했다. 정치적 목적에서 세계문화유산을 이용하고 있다는 주장이다. 에르도안 대통령이 소속된 여당은 2019년 지자체장 선거에서 완패했다. 이스탄불을 포함한 대도시 5곳 중 4곳을 야당에 내줬다. 이 같은 정치 상황과 성당의 모스크 전환 시점은 오해를 사기에 충분했다.

메시지와 상징 조작은 우리 정치도 익숙하다. 정권이 취약할수록 도드라졌다. 5 · 16 군사쿠데타로 정권을 탈취한 박정희, 12 · 12 군사반란으로 정권을 잡은 전두환은 상징 조작과 사실 왜곡으로 정권을 유지했다. 수시로 간첩을 만들고 북풍을 조작했다. 또, 4 · 3 제주도민과 5 · 18 광주시민을 폭도로 규정하고 국가폭력을 정당화했다. 민주화 이후에도 본질적인 행태는 바뀌지 않았다. 보수 정권에서 추진한 녹색성장과 창조경제는 그럴듯한 상징으로 색칠했지만 그 한계가 명확했다.

문재인 정부도 큰 맥락에서 보면 다르지 않았다. 국민의힘은 문재인 정권을 북한과 내통하는 빨갱이 정부, 독재정권으로 규정했다. 민주화 세력이 주축이 된 더불어민주당에 대한 색깔론은 상식에 부합하지 않을뿐더러 구시대적 음모론에 불과하다. 더구나 민주당은 민의를 바탕으로 대선에 이어 지방선거, 총선까지 압승하지 않았는가. 덧붙여 지금처럼 대통령과 정부를 마음껏 비판할 수 있는 언론 환경이 있었나 생각하면 독재정권이란 주장은 언어도단이다.

그렇다고 해서 더불어민주당과 정부에 문제가 없는 것은 아니다. 국민들은 민주당의 국회 18개 상임위원장 독식을 불안하게 바라봤다. 국민들은 정치 불균형이 가져올 부작용을 우려했다. 여당과 야당 사이에 견제와 비판, 균형은 상식이다. 그러나 민주당은 임대차 3법을 비롯해 입법 독주를 이어 갔다. 문재인 정부를 지지했던 지식인들조차 조국, 윤미향 사태에서 노골화된 '내로남불'과 위선, 진영 논리에

　　　　　　　　　성 소피아 성당에서 배우는 공존

등을 돌렸다. '촛불정권'이라는 상징에 취한 나머지 합리적인 판단을 잃은 것은 아닌지, 시야가 좁아진 것은 아닌지 돌아볼 필요가 있었다.

　명나라와 청나라 교체 당시, 조선은 갈팡질팡하다 환란을 자초했다. 한반도를 둘러싸고 미국과 중국이 벌이는 패권 경쟁도 속성은 같다. 그들끼리 벌이는 이익 다툼에 불과하다. 한반도 생존 전략을 마련해야 할 절박한 시점에 정치권은 네 탓만 하고 있다. 위기에 처한 기업과 가계, 청년들에게 희망을 제시할 책임이 정치에 있는데도 여야는 서로 비난만 하고 있다. 여당은 야당을 동반자로 생각하고 협치에 나서야 한다. 다수당 지위에 안주해 독단적으로 국회를 운영한다면 간극은 좁히기 어렵다. 야당 또한 국민을 위해 여당과 협력해야 한다. 무조건적인 반대는 발목잡기에 지나지 않는다.

　A. J. 크로닌은 장편소설 《천국의 열쇠》에서 기독교 중심에서 벗어난 공존의 지혜를 제시했다. 그는 토착종교를 인정하고 화해하는 선교를 통해 공존해야 한다고 했다. 내 길은 맞고 상대는 틀리다는 독선은 어떤 경우라도 경계해야 한다. 진보와 보수는 다른 등산로를 택했을 뿐, 궁극적인 지향점은 국민이다. 서로 배척하고, 말꼬리 잡고 비난할 만큼 현실은 한가롭지 않다. '유능제강柔能制强', 부드러움이 강한 것을 이긴다.

아픈 나라 vs 건강한 나라

《나쁜 나라가 아니라 아픈 나라였다》는 일본 특파원을 지낸 현직 기자가 쓴 책이다. 최근 읽은 책 가운데 제목으로는 단연 눈에 띈다. 일본에서 생활한 저자는 알고 보니 일본은 나쁜 나라가 아니라 아픈 나라였다고 진단한다. '나쁜 나라'는 양가적 측면이 있다. 경우에 따라서는 좋은 나라가 될 여지도 있다. 독일이 그렇다. 1, 2차 세계대전을 촉발하고 유대인을 학살한 그들이지만, 지금은 유럽연합은 물론이고 국제사회가 인정하는 품격 있는 나라다.

이에 비해 '아픈 나라'는 더 이상 기대할 게 없다. 체념 또는 막장을 연상시킨다. 사랑의 반대는 미움이 아닌 무관심이란 말과 같다. 아마 자신들을 이렇게 여기는 것을 안다면 불쾌해할지 모른다. 저자는 일방적으로 일본을 깎아내리는 데 힘을 쏟지 않는다. 반면교사로 삼자는 의도를 담고 있다. 저자도 "책을 읽다 보면 '한국이 더 심한데'라고 느낄 수 있다"며 선입견을 경계한다. 일본을 통해 우리를 돌아보자는 제안이다.

몇 가지만 보자. 우선 약자를 괴롭히는 병리적 심리 상태다. 마을 전체가 특정인을 집단으로 따돌리는 '무라하치부(村八分)'를 예로 들었다. '무라하치부'는 촌락사회에서 가장 가혹한 징벌 수단이다. 여기에 해당되면 결혼 등 8가지 일에서 아무런 도움을 받을 수 없다. 왕따, 즉 투명인간 취급을 받는다. 공동체 사회에서 이보다 가혹한 징벌은 없다. 이 같은 전통이 오늘날 약자를 따돌리는 이지메로 발전해 일본을 병들게 했다.

개인보다 집단을 중요시하는 전체주의도 커다란 해악이다. 집단주의와 전체주의는 태평양전쟁을 비롯한 광기 어린 전쟁으로 이어졌다. 집단이 내린 결정에 반대하지 못하는 조직은 맹목적이 될 수밖에 없다. 카르텔, 파벌정치도 심각한 병폐다. 2017년 중의원 당선자 4명 중 1명이 세습의원이다. 당시 언론은 전체 의원 가운데 25퍼센트에 해당하는 120명이 세습의원이라고 보도했다. 자민당 내 세습의원은 무려 33퍼센트에 달했다. 이런 정치문화 속에서 일본은 병들고, 우경화는 가속페달을 밟아 왔다.

이에 비하면 한국은 비교적 건강하다. 약자를 보듬고 공감하는 문화가 보편적이다. 경비원 자살 사건은 좋은 사례. 입주민 갑질 폭행으로 경비원이 자살했다는 소식에 온 국민이 분노했다. 생면부지 시민들까지 빈소를 찾아 숨진 경비원을 애도했고, 3천 명이 넘는 시민들이 강력한 처벌을 원하는 서명에 동참했다. 최근에는 아파트마다 경비원 휴게 공간을 만드는 추세다. 또 한국은 개인과 자율을 우선시한다. 일부에서 집단주의 흔적이 엿보이지만, 찬반토론 문화가 일상화됐다. 특히 Z세대로 불리는 청년세대는 자기주장을 주저하지 않는다.

비판도 많지만 한국은 정치 풍토도 건강한 편에 속한다. 총선 때마다 물갈이는 단골 메뉴다. 21대 총선에선 절반 이상(151명) 바뀌었다. 청년과 여성 정치인도 약진했다. 2030세대는 13명으로 4배 이상 늘었다. 여성 국회의원도 57명으로 역대 최고다. 세습에 대한 저항감도 거세다. 현직 국회의장(20대 국회 후반기 의장 문희상) 아들조차 세습 논란에 휩싸여 공천 문턱을 넘지 못했다. 그럼에도 '아재 국회'와 '꼰대 국회'라고 비판할 정도로 우리 사회는 건강하다. 세습의원만 25퍼센트에 달하는 일본과 비교할 게 아니다.

2020년 5월 29일부터 21대 국회가 시작됐다. 그런데 과반 의석을 차지한 민주당은 출발과 함께 곤혹스런 입장에 놓였다. 비례대표 당선인 두 사람 때문이었다. 민주당은 양정숙 비례대표 당선인을 발 빠르게 제명함으로써 불씨를 차단했다. 하지만 윤미향 당선인은 당 지도부가 나서 두둔하면서 이율배반적 태도를 보였다. '정의기억연대' 회계 부정과 기부금 횡령 의혹을 받는 윤미향은 검찰 수사 결과 기소됐다. 또 부동산 문제까지 불거지면서 결국 민주당을 탈당해 무소속 신분이 됐다. 위안부 출신 이용수 할머니는 당시 기자회견을 자처해 윤미향을 강하게 성토했다.

이용수 할머니는 "'정의연'이 위안부 할머니를 팔아먹었다. 윤미향은 사리사욕을 채우려고 총선에 출마했다. 수사 결과를 끝까지 지켜봐야 한다"며 울먹였다. 윤미향 당선인이 찾아와 용서를 구한 것에 대해서도 "가짜 눈물이며, 용서할 가치도 없다"고 일축했다. 무엇이 할머니를 이렇게 분노하게 했는지 우리는 자세히 알지 못한다. 서운함에서 나온 과장된 비난일 수도 있다. 그렇다 하더라도 "기억 왜곡" 운운하며 할머니를 치매 환자 취급하며 본질을 흐린 이들은 자신도 모르게 폭력에 가담했음을 알아야 한다. 윤미향 사건 때문에 위안부 운동이 훼손되거나 중단되어서는 안 된다. 제기된 의혹에 대한 진상규명은 당연하다. 윤미향은 오락가락 해명함으로써 신뢰를 잃었다. 진솔한 해명과 진퇴를 요구하는 목소리가 비등하다. 검찰은 2020년 9월 윤미향에 대해 보조금관리법 및 지방재정법 위반, 사기, 기부금품법 위반, 업무상횡령, 준사기, 업무상배임, 공중위생관리법 위반 혐의로 불구속기소했다. 그런데 민주당은 머뭇거리며 두둔하기에 급급했다.

당시 이해찬 대표는 수사 결과를 지켜보고 입장을 정하겠다며 "개별 의견을 분출하지 말라"고 당내 비판을 단속했다. 호미로 막을 일을 가래로 키운 건 지도부 오판이었다. 내부에서는 조국 사태 판박이를 우려하는 목소리도 비등했다. 중국 역사상 가장 정치를 잘했다는 당 태종은 내부 비판을 중시했다. "거울이 없으면 자신을 볼 수 없듯이 간언이 없다면 정치적 득실을 알 방법이 없다." 그는 쓴소리에 관대한 만큼, "최초의 긴장감을 지속시켜야 한다"며 오만함을 경계했다.

국민들은 4·15 총선에서 더불어민주당에 177석이란 압도적 승리를 안겼다. 민주당 지도부는 "겸손하겠다"고 다짐했지만 독단으로 치달았다. 민심을 헤아리고 쓴소리에 귀 기울이지 않는다면 "아픈 나라, 병든 정치"에 머물러 있는 일본 정당과 다를 바 없다.

"도시 망가뜨리기 경쟁을 하고 있다." 2021년 4·7 서울시장 재보
궐선거 당시 민주당과 국민의힘이 앞다퉈 내놓은 토건 공약을 접한
정석 교수(서울시립대학교)는 이렇게 말했다. 그는 신규 사업지구 지정
보다는 도시재생에 초점을 맞춰야 한다고 했다. 여야 공약대로라면
고밀도 개발로 인한 부작용이 우려된다는 말도 덧붙였다. 공약을 지
키려면 한바탕 토건사업은 불가피하다. 정 교수는 개인 유튜브 '시장
의 자격'에서 사람 중심 도시로 거듭난 해외 사례를 소개하며 서울의
미래를 제안했다. 그가 들려주는 브라질 꾸리찌바, 스페인 폰테베드
라, 콜롬비아 보고타, 프랑스 파리 사례는 생생하다. 이들 도시는 안목
있는 시장에 의해 사람 냄새 나는 품격 있는 도시로 거듭났다.

폰테베드라는 스페인 북부에 위치한 작은 도시다. 이 도시는 최근
20여 년 만에 인구가 2만여 명 늘었다. 지방 소도시마다 인구 감소로

몸살을 앓는데 무슨 일이 있었던 걸까. 변화의 바람은 1999년 미구엘 로레스 시장이 당선되면서 시작됐다. 당시 폰테베드라는 인구 6만 명의 작은 도시임에도 등록된 자동차만 2만 7천여 대로 심각한 교통 문제를 앓고 있었다. 그는 취임 직후 '차 없는 도시'를 선언하고 보행자 전용도로를 대폭 늘렸다. 그 결과 도심은 90퍼센트, 외곽 도로는 70퍼센트를 차 없는 도로로 바꾸었다.

그러자 교통량은 90퍼센트, 대기오염은 60퍼센트가량 급감했다. 교통사고 사망률도 2019년 이후 0명으로 줄었다. 교통량이 줄고 교통사고도 급감하자 시민들 얼굴에 여유가 깃들었다. 또 골목상권과 지역공동체도 살아났다. 미구엘 시장은 취임 초기 반발하는 시민과 상인들을 설득하느라 애를 먹었다. 하지만 삶의 질이 높아지자 지금은 모두 만족해한다. "도시를 바꾸려면 무엇보다 지도자의 용기가 필요하다. 반대를 두려워하지 않고, 시민들을 설득하고 참여하도록 해야 한다." 용기 있는 미구엘 시장은 최근까지 6선 시장을 지냈다.

중남미에 위치한 콜롬비아 보고타시는 매주 일요일이면 자전거 도시로 변신한다. 이날은 오전 7시부터 오후 2시까지 시내 전역에서 차량 통행이 금지된다. '시클로비아'로 불리는 차 없는 날을 맞아 시민들은 120킬로미터에 달하는 도로에서 여유를 만끽한다. 도로에는 보행자와 자전거, 인라인을 타는 사람들이 쏟아져 나와 매주 축제를 치른다. 자동차 도시를 사람의 도시로 바꾼 장본인은 다름 아닌 엔리케 페날로사 시장이다. 박원순 시장도 생전에 보고타시를 다녀온 뒤 2019년 7월 자전거도로 인프라를 구축하는 '자전거 하이웨이(70킬로미터)' 정책을 발표했다.

2014년 프랑스 파리 첫 여성 시장으로 당선된 안 이달고는 파리를 혁명적으로 바꿔 놓았다. 그는 지난 7년 동안 파리 교통정책을 자동차 중심에서 보행자 중심으로 바꾸었다. 우선 전임 시장이 추진했던 '파리 플라쥬(파리 해수욕장)' 정책을 확대 계승했다. '파리 플라쥬'는 센강 도로 일부에 모래를 깔고 파라솔과 야자수를 설치해 해변처럼 꾸민 사업으로, 시민들이 도심에서도 휴식을 취할 수 있게 했다. 이달고 시장은 시민 호응이 좋자 아예 자동차도로를 영구 폐쇄했다. 또 관광객들이 많이 찾는 샹젤리제 거리도 매월 한 차례 차 없는 거리를 운영 중이다.

2020년 재선 출마 당시 내놓은 공약 '파리선언'은 이전보다 혁명적이었다. 시내 전역에서 시속 30킬로미터 제한, 노상 주차장 4분의 3을 없애 녹지로 전환, 보행자 및 자전거도로 확대 등이다. 또 파리 제3도시숲 조성, 공공기관 시설물 주말과 야간 개방, 26조 원을 들여 에어비앤비를 매입한 공공임대 전환을 내놓았다. 그는 재선에 성공하자 전임 시장이 추진했던 '베르시 샤랑통' 개발계획을 전면 백지화했다. 대신 '생태' '연대' '건강'을 2기 시정 키워드로 삼았다. 정석 교수는 "이 같은 혁명적인 공약을 내건 후보도 대단하지만, 그런 시장을 다시 뽑은 파리 시민은 더욱 대단하다"고 평가했다.

세계 최고 생태도시로 손꼽히는 브라질 꾸리찌바는 세계 각국에서 벤치마킹이 끊이지 않는다. 자이메 레르네르 시장은 3선을 연임하며 꾸리찌바를 세계적인 친환경 도시로 변화시켰다. 그는 1974년 세계 최초로 땅 위 지하철로 불리는 BRT(굴절버스)를 도입했다. BRT는 대량 운송 수송이 가능한 친환경 교통수단이다. 꾸리찌바 시민 10명 가운데 8명꼴로 BRT를 이용할 만큼 각광 받고 있다. 시사주간지《타임》은 꾸리찌바를 "지구에서 환경적으로 가장 올바르게 사는 도시"로 선정한 바 있다.

4·7 서울시장 재보궐선거에 더불어민주당 후보로 출마한 박영선은 주목받았지만 남성 중심 토건에서 벗어나지 못하는 한계를 노출했다. 비록 낙선했지만 전임 박원순 시장이 추진했던 '자전거 하이웨이' 같은 친환경 정책을 계승하는 공약을 발표했다면 어땠을까 싶다. 강자와 기득권 중심에서 벗어나 교통약자와 기후위기를 대비하는 공약이라는 점에서 훨씬 주목도가 높았으리라.

엔리케 페날로사 콜롬비아 보고타 시장의 다음 말은 의미심장하다. "진보적 도시란 가난한 사람들까지 자가용을 타는 곳이 아니라, 부유한 사람들도 대중교통을 이용하는 곳이다." 이런 상상력이 공유될 때 건강한 공동체가 유지된다. 우리는 언제나 이런 시장을 갖게 될까.

100여 개국 넘는 나라를 다녀왔고, 여행 인문칼럼을 묶은 책까지 출간했으니 많은 이들이 묻는다. 지금까지 다녀온 곳 가운데 어디가 가장 좋았느냐는 상투적인 질문이다. 그러면서 추천을 부탁한다. 순간 동석한 이들 시선이 집중된다. 그럴 때 내가 주저하지 않고 꼽는 최고 여행지는 제주도. 근사한 해외 여행지를 기대했던 이들은 "고작 제주도?" 하며 실망하는 기색이 역력하다. 하지만 내게 제주는 만날수록 무한한 매력을 내뿜는 아름다운 섬이다. 그런데 언제부터인지 제주를 입에 올리지 않는다. "제주였다"라는 과거형으로 답한다. 이유는 중국 관광객과 무분별한 개발 때문이다. 코로나19 이후 급감했지만 한동안 제주는 중국 관광객으로 뒤덮였다. 마치 메뚜기 떼가 휩쓸고 간 들녘처럼 제주는 황량했다. 시끄럽고 번잡한 제주는 내가 아꼈던 제주가 아니었다.

제주를 대신해 찾은 곳이 일본 소도시다. 일본 역시 산업화 과정에서 지역 정체성이 사라지고 몸살을 앓는 건 마찬가지다. 그러나 지방 소도시에 가면 아직도 훼손되지 않은 자연미와 정취를 느낄 수 있다. 가고시마 치란(知覽)부터 큐슈 히타(日田), 시코쿠 에히메(愛媛)와 고치(高知), 히로시마 아라시야마(嵐山)와 오카야마 구라시키(倉敷), 야마가타 사카타(酒田), 그리고 홋카이도 비에이(美瑛)와 후라노까지 보석 같은 지방 소도시를 다녀왔다. 일본을 잘 안다는 이들에게조차 낯선 곳들이다. 이들 지역은 소문난 관광지도 아니고 이름난 온천도 없다. 그런데도 불편을 감수하면서 굳이 외진 곳을 찾은 이유는 일본다움을 접할 수 있기 때문이다. 그곳에 가면 조용히 사색하고 여유롭게 느낄 수 있다. 수백 년 된 작은 마을에서 전통 가부키 공연을 관람하고, 한적한 강가에서 차를 마시며, 언덕을 수놓은 꽃밭을 찬찬히 거닐며 나를 돌아볼 수 있다. 이들 지역은 다녀온 뒤에도 한동안 기분 좋은 여운이 계속된다.

개발 과정에서 원주민들이 밀려나는 현상을 젠트리피케이션gentri-fication이라고 한다. 부동산은 폭등하고, 삶의 질은 형편없이 추락하면서 정작 원주들은 타의에 의해 떠날 수밖에 없다. 제주를 아끼는 많은 이들이 제주를 찾지 않는 것도 다른 형태의 젠트리피케이션 때문이다. 전주에서 생활할 당시 한옥마을에 백만 명 넘는 관광객이 다녀갔지만 오히려 한옥마을을 찾지 않은 건 이 때문이었다. 관광객이 몰리고 무분별한 개발이 가속화되면서 어느덧 제주도, 전주도 옛 정취를 잃었다. 중국 관광객들로 인해 한적한 한라산 중산간은 북새통을 이루고, 고즈넉한 정취를 자랑했던 한옥마을 또한 관광객과 꼬치 굽는 연기로 뒤덮였다. 비유하자면 두 곳 모두 값싼 화장품으로 분칠한 여인으로 전락했다. 관광이라는 미명 아래 가치와 본질이 훼손되는 역설이다. 전주다운 전주, 제주다운 제주는 이제 희미한 추억이 됐다. 개발 과정에서 갈등은 피할 수 없다.

한양대학교 갈등연구소 연구원들과 함께 찾은 제주는 여전히 평화롭고 아름다웠다. 그러나 제주 속내는 복잡했다. 다양한 갈등 때문에 심한 몸살을 앓고 있었다. 이웃끼리 등 돌리고 핏대 올리며 불화했다. 제주 해군기지에서 불거졌던 갈등은 제2국제공항 신설, 풍력단지 조성, 비자림 도로 확장으로 옮겨 붙었다. 제2국제공항 신설을 둘러싼 갈등은 폭발 직전 화약고다. 현 제주공항을 확장할지, 아니면 성산포 인근에 제2공항을 신설할지를 놓고 지역 주민들은 제주도와 정부를 상대로 4년째 싸우고 있다. "공항 건설로 인해 마을이 깨지는 것보다 이웃끼리 갈등이 더 큰 문제다." 제주에서 만난 제2공항건설 성산읍 반대 대책위원회 강원보 집행위원장은 정부가 주민 갈등을 부추기고 있다며 목소리를 높였다. 권위적인 이전 정부와 별반 다를 게 없다는 주장이다.

강 위원장의 하소연은 오랜 기억을 헤집었다. 전북 부안에서 벌어진 방폐장 사태 때도 그랬다. 지역 주민을 무시한 일방적 유치 선언은 갈등을 촉발했고, 그 결과 지역공동체는 철저히 망가졌다. 사태는 일단락됐지만 17년이 흐른 지금까지도 후유증은 깊다. 제2제주공항 역시 입지 결정 과정에서 주민 의사는 배제됐다. 주민들이 분노하는 건 이 때문이다. 과거 실패에서 교훈을 얻지 못한 국가권력에 의한 횡포

제주는 누구 것인가

가 반복되고 있다. "공항 주변 주부 한 사람의 의견은 주정부 책임자 의견과 대등하게 취급되어야 한다." 10여 년 전 오스트리아 빈 공항 갈등 해결 성공 모델을 취재할 당시 현지에서 만난 그들은 이렇게 말했다. 그들도 하는데 왜 우리는 못할까. 당연히 제주도민 목소리는 존중되어야 한다.

제2공항 건설 예정지 주변 4개 마을에서 시작된 공항 건설 반대 여론은 이제 근본적인 문제로 확대됐다. '오버투어리즘overtourism(과잉관광)'에 대한 성찰이다. 2005년 500만 명이던 제주 관광객은 2015년 1,500만 명으로 뛰었다. 10년 만에 세 배나 급증했다. 세계적인 관광지 하와이와 비교해도 관광객으로 몸살을 앓는 제주는 심각하다. 하와이 면적은 제주보다 15배 넓고, 인구는 2.2배 많다. 그런데 연간 관광객은 제주가 1,366만 명(2015)으로 하와이(868만 명)보다 두 배 가까이 많다. 이러니 하수, 쓰레기, 지하수, 교통은 임계치를 넘어선 지 오래다. 정화되지 않은 오폐수가 바다로 흘러들고, 지하수는 급격히 고갈되며, 쓰레기는 넘쳐난다. 또 치솟는 부동산과 임대료로 삶의 질은 급격히 하락했다. 이런 현실에서 관광 유치에 따른 경제효과를 따지는 건 무의미하다. 중국 관광객들은 제주에 체류하는 동안 대형 면세점과 자국인들이 운영하는 호텔, 식당에서 돈을 쓰고 떠난다. 이 때문에 제주 지역 자영업자들이 체감하는 경제효과는 미미하다. 정부는 제2공항이 건설되면 2천만 명 이상 관광객이 제주를 방문할 것으로 추정한다. 2천만 명이 온다 해도 실질적인 경제효과는 기대하기 어렵다. 관광 수입 창출을 명분으로 앞으로도 얼마나 더 큰 희생을 치러야 할지 답답하다.

제주 지역민들은 환경적·사회적·문화적 측면을 간과한 제2공항 건설도, 과잉 개발도 더 이상 안 된다고 주장한다. 과부하에 허덕이는 제주를 생각하면 고개가 끄덕여진다. 제주는 누구 것일까. 몇 분 빨리 가기 위해 수십 년 된 비자림 숲을 베어 낸 현장에서 든 생각이다. 제주도는 제주도민 것이기도 하지만 우리 모두가 보존해야 할 땅이다. 개발이 필요하다면 제주도민에게 묻고, 우리 모두에게 물어야 한다. 그럴 때 제주는 제주다움을 회복할 수 있다.

2020년 12월 9일 서울에 첫눈이 내렸다. 전날 저녁 방송 뉴스는
"늦어도 너무 늦다. 서울에 내일 새벽 첫눈이 올까요?"라며 늦은 첫눈
소식을 전망했다. 한 해 전(2019년 11월 15일)보다 25일, 평년
(1981~2010년 30년 평균)보다 19일 늦었다. 기상청은 서울 지역 첫눈이
2000년 이후 가장 늦었던 2003년(12월 8일)보다 이틀 더 늦었다고 했
다. 그렇다면 지난해 첫눈은 얼마나 늦은 걸까. 학교에 갔다가 선물 같
은 첫눈(12월 18일)을 만났다. 주말임에도 첫눈이 내린 캠퍼스는 학생
들로 떠들썩했다. 2019년보다 34일, 평년보다는 28일 늦은, 역대 가
장 늦은 첫눈이었다.

눈이 내리면 어른아이 할 것 없이 설렌다. 첫눈이라면 더 그렇다.
그 순간만큼은 고단한 삶을 내려놓고 모두 동심으로 돌아간다. 어수
선한 대선 정국에서 첫눈이 주는 효능감은 더욱 크다. 유력 후보와 가

족을 둘러싼 추문이 끊이지 않는 탓에 첫눈 소식은 더없이 반가웠다. 눈은 정서적으로도 유용하지만 기후변화를 가늠할 수 있는 지표다. 한데 갈수록 눈을 보는 게 이전만 못하다. 유년 시절에는 첫눈도 빨랐고 한겨울이면 무릎까지 눈이 쌓였다. 텅 빈 들판이 순백으로 변하면 온 동네 아이들은 눈싸움을 하며 한겨울 추위를 잊었다. 인간의 탐욕에서 초래된 지구온난화로 지연된 첫눈 소식과 이상기후는 어느덧 일상이 됐다.

2021년은 어느 때보다 기후재앙이 심했다. 산불이 석 달 넘게 타고, 극지방 빙하는 녹아내리고, 큰 비가 내려 수많은 이재민이 발생했다. 미국 동남부는 사상 최대 규모의 토네이도로 100여 명 넘는 희생자가 발생했다. 폭염, 산불, 폭우, 홍수, 한파, 태풍까지 기상재해와 기후재앙은 흔한 일이 됐다. 이 모든 걸 인간이 초래했다. 산업화 이전 1,800년 동안 인류가 사용한 에너지 사용량보다 산업화 이후 지난 200년 동안 에너지 사용량이 100배 이상 많다고 한다. 얼마나 많은 자연환경과 생태가 파괴됐는지를 짐작할 수 있다. 이상기온과 기후재앙은 지구가 더는 견딜 수 없다는 신음이자 경고음이다.

"그린란드 빙상에서 처음으로 눈이 아닌 비가 내렸다. 깊은 바다에서부터 산꼭대기까지 전 세계가 황폐해지고 있다." 안토니우 구테흐스 유엔 사무총장은 세계기상기구(WMO) 2021년 '기후 현황 보고서'에서 이렇게 한탄했다. 기후재앙은 히말라야 오지부터 잘사는 유럽 대도시까지 무차별적이다. 2021년 언론은 150년 만의 폭염, 100년 만의 폭우, 불타는 동토 시베리아, 물에 잠긴 유럽 소식을 전했다. 미국

미래 세대 생각하는 첫눈 소식

캘리포니아는 석 달 넘게(7월 13일~10월 25일) 불탔다. 마을까지 덮친 산불을 피해 탈출하는 자동차 행렬과 뿌연 연기와 재로 뒤덮인 현장은 끔찍한 재난영화를 떠올리게 했다.

인도 북부에서는 2월 홍수로 83명이 숨지고 121명이 실종됐다. 따뜻한 날씨로 인한 '빙하 붕괴'가 원인이었다. 히말라야 고산지대 빙하가 녹아 호수로 유입되면서 발생했다. 해양학자들은 빙하가 다 녹을 경우 해수면 상승으로 수많은 도시가 물에 잠길 것이라고 경고했다. 《거주불능 2050》에서 저자인 데이비드 월러스 웰즈는 물에 잠길 도시를 실감나게 제시하고 있다. 영국 남극자연환경연구소는 남극에서 가장 큰 스웨이츠 빙하가 3~5년 이내 산산조각 날 수 있다는 연구 결과를 발표했다. '둠스데이(지구종말)'로 불리는 스웨이츠 빙하(19만 2천 제곱킬로미터)는 한반도 전체 면적과 맞먹을 만큼 거대하다. 지난 30년간 스웨이츠 빙하는 녹는 속도가 두 배가량 빨라졌다.

학자들은 "스웨이츠 빙하만 녹으면 60센티미터가량, 주변 빙하까지 가세하면 3미터 이상 해수면이 올라갈 것"이라고 예측했다. 이 경우 섬나라 투발루는 가장 먼저 물에 잠기는 나라가 된다. 세계기상기구(WMO)는 2020년 북극권 온도가 섭씨 38도까지 올라갔다고 밝혔다. 세계에서 가장 추운 도시 '베르호얀스크'가 지중해 날씨로 변한 것이다. 이상고온 탓에 시베리아는 2021년 여름 16만 1,356제곱킬로미터가 불탔다. 한반도 전체 면적의 4분의 3에 달하는 광활한 땅이다.

반면 지난 2월 따뜻한 미국 텍사스에는 30년 만의 한파가 찾아왔다. 폭설과 함께 영하 18도까지 떨어지면서 인명 피해는 물론 대규모

정전 사태를 빚었다. 그 즈음 캐나다 브리티시컬럼비아주는 폭염으로 일주일 만에 719명이 숨졌다. 같은 북미 대륙에서 북쪽은 폭염으로, 남쪽은 한파가 동시에 일어났다. 기후재앙 외로 달리 설명할 길이 없다. 서유럽 독일과 벨기에는 '100년 만의 폭우'로 최소 240명이 숨졌다. 이처럼 지구온난화는 우리 삶 속에 깊숙이 들어왔다. 독일 메르카토르 기후변화연구소는 "이미 전 세계 인구의 85퍼센트가 폭염과 폭우, 가뭄 등 기후재앙을 겪고 있다"고 밝혔다.

지구온난화와 이상기후가 실체적 위협이 된 지 오래지만 우리 사회는 둔감하다. 생태적 상상력이 결여된 채 대량생산과 대량소비를 일삼고 있다. 역대 최고 비호감 선거가 된 20대 대선에서도 환경정책에 대한 고민은 찾아보기 어렵다. 자고 나면 불거지는 후보와 가족을 둘러싼 추문 때문에 정책선거가 실종됐다. 국민들은 언제까지 이런 선거를 지켜봐야 하는지 자괴감이 깊다. 국민들 눈에 민주당 이재명 후보나 국민의힘 윤석열 후보나 둘 다 도덕성에선 평균에 훨씬 못 미친다. 이제라도 '도낀개낀' 네거티브 선거를 중단하고 앞으로 5년 동안 어떻게 나라를 이끌어 갈지 생산적인 담론에 주력하길 기대하지만 난망이다. 생명과 직결된 기후변화 정책에 관심을 갖는 건 매우 중요하다. 첫눈의 설렘을 미래 세대도 계속해서 경험할 수 있도록 하는 건 다른 어떤 정책보다 의미 있다.

미래 세대 생각하는 첫눈 소식

지금 행동하지 않으면
미래는 없다

영화 〈투모로우〉(2004)는 기후변화를 경고하는 재난영화다. 영화는 온난화로 빙하가 녹고, 이로 인해 바닷물이 차가워지면서 지구가 빙하로 뒤덮인다는 내용이다. 개봉 당시 '북극 기후영향평가협회(ACIA)'가 발표한 보고서와 맞물려 영화는 큰 화제가 됐다. 보고서는 "빙하가 무서운 속도로 녹고 있고, 북극 주변 기온은 지구 평균보다 2~3배 높아 대재앙이 우려된다"고 전망했다. 그러면서 "20년 뒤 캐나다 허드슨 만에서 더 이상 북극곰을 볼 수 없다"며 긴박한 대응을 촉구했다.

보고서가 발간된 뒤로 17년이 흘렀다. 영화에서는 빙하가 시작되기 전 여러 이상 징후가 나타난다. 골프공 크기 우박, 산불, 토네이도와 폭풍, 쓰나미 등 다양한 이변들이다. 현실에서는 어떨까. 2021년 지구촌은 폭염과 함께 불탔다. 미국 서부(캘리포니아, 오리건, 워싱턴) 산불은 7월부터 시작해 한 달 이상 맹렬히 불탔다. 우리나라의 20퍼센트에

해당하는 면적을 태웠다. 인명과 재산 피해도 덩달아 급증했다. CNN
은 한 치 앞을 분간하기 어려운 현지 상황을 핵겨울에 비유했다.

태평양 한가운데 위치한 호주는 한층 심각했다. 2020년 9월부터
2021년 5월까지 무려 9개월 동안 호주 전역이 산불로 뒤덮였다. 불에
탄 면적만 해도 우리나라의 63퍼센트에 달했다. 이 와중에 수많은 야
생동물이 숨졌다. 화상 입은 코알라 모습은 끔찍했다. 극지방도 예외
는 아니었다. 동토나 다름없는 시베리아는 2020년 7~9월 많은 면적
의 산림이 불탔다. 우리나라 면적의 30퍼센트에 해당된다. 2021년도
러시아와 캐나다에서는 산불이 반복됐다. 이 와중에 팜유와 목재를
얻을 목적에서 아마존과 동남아 열대림에는 일부러 불을 놓았다.

지구온난화는 산불을 촉발했다. 온난화 탓에 숲은 바싹 말라 불붙기
좋은 상태로 변했다. 문제는 산불로 숲이 타면서 이산화탄소가 방출되
고, 이는 다시 온난화를 가속하는 악순환 고리를 만든다는 것이다. 온
난화는 극지방 해빙도 앞당겼다. 2021년 7월 북극 해빙 면적은 인공위
성 관측 이래 가장 큰 규모로 확인됐다. 영국 리즈대학과 에든버러대학
연구에 따르면 1994년부터 2017년까지 23년 동안 사라진 빙하는 무려
28조 톤에 이른다. 빙하와 얼음이 녹으면 자연스럽게 해수면이 상승해
해안과 인접한 도시는 위기 상황에 놓일 수밖에 없다.

2004년 미국 국방부는 "20년 안에 네덜란드 헤이그 등 주요 도시들
이 물에 잠기고, 해류 순환에 변화가 생겨 영국과 북유럽은 시베리아
성 기후로 바뀔 것"이라고 전망했다. 《2050 거주불능 지구》는 이 같은
기후변화가 가져올 재앙을 적나라하게 제시하고 있다. 언급된 데이터

가 매우 구체적이라는 점에서 읽는 내내 고통스러웠다. 책은 지금과 같은 탄소 배출과 온난화가 계속된다면 베이징은 수중도시가 될 것이라고 경고했다. 또 런던과 몬트리올도 통째로 물에 잠기는 것으로 예측했다.

다음은 책에서 언급한 세계 주요 도시에 대한 예측 결과다. "미국도 예외는 아니다. 해수면이 50미터만 높아져도 플로리다주는 일부 언덕만 남긴 채 97퍼센트 이상 사라진다. 뉴욕, 필라델피아, 프로비던스, 휴스턴, 시애틀, 버지니아비치는 물론이고 샌프란시스코와 새크라멘토까지 가라앉는다. 유럽은 런던, 더블린, 브뤼셀, 암스테르담, 코펜하겐, 스톡홀름, 리가, 헬싱키, 상트페테르부르크가 물속에 잠긴다. 아시아에서는 도하, 두바이, 카라치, 콜카타, 뭄바이가 해당된다."(109~110쪽) 북미 대륙부터 유럽, 아시아까지 어느 한 곳 재난에서 자유로운 곳은 없다는 것인데 재난영화 속 이야기가 아닌 조만간 닥칠 현실이다.

이미 미국 루지애나 해안지대는 5천 제곱킬로미터가 사라졌다. 지금도 한 시간마다 축구장 면적이 바다 속에 잠긴다. 또 플로리다는 해수면으로부터 도로를 지키기 위해 매년 2,500만 달러를 투입하고 있다. 플로리다는 2020년 10월 8일, 40도가 넘는 폭염을 기록하다 하룻밤 사이에 영하 2.2도로 떨어지기도 했다. 상식적으로는 이해할 수 없는 기후변화다. 미국 덴버에는 때 아닌 폭설이 내렸다. 극단적인 기후변화는 생태계 교란을 낳고 있다. 우리나라에서도 한겨울에 개나리와 진달래를 보는 건 흔한 일이 됐다.

빙하와 얼음은 태양을 반사시킴으로써 지구 온도를 조절해 왔다. 그런데 지금처럼 얼음이 녹아 면적이 줄면 이 같은 기능이 사라져 온난화를 유발하게 된다. 기상학자들은 2020년 최장 기간을 기록한 우리나라 장마 원인을 여기에서 찾았다. 영국 남극 자연환경연구소는 최근 북극 빙하는 향후 15년 이내 모두 녹을 것이라고 경고했다. 생각만 해도 아찔하다. 문제는 빙하와 극지방 땅이 녹으면 그 자체로 끝나지 않고 바이러스가 창궐하는 원인이 된다는 점이다. 빙하와 동토에 잠복해 있던 각종 바이러스가 풀려나게 된다. 생태학자들은 코로나19 바이러스도 무분별한 환경 파괴와 온난화에서 비롯됐다고 주장하고 있다.

국제사회가 직면한 코로나19 위기는 지금이라도 탐욕을 내려놓고 무한 소비를 절제하라는 경고다. 소비는 더 이상 미덕이 아니다. 독일 학생들은 83퍼센트가 소비할 때 죄책감을 느낀다는 조사 결과가 있다. 지난해 10월 '청소년기후행동' 소속 청소년 100여 명은 국회 앞에서 시위를 갖고 기후변화에 대한 관심을 촉구했다. 이들은 세계 2,446개 도시 청소년들과 연대한 온·오프라인 결석 시위를 통해 정치권과 기성세대를 향해 목소리를 높였다. 청소년들은 "국회가 기후위기에 눈뜨고 행동으로 보여 달라"며 적극적인 관심을 당부했다.

영화 〈투모로우〉에서는 지구 기온이 정상화되는 해피앤딩으로 끝난다. 그러나 현실은 그렇게 간단하지 않다. 북극곰이 사라지고, 수많은 도시가 불타고, 물에 잠기게 될 것은 분명하다. 그 다음은 인간이 될 수밖에 없다. 지금 행동하지 않으면 《2050 거주불능 지구》는 머지않아 현실로 다가올 게 분명하다.

독립운동가 최재형을
아십니까

2019년 추석 연휴 끝에 뜻깊은 행사가 마련됐다. 연해주 독립운동의 대부로 알려진 최재형 선생을 기리는 자리였다.《나의 아버지 최재형》출판기념회와 '최재형 민족학교 설립추진위원회 출범식'이 함께 있었다. 민간단체인 한민족평화나눔재단 이사장 소강석 목사가 주도한 뜻깊은 자리였다. 지금은 고인이 된 3선 국회의원 김재윤 상임집행위원장도 힘을 보탰다. 국회 문화체육관광위원회도 함께했다.

최재형을 아는 이는 많지 않다. 최근에야 조명받고 있다. 최재형은 위대한 독립운동가였다. 그래서 100년 전 그가 남긴 자취를 돌아보는 일은 충분히 의미가 있었다. 공교롭게도 행사장은 국회에서 한달음 거리에 있었다. 당시 국회는 조국 법무부 장관 임명을 놓고 여야 간에 날선 대치 국면을 이어 갔다. 독립운동에 헌신한 100년 전 선조들과 2019년 대한민국 국회가 대비됐다. 100년 전 선조들은 후손들이 기억해 주길 바라며 독립운동을 하지 않았다. 나라를 되찾겠다는 단심丹心 하나로 기꺼이 모든 걸 바쳤다.

그들은 처자와 재산, 목숨을 온전히 소진했다. 항일 독립운동가들을 기억하고 기념하는 것은 우리 몫이다. 2020년은 최재형 선생이 돌아가신 지 100년 되는 해였다. 《나의 아버지 최재형》은 딸 올가와 아들 발렌틴이 아버지를 회상하며 쓴 책이다. 최재형 선생이 들려주는 육성을 책으로 대신했다. 최재형이 남긴 유산은 크게 세 가지로 압축된다. 실천하는 삶, 드러내지 않는 리더십, 신분을 뛰어넘은 노블레스 오블리주.

최재형은 망한 대한제국에 빚진 게 없었다. 그는 노비인 아버지와 기생 어머니를 두었다. 양반계급은커녕 부쳐 먹고 살 땅조차 없었다. 당연히 유학자로서 갚아야 할 의리도 없었다. 당시 내로라하는 독립지사들과는 출신 성분부터 달랐다. 삼한갑족도, 명망가도, 고명한 유학자도 아니었다. 그럼에도 최재형은 압록강 너머 연해주에서 누구보다 가열차게 독립운동을 전개했다.

러시아어를 능숙하게 구사했기에 많은 기회가 뒤따랐다. 막대한 부를 일군 것도 그 가운데 하나다. 축적한 부는 아낌없이 독립운동에 쏟아부었다. 그는 9남매를 둔 가장 역할을 뒤로한 채 독립운동에 매진했다. 고려인들에게 소, 돼지를 키우게 하고 농사를 독려했다. 또 동포들로부터 농축산물을 사들여 러시아 군대에 납품했다. 도로공사 하도급을 받아 일감을 나누었다. 물설고 낯선 땅에서 그는 낮은 자세로 동포와 함께하는 삶을 살았다.

연해주 크라스키노에서 우수리스크까지 도로를 그와 동포들이 개설했다. 최재형은 러시아어를 모르는 동포들을 대신해 부당한 임금 차별에 맞섰다. 당시도 그랬지만 지금도 고려인들은 그를 '페치카'라고 부른다. 우수리스크 생가 기념관 한쪽에 페치카가 있다. 혹한의 땅에서 페치카는 생존과 직결된다. 그는 연해주 독립운동가와 고려인들에게 언 몸을 녹여 주는 벽난로 같은 존재였다.

드러내지 않는 리더십은 최재형을 기억하는 또 다른 통로다. 역사는 이토 히로부미 심장에 총탄을 박은 안중근만 기억하지만, 이토를 저격하기까지 최재형을 비롯해 수많은 이들이 함께했다. 우선 단지동맹에 가담한 동지 12명이 있었다. 그들은 안중근과 함께 독립을 염원하며 무명지를 잘랐다. 최재형은 안중근이 하얼빈으로 떠나기까지 온갖 지원을 도맡았다. 거처를 제공하고 권총과 기자 신분증, 여비를 마련해 주었다.

이토 저격 이후에도 최재형은 드러나지 않게 물밑에서 움직였다. 우리가 이제야 최재형을 독립운동가라고 부르는 건 이 때문이다. 상해임시정부에서는 그는 첫 재무총장을 맡았다. 그는 상해에 가는 대신 여비를 아껴 독립운동 자금에 보탰다. "그런 돈이면 총 한 자루를 더 살 수 있다." 실천하는 삶, 드러내지 않는 리더십, 신분을 초월한 노블레스 오블리주. 최재형은 그렇게 헌신하다 1920년 4월 일제에 의해 삶을 마감한다. 연해주 큰 별이 졌다.

죽음 이후 최재형이 국내에 알려지기까지 100여 년이란 시간이 걸렸다. 최재형기념사업회가 있었지만 도무지 불이 붙지 않았다. "가슴

이 시리고 부끄러웠다." 우연히 최재형을 알게 됐다는 소강석 목사는 당시를 이렇게 술회했다. 그는 2014년 블라디보스토크를 다녀온 뒤 언론을 통해 최재형 알리기에 앞장섰다. 국회 안민석 위원장도 흔쾌히 뜻을 모았다. 2019년 8월 우수리스크 현지에서 열린 흉상 제막은 그 결실이었다.

이제 최재형은 외롭지 않다. 많은 이들이 그를 기린다. 후손도 고국에서 공부를 시작했다. 4대손 초이 일리야 세르게예비치는 2019년 9월부터 인천대학교에서 한국어 공부를 하고 있다. 러시아에서 나고 자란 그에게 할아버지의 나라는 든든한 버팀목이다. 소강석 목사는 박환 수원대 교수와 문형숙 최재형기념사업회 이사장, 김근수 선교사에게 공을 돌렸다. "최재형 선생이 둔 11남매 가운데 9명이 스탈린 치하에서 사형당하거나 유배됐다. 위대한 독립운동가 후손들이 처한 현실을 생각하면 가슴 아프다."

안민석 위원장과 소강석 이사장은 네 가지를 약속했다. 최재형을 소재로 한 영화와 드라마 제작, 교과서에 최재형 수록, 최재형 민족학교 설립, 전경련 회관에 최재형 흉상 건립이다. 하지만 이후로 별다른 소식은 들려오지 않는다. 회원들과 함께 블라디보스토크를 다녀온 박래군 돌바내 운영위원장은 말한다. "묵묵히 노블레스 오블리주를 실천한 최재형 선생이 우리 정치에 시사하는 바는 크다. 시공을 뛰어넘어 100여 년 전 선조들이 보여 준 희생과 헌신을 되새겨야 한다." 역사를 기억하고 기념하는 건 우리에게 주어진 책무다.

고려인은 외국인도 이방인도 아닌 우리 동포

조국 사태로 뜨거웠던 2019년 8월, 한편에선 경술국치庚戌國恥가 조용히 지났다. 1910년 8월 29일, 조선왕조는 519년 만에 막을 내렸다. 일본에 나라를 빼앗긴 110년 전 그해 여름은 수많은 죽음으로 뜨거웠다. 많은 선비들은 자결로써 나라 잃은 부끄러움을 대신했다. 매천 황현은 "인간 세상에 글 아는 사람 노릇하기 어렵다"며 스스로 목숨을 끊었다. 2019년은 유난히 기억해야 할 역사적 사건이 많았다. 3 · 1운동 100주년, 임시정부수립 100주년(4 · 11)이 대표적이다. 그러나 가파른 여야 대치 정국에서 경술국치는 관심 밖으로 밀려났다. 그날 러시아 연해주 크라스키노(延秋)에 있는 '동의단지동맹비同義斷脂同盟碑' 앞에 서 있었다.

정치 결사체인 '돌바내' 회원들과 함께였다. 검은색 비석은 연해주 하늘을 향해 곧추서 있었다. 그 한가운데 절단된 약지를 새긴 손바닥 음각이 도드라졌다. 안중근 의사를 비롯한 독립지사 12명은 1909년

2월, 같은 날 약지를 잘랐다. 조국 독립을 염원하면서다. 그리고 흐르는 피로 태극기에 대한독립이라고 적었다. 무엇이 그들을 이역만리 동토로 이끌고, 고통스러운 단지斷指를 결행하게 했을까. 생각하면 숙연했다. 안 의사는 여덟 달 뒤, 중국 하얼빈에서 이토 히로부미를 저격했다. 단지동맹에서 맺은 비장한 결의는 제국주의 심장을 관통했다.

크라스키노 단지동맹비에서 시작한 블라디보스토크 여정은 우수리스크에 있는 독립운동가 최재형 생가와 이상설 유허비, 신한촌으로 이어졌다. 최재형은 노비의 아들로 태어났다. 그러나 열악한 처지를 딛고 러시아어를 익히고 부를 쌓았다. 그 돈으로 조국 독립운동을 지원했다. 그는 연해주 독립운동 대부로 불렸다. 러시아어로 난로를 뜻하는 '페치카'라는 애칭은 이런 연유를 담고 있다. 그러다 일제에 총살당했다. 적지 않은 시간이 흘렀지만 연해주에서 그가 남긴 족적은 넓고 깊었다. 흉상 앞, 고개를 숙여 넋을 기렸다.

이상설 유허비는 최재형 생가에서 멀지 않다. 한적한 강 옆으로 유허비가 외롭게 서 있다. 그는 조선의 마지막 재상이자 선비였다. 을사늑약 직후(1906) 용정으로 건너가 서전서숙瑞甸書塾을 세웠다. 또 네덜란드 헤이그에서 특사로 활동했다. 비록 무위에 그쳤지만 조국 독립을 위한 치열한 여정이었다. 이상설은 1908년 우수리스크로 근거지를 옮겨 마지막 불꽃을 살랐다. 마흔 여덟, 삶을 마감하면서 남긴 유훈은 비장했다. 그는 식민 지배에 있는 고국에 돌아갈 면목이 없다며 화장을 부탁했다. 유해는 라즈돌리노예(솔빈) 강에 뿌려졌다. 강은 흘러 동해로 이어진다. 그의 유해가 끝내는 고국에 닿았기를, 그래서 넋도

고려인은 외국인도 이방인도 아닌 우리 동포

평온하기를 기원했다.

블라디보스토크 신한촌新韓村 언덕에 서면 루스키 섬이 보인다. 그해 섬에서는 푸틴이 심혈을 기울인 동방경제포럼이 열렸다. 푸틴은 동방 정책을 야심차게 추진 중이다. 신한촌은 해외 독립운동사를 거론할 때마다 우리 민족에게는 빼놓을 수 없는 곳이다. 앞서 언급한 최재형, 이상설은 물론 홍범도, 이동영, 이동휘, 유인석 등 내로라하는 독립지사들이 이곳에 둥지를 틀었다. 해외 독립운동 중추 기지였다. 1937년 스탈린에 의해 중앙아시아로 강제 추방되기 전까지 신한촌에는 1만여 명이 살았다. 낯설고 물선 곳에서 고려인들은 민들레처럼 뿌리내렸다.

신한촌기념탑 비문은 비장하다. "선열들의 숭고한 뜻을 기리고, 고려인들의 상처를 위로하며, 후손들에게 역사인식을 일깨우기 위해"라고 새겨져 있다. 3·1운동 80주년을 기념해 1998년 세웠다. 고려인 3세 이 베체슬라브 씨가 20여 년째 관리하고 있다. 이씨는 당시 혼수 상태였다. 블라디보스토크 한인일보 유승호 발행인은 "평소 이씨에게 농담처럼 '내가 뒤를 잇겠다'고 말했다"면서도 "하루속히 병상에서 일어나길 기원한다"고 했다. 남편을 대신해 기념탑을 지키는 아내 베체슬라브 씨 얼굴은 그늘졌다. 떠나온 뒤에도 오래도록 눈에 밟혔다.

이처럼 연해주는 우리에겐 독립운동 자취가 짙게 밴 각별한 땅이다. 연해주 독립운동사에서 주역은 고려인들이었다. 스탈린은 1937년 일본 간첩을 색출한다는 명분 아래 고려인을 강제 추방했다. 고려인들은 영문도 모른 채 화물기차에 올랐다. 그리고 6,700킬로미터를 달려 중앙아시아 황무지에 짐짝처럼 내던져졌다. 더러는 이동 중에 숨졌고, 더러는 도착한 곳에서 배고픔과 추위를 이기지 못해 동사했다. 수년 전 카자흐스탄과 우즈베키스탄을 방문해 확인한 초기 정착지는 참담했다. 토굴을 파고, 갈대로 엮은 집에서 고려인들은 짐승처럼 혹한을 견뎠다.

고려인 4세를 재외동포로 인정하는 관련법이 국회를 통과해 2019년 7월 2일 발효됐다. 그동안은 고려인 3세까지만 재외동포로 인정하고 4세부터는 외국인으로 취급했다. 이 때문에 고려인 4세는 19세가 되면 가족을 떠나야 했다. 자식과 생이별하는 한국에서 고려인들은 절망했다. 연해주로, 중앙아시아로, 다시 한국까지 대를 물린 유랑의 역사에 좌절했다. 다행히 문재인 정부에서 해결됐다. 국회의장실에 있을 때 전국 고려인대회에 다녀왔다. 당시 시민단체로부터 고려인 4세들이 안정적인 지위를 획득할 수 있도록 도와 달라는 부탁을 받았다. 외교부와 사법부는 미온적이었다. 법안이 통과되기까지 전해철, 김경협 의원이 숨은 공로자임을 밝혀 둔다.

당시 고려인대회에 참석한 정세균 국회의장은 축사를 통해 "고려인 동포들의 안정적인 정착과 합당한 지위 확보를 위해 우리 사회가 함께 고민하고 대안을 마련해야 한다. 법과 제도 이전에 인간으로서 누려야 할 최소한의 권리를 방치하는 사회는 야만적이다"며 법 개정에 물꼬를 텄다. 100여 년 유랑 끝에 고국에 정착한 고려인들에게 다소나마 미안함을 덜었다. 고려인들은 약지를 자르고 재산을 팔아, 목숨을 바쳐 독립운동에 헌신했다. 이제는 그들의 후손이 더는 유랑 길에 오르지 않도록 우리가 보듬어야 한다. 고려인은 외국인도 이방인도 아닌 우리 동포다.

국회 인사청문회에서 정쟁을 거듭하던 2019년 3월 26일. 안중근 의사 순국 109주기일이었다. 안 의사는 1910년 3월 26일 중국 뤼순 감옥에서 숨졌다. 이토 히로부미 심장에 총탄을 박은 지 5개월 만이었다. 안 의사 가묘假墓가 있는 효창공원에는 그 옆으로 이봉창·윤봉길·백정기 의사가 잠들어 있다. 김구 주석 묘역도 가깝다. 김구는 광복되자 안중근·이봉창·윤봉길·백정기 의사 유해 발굴을 지시했다. 다행히 3의사 유해는 찾았지만, 안 의사 유해는 아직까지 행방불명이다. 가묘를 쓴 이유다.

2019년은 임시정부 수립과 3·1운동 100주년이었다. 대한민국 국민이라면 각별할 수밖에 없었다. 오늘 우리가 누리는 삶은 온전히 그분들에게 빚지고 있기 때문이다. 그들은 풍찬노숙을 마다하지 않았고 모진 고문을 감내했다. 때로는 목숨과 맞바꿨다. 오직 조국 독립을 위해서였다. 그런 희생에 힘입어 대한민국은 지난 100년 동안에 빛나는 성장을 이뤘다. 인구 5천만 명, 1인당 GNP 3만 달러 국가만 가입하는 '5030클럽'에 일곱 번째로 들어섰다. 지나온 100년은 선조들이 피 흘려 놓은 디딤돌 덕분이다. 그런데 최근 사회 전반에 지독한 불신이 깔려 있다. 탐욕과 불신이 맞물려 암담한 상황이다.

"아무도 믿지 마 엄마가 구해 줄게." 10년 전 개봉한 영화 '마더'에서 주인공은 이렇게 말했다. 영화 속에서 김혜자는 누구도 믿지 않는다. 그러면서 아들에게 씌워진 살인 혐의를 벗기는 데 온 힘을 쏟는다. 자기 아들만은 그렇지 않을 것이란 맹목적인 애착에 근거한다. 지금 우리 사회도 그렇다. 자기만 내 편만 옳다는 확증편향에 갇혀 누구도, 어느 것도 인정하지 않는다. 경찰, 검찰, 법원, 언론, 정부, 정치, 기업인까지 모두 불신을 받고 있다. 스스로에게 근본 원인이 있지만 지지층을 불쏘시개 삼아 불신을 조장한 정치권 책임이 더 크다. 상대에 대한 독설과 비난에만 열을 올리고 있다. 누적된 불신은 부메랑이 되고 있다.

문재인 정부에서 경찰과 검찰은 수사권 조정을 놓고 맞붙었다. 검찰은 버닝썬 사건으로, 경찰은 김학의 카드로 상대를 겨누었다. 조직 이기주의를 담보로 한 싸움이기에 국민들은 둘 다 신뢰하지 않았다. 검찰과 법원은 사법개혁을 둘러싸고 맞섰다. 이 때문에 사법부 수사 결과, 재판 결과마저 믿기 어려운 불신을 초래했다. 언론 또한 '기레기(기자 쓰레기)'로 전락한 지 오래다. 행정부 관료도 마찬가지다. 장관 후보 인사청문회에서 드러난 도덕성은 부끄러운 한계였다. 결국 조동호

(과기부)는 지명 철회, 최정호(국토해양부)는 자진 사퇴했다. 또, 대한항공 조양호 회장 퇴진은 기업인에 대한 불신을 거듭 확인시켰다. 불신의 가장 큰 책임은 정치권에 있다.

"문명사회에서는 상상할 수 없는 일." "믿지 못하겠거든 지금이라도 기피 신청을 하라." 차문호 부장판사는 2019년 3월 19일 댓글조작 혐의로 기소된 김경수 경남지사 공판에 앞서 이례적인 입장을 밝혔다. 1심 판결 이후 재판부에 쏟아진 원색적인 비난과 불신을 의식해서다. 차 부장판사는 양승태 전 대법원장 당시 전속 재판연구관을 지냈다. 이 때문에 김경수 경남지사 측 지지자들로부터 공정성에 대한 의심을 받았다. 재판부는 어떤 판결을 하던 양측으로부터 비난을 면키 어려운 곤혹스런 처지에 놓였다. 재판 결과를 믿지 못하는 풍조는 사법체계 근간을 흔드는 일이다. 정치권의 책임이 크다.

더불어민주당은 김경수 1심 판결 이후 재판부를 거세게 몰아붙였다. 사려 깊지 못한 대응이라는 게 국민들 시각이었다. 결국 김경수는 2021년 7월 21일 대법원 항고심에서 2년 실형이 확정돼 재수감됐다. 자유한국당도 다르지 않았다. 김은경 전 환경부 장관 구속영장이 기각되자 대놓고 재판부를 비난했다. 재판부가 청와대 가이드라인을 따랐다는 것이다. 김은경 전 장관 역시 징역 2년 6개월을 받고 법정구속됐다. 신미숙 전 청와대 균형인사비서관도 같은 혐의로 징역 1년 6개월에 집행유예 3년을 선고받았다. 재판부 결과에 대해 자신들 입맛에 맞으면 내 편, 다르면 네 편으로 가르는 정치 풍토에서 불신은 곰팡이처럼 피어날 수밖에 없다. 차문호 판사 말처럼 "문명사회에서는 상상할 수 없는 일"이다.

　김구 주석과 윤봉길 의사는 1932년 4월 29일 거사 직전에 시계를 바꿔 찼다. 윤 의사는 자신에게는 "이제 한 시간밖에 소용이 없다"며 김구가 찬 낡은 시계와 바꿨다. 김구는 윤 의사를 배웅하며 "후일 지하에서 만나자"며 속울음을 울었다. 《백범일지》에는 이런 대목도 있다. "감옥에 있을 때 이렇게 기도했다. 우리도 어느 때에 독립정부를 건설하거든, 나로 하여금 그 집 뜰도 쓸고 창도 닦는 일을 해 보고 죽게 해 달라고." 오늘 대한민국은 이렇게 지켜 온 나라다. 알량한 정치 셈법으로 대한민국을 분열과 불신으로 몰고 가기엔 선조들이 흘린 피가 너무 고귀하다.

　효창공원 독립운동가들 영정 앞에 선다. 가장 낮은 곳에서 일생을 문지기로 자처한 김구, 스물셋에 처자식을 두고 망명길에 올랐던 청년 윤봉길, 죽음 앞에서도 끝까지 당당했던 이봉창, 차가운 나가사키 형무소에서 숨을 거둔 백정기. 그리고 순국 109년이 지나도록 고국으로 돌아오지 못한 안중근. 그분들은 우리에게 묻는다. 너희는 독립된 조국에서 무엇을 하고 있느냐고. 김구 선생 말처럼 뜰도 쓸고 창도 닦는 일이라도 하고 있는지 자문해 볼 일이다.

우리는
어디에 서 있는가

역사는 씨줄과 날줄이다. 영광스런 기억과 치욕스런 오욕이 만드는 궤적이다. 자랑스럽고 부끄러운 흔적이 얽히고설켜 역사를 만든다. 한민족사도 마찬가지다. 토인비는 역사를 도전과 응전이라고 했다. 러시아 연해주沿海州 너른 들판에서 이 말을 실감했다. 연해주는 고구려와 발해(698~926)가 운영했던 고토古土였다. "우리 땅이었다"는 값싼 자기위안을 말하는 게 아니다. 항일 독립운동사에 빛나는 치열한 땅에 대한 가슴 벅찬 기억이다.

우리에게 1905년 을사늑약과 1910년 경술국치는 치욕이다. 반면 불꽃처럼 타올랐던 연해주 독립운동사는 치열한 역사다. 우리가 연해주에서 100여 년 전 기억을 헤집는 이유다. 연해주 크라스키노, 우수리스크, 블라디보스토크에 그 흔적이 남아 있다. 그 가슴 미어지는 집단기억을 토대로 대한민국은 완성됐다. 세계 일곱 번째로 '5030클럽

(인구 5천만 명, 국민소득 3만 달러)'에 가입할 만큼 대한민국은 우뚝 섰다. 스스로 묻고 답했던 연해주 기행을 반추해 본다.

연해주에서 최재형과 신한촌은 그 중심에 있다. 최재형은 연해주 독립운동사에서 기둥과 같은 존재였다. 그는 연해주 임시정부 초대 재무총장을 지냈다. 함경북도 경원에서 노비 아버지와 기생 어머니 사이에서 태어났다. 아홉 살 때 선친을 따라 러시아 연해주로 건너갔다. 무역업과 군납으로 부를 쌓았다. 그 돈으로 죽기 전까지 항일 독립운동 지원하고 수많은 독립운동가를 키웠다. 학교와 교회, 신문사를 세워 독립운동 거점으로 삼았다.

이토 히로부미를 저격한 안중근 의사와는 거사 직전까지 함께했다. 브라우닝 권총을 사줬고, 하얼빈 행사장에 들어갈 수 있도록 대동공보 기자증을 만들어 주었다. 또 안중근이 하얼빈으로 떠나기 직전까지 자신의 집에서 저격 연습을 할 수 있도록 배려했다. 하얼빈에서 거사는 안중근과 단지동맹에 참여한 12명, 최재형이 합작한 결과물이었다. 최재형은 1920년 4월 4일 일제에 체포돼 파란만장한 삶을 마감했다. 연해주와 만주에서 활동하던 독립군을 토벌한 4월 경신참변 와중이었다.

경신참변 한 해 전 고국에서는 3·1운동이 일어났다. 만세운동에 놀란 일제는 연해주 한인 거주지를 무차별 습격했다. 독립운동 근거지를 궤멸시킬 의도였다. 역사는 4월 경신참변으로 기록하고 있다. 블라디보스토크에 있는 독립군 근거지 신한촌도 피해 가지 못했다. 우수리스크 고려인문화센터에는 당시를 생생하게 알려 주는 기록물로

우리는 어디에 서 있는가

가득 차 있다. 기록에 따르면 그해 4, 5일 이틀 동안 이곳에서만 300명이 목숨을 잃었다.

신한촌新韓村은 해외 독립운동사에서 빼놓을 수 없다. 고려인 집단거주지 이상 의미를 갖는다. 연해주 개척리에서 쫓겨난 고려인들이 세웠다(1911). 한때 1만여 명이 살았다. 이곳은 연해주 독립운동 중추였다. 최재형, 이상설, 이동휘, 신채호, 홍범도 등 내로라하는 명망가들이 활동했다. 1919년 세운 '대한국민의회'는 최초 망명 정부였다. 그러나 1937년 이후 폐허가 됐다. 스탈린은 그해 고려인들을 중앙아시아로 강제 추방했다. 일제 스파이를 막는다는 이유였다.

연해주 일대 고려인 17만 명이 대상이었다. 그들은 영문도 모른 채 맨몸으로 화물차에 올랐다. 소련연방 해체 이후 1993년 러시아 정부는 고려인 강제이주가 반인륜적 범죄였음을 인정했다. 그러나 당시는 길고 끔찍한 유랑이 되리라곤 누구도 예상하지 못했다. 고려인을 실은 기차는 6,700킬로미터 떨어진 중앙아시아까지 40여 일을 달렸다. 가는 도중에 적지 않은 이들이 숨졌고 살아남은 이들은 짐짝처럼 내던져졌다. 이곳에서 고려인들은 한겨울 혹한을 견뎠다. 살아남기 위해 맨손으로 토굴을 파고 갈대를 엮었다. 배고픔과 추위를 이기지 못한 나머지 1만 5천여 명이 숨졌다.

쓰라린 유랑의 역사다. 오늘날 여행자들에게 블라디보스토크에서 출발하는 시베리아 횡단열차는 로망이다. 하지만 80여 년 전 고려인들에게 시베리아 철도는 눈물과 고통이었다. 수년 전 우즈베키스탄과 카자흐스탄에서 당시 토굴과 움막을 봤다. 그리고 재래시장에서 과일과 야채를 파는 고려인 후손들을 만났다. '까레이스키'로 불리는 고려인들은 호기심을 나타내는 나를 무심하게 바라봤다. 가늠하기 어려운 고통의 강을 건너온 이들만이 지닌 얼굴 표정이었다. 그 눈빛은 "너희가 긴 유랑과 고난의 역사를 아느냐"는 힐난으로 읽혔다.

그 무심한 눈빛을 이번 기행에서도 만났다. 블라디보스토크 신한촌 기념탑에서다. 고려인 3세 이 베체슬라브씨는 20년 동안 신한촌 기념탑과 주변을 관리하고 있다. 세월은 흘렀어도 할아버지, 아버지가 활동했던 땅을 지키고 있다. 당시 65세의 그는 혼수상태였다. 유승호 한인일보 발행인은 "병상에서 일어난다는 게 기적이라는 말을 들었다"며 안타까워했다. 남편을 대신해 지키고 있는 아내의 얼굴에서 무심한 눈빛을 봤다. 그 침묵과 무표정이 못내 잊히질 않는다. 지금 신한촌은 아파트 단지로 둘러싸여 흔적을 찾아보기 어렵다. '세울 스카야 2A'라는 거리 이름만 남아 지난 역사를 떠올리게 한다.

토인비는 "역사에서 아무런 교훈을 얻지 못하는 것은 비극"이라고 했다. 우리가 100여 년 전 쓰라린 유랑을 기억하고, 연해주 독립운동사를 되새김하며, 고려인 후손을 예우해야 하는 이유가 여기에 있다. 1910년 나라가 통째로 망한 날, 수많은 조선 선비들은 목숨을 끊는 것으로 치욕을 대신했다. 매천 황현도 그 가운데 한 명이었다. 그는 경술국치 10일 뒤 "인간 세상에 글 아는 사람 노릇하기 어렵다"며 스스로 목숨을 끊었다. 진영으로 편을 갈라 정쟁으로 날을 새는 대한민국은 어디로 가고 있는지. 100여 년 전 연해주 독립운동사와 고려인 후손을 떠올리며 든 생각이다. 지금 우리는 제대로 살고 있는가.

우리는 어디에 서 있는가

근본적으로 보면, 한국 정치의 위기는 언어의 위기다. 거짓의 언어가 난무하고, 진영의 언어가 지배한다. 현실을 잡아내는 그물인 언어가 부실하니 현실을 파악할 수 없고, 그러니 현실을 변화시킬 수 없는 것이다. 이런 세상이기에 임병식의 칼럼은 귀하다. 그는 상식의 언어로 거짓의 언어, 진영의 언어와 맞선다. 상식이 이렇게 힘이 센 줄 미처 몰랐다. 그의 언어는 상식이 기르고 벼린 송곳이다.

상식의 송곳은 다채로운 경험에서 나왔다. 기자로서 거리에서, 국회 의장실과 대변인실에서, 대학 강단에서 몸소 체험한 현장 감각이 상식의 안목에 깊이와 통찰력을 장착해 주었다.

거짓의 언어, 타락한 정치가 창궐하는 이 시대에 임병식 칼럼은 언어를, 그리하여 정치를, 마침내 세상을 구제하려는 진지한 노력의 산물이다. _중앙대학교 독어독문학과 교수 김누리

이 책은 한 지식인의 용기 있는 기록이다. 내부를 향해 '아니오!'라고 말하기 어려운 시대에 그는 말한다. '이건 아닙니다!' 그래서 더욱 뜻깊다. 극단적인 진영논리가 판을 치는 상황에서 그의 글은 사막의 오아시스 같다. 진영을 뛰어넘은 가을 서리 같은 엄정함이 느껴진다. 역시 글이 사람이다. 임병식은 그런 사람이다.

비판과 지지의 경계선에서 내일로 가는 디딤돌로 삼기 위해 책을 썼다는 저자는 내부 비판이 없으면 진보든 보수든 무너진다고 말한다.

진영에 골몰하는 동안 갈등과 증오의 정치가 일상화됐다는 지적이 폐부를 찌른다. 그는 앙겔라 메르켈 전 독일 총리와 호세 무히카 전 우루과이 대통령을 예로 들며 우리 정치가 지향해야 할 방향을 탈권위주의, 소탈한 행보, 관용으로 요약했다. 올해 꼭 읽어야 할 책이 하나 늘었다. _시사평론가 소종섭(전 〈시사저널〉 편집국장)

평소에도 그렇지만, 특히 큰 선거를 앞두고는 유권자 누구나 정치평론가가 된다. 그런데 한국 사회에서 대중의 정치 담론에는 대부분 짙은 냉소와 불신이 깔렸다. 정치를 혐오하는 게 마치 '쿨'한 태도처럼 비치기도 한다. 두루뭉술한 양시양비론은 많은 것을 말하지만 실은 아무것도 말하지 않은 거나 다름없다.

정치평론이 균형을 갖추되 관점과 주장을 분명히 드러내는 것, 나아가 설득력까지 갖추기란 쉽지 않은 일이다. 임병식의《국민을 이기는 정치는 없다》는 이런 면에서 돋보인다. 저널리스트의 폭넓은 관찰과 균형감각, 현실정치에 참여하며 보고 느낀 경험, 동서고금을 아우른 인문학 지식, 무엇보다 공동체에 대한 따뜻한 애정과 진지한 통찰이 빛난다. 목소리는 잔잔하지만 메시지는 죽비처럼 선명한 품격을 갖췄다. 깊고 오랜 울림을 주는 책의 출간이 반가운 이유다. _〈한겨레21〉 선임기자 조일준 그의 글은 대나무와 같다. 올곧음과 유연함이 함께 있다. 상식과 정도를 벗어나면 매섭게 정곡을 찌른다. 감언이설은 없다. 하지만 늘 대안을 고민한다. 그리고 우리가 함께 살아갈 수 있는 지혜를 제시한다. 이 시대에 가장 절실한 균형감과 따뜻함이다. _MBC 전 보도본부장 정형일

역사 대전환의 시대다. 변화 속도가 빠르다. 글로벌 경쟁은 치열하다. 그런데 민심은 갈라져 있다. 내일은 불투명하다. 코로나19 장기화로 벼랑 끝에 선 사람들이 많다. 집과 일자리 문제 해결도 시급하다. 2022년 대한민국은 새로운 출발점에 서있다. 그것도 미끄러운 비탈길이다. 역사는 앞으로만 나아가지 않는다. 뒷걸음질 친 과거는 늘 아픔이다. 더 이상 되풀이해선 안 된다. 이 책은 내비게이션이다. 현재의 위치와 목표 지점을 명확히 파악하고 있다. 가장 빠른 길로 우리를 안전하게 인도한다. 길 끝에 있을 희망의 불빛을 보여 준다. 대한민국 정치와 사회를 객관적으로 바라보는 저자의 통찰력이 놀랍다. 동서고금의 인문학적 소양이 곳곳에 녹아 있다. 늘 곁에 두고 새기고 새겨야 할 귀한 책이다. _JTBC 전 앵커 이정헌

칼을 가지고 다니면 칼을 쓰게 돼 있고 어깨에 근육이 들어가 있으면 사소한 시비에도 힘을 쓰게 된다. 그런 점에서 임병식 교수는 날카로운 펜을 지녔다. 그의 글을 보면 20년 넘게 언론 현장을 누비며 다져

진 근력에서 나온 힘을 느낀다. 요즘 임 교수의 글을 읽을 때마다 솔직히 아슬아슬한 느낌을 지울 수 없다. 이른바 조국 사태 이후 우리 언론계는 많이 바뀌었다. 한쪽에 서야 하고 한쪽만 응원해야 하는 진영논리가 판을 치는 현실에서 그는 결코 쉽지 않은 길을 선택했다. 그 길은 누구도 응원하지 않는다. 그래서 외롭다. 그러나 어찌 진실이 한쪽에만 있을 수 있겠는가. 그는 그것이 상식이 아니라고 얘기한다. 어떤 때는 야당을 향해 말도 안 된다며 상식적인 말을 하라며 일갈하지만, 여당의 오만에 대해서도 추상같은 비판을 쏟아낸다. 그런 점에서 그는 언론계를 떠났지만 아직도 현직이다. 비판과 지지의 경계선을 넘나들며 여야 가릴 것 없이 날선 비판을 쏟아낸다. 그는 그것이 사랑이라고 믿는 듯하다. 그는 다시금 통합과 포용을 얘기한다. 양극단으로 흘러 병들어 가는 우리 사회를 치유하는 약은 통합과 포용뿐이라고 외친다. 그의 평소 성정과도 맞닿아 있는 것처럼 보인다. 극단적인 포퓰리즘보다 좌로도 우로도 치우치지 않는 중용의 마음이다. 그가 어디까지 갈 수 있을까. 하지만 이루지 못해도 부끄럽지 않은 건 그가 얘기하는 세상이 지금보다 더 아름답게 보이기 때문일 것이다. 우리 후손들은 지금보다 좀 더 나은 세상에서 살길 바라는 그의 마음이 읽힌다. _KBS 중국 특파원 오세균

《국민을 이기는 정치는 없다》는 아주경제에 매달 2~3편씩 인기리에 게

재된 〈임병식 칼럼〉이 상당 부분 포함돼 있다. 임 교수는 언론계, 정계, 학계를 두루 걸친 경력으로 신선한 소재를 바탕으로 정성스럽고 맛깔스럽게 문장을 풀어나가는 것으로 정평 나 있다. 대선을 앞두고 정치적으로 민감한 이슈도 어느 한쪽으로 지나치게 치우치지 않고 명확한 해법을 제시하는 균형감각이 돋보인다. 얼마 있으면 대한민국 새로운 대통령이 탄생한다. 그는 국민들이 어떤 지도자상을 바라는지 이번 저서를 통해 뚜렷이 제시하고 있다. 포용과 화합이다. 또 공정과 상식이다. 이 책을 통해 긍정적 변화를 기대한다. _《아주경제》 논설위원 이수완

동서고금을 넘나들며 세계와 역사, 영화와 문학 속 이야기를 풀어 한국 정치를 날카롭게 비판하는 이 책은 지식과 비평이란 두 마리 토끼를 독자에게 안겨준다. 정치는 과학의 세계도, 도덕의 세계도 아니다. 그것은 인간의 상식이 수천 년 켜켜이 쌓여 온 세계다. 천재적인 정치가도, 도덕적인 정치가도, 명망 있는 정치가도, 혁명적인 정치가도 현실에서 실패할 수밖에 없는 이유들은 모두 같다. '국민의 상식'에 부합했는가, 그것을 거슬렀는가. 막스 베버가 정치가의 가장 중요한 자질로 강조했던 '자기객관화'에 실패하면, 그 어떤 사람도 '독선'으로 흐를 수밖에 없다. 이 책은 '실패한 정치'의 기록이면서, '성공한 정치'를 위한 길라잡이다. 옳고 그름이 전복되고, 가짜뉴스가 난무하는 지록위마의 시대에 꼭 읽어야 할 책이다. _《프레시안》 편집국장 박세열

저마다 귀를 닫고 자기주장만 쏟아내는 시절, 저자를 알고 만나 대화하면서 어떤 균형감을 느꼈다. 특정 진영에 속해 주어지는 안도감에 만족하기보다 공동체를 둘러싼 문제와 원인을 치우침 없이 고심하는 그를 지켜봤기 때문이다. 그와 만나고 돌아설 때면 덩달아 내 고민의 깊이도 더해져 있었다. 글에는 언론인, 국회 부대변인을 맡아 정치와 사회 현장 곳곳을 직접 지켜본 저자의 따뜻한 시선이 담겨 있다. 넉넉한 마음으로 후배의 의견을 경청하고, 공부하는 그를 곁에서 봐 왔기에 이 책을 추천한다. _《동아일보》 정치부 정당팀 장관석 기자

국민을 이기는 정치는 없다

초판 1쇄 인쇄   2022년   1월 19일
초판 1쇄 발행   2022년   1월 31일

지은이 ｜ 임병식
펴낸이 ｜ 구본건

펴낸곳 ｜ 비바체
출판등록 ｜ 제2021000124호
주소 ｜ (27668) 서울시 강서구 등촌동39길 23-10 202호
전화 ｜ 070-7868-7849 팩스 ｜ 0504-424-7849
전자우편 ｜ vivace@naver.com

ISBN 979-11-977498-0-3   03300